不使一个爱国的中国人
不参加到反日的战线上去

中流砥柱

多重视野下的中共抗战

张太原 等 著

浙江人民出版社

图书在版编目（CIP）数据

中流砥柱：多重视野下的中共抗战 / 张太原等著.
-- 杭州：浙江人民出版社，2025.9. -- ISBN 978-7-213
-12131-9

Ⅰ．K265.106

中国国家版本馆CIP数据核字第2025J55X68号

中流砥柱：多重视野下的中共抗战

张太原　等　著

出版发行：浙江人民出版社（杭州市环城北路177号　邮编　310006）
　　　　　市场部电话：(0571)85061682　85176516
责任编辑：高辰旭　张　伟　王易天晓
责任校对：汪景芬
责任印务：程　琳
封面设计：Amber Design琥珀视觉　王　芸
电脑制版：杭州兴邦电子印务有限公司
印　　刷：浙江广育爱多印务有限公司
开　本：710毫米×1000毫米　1/16　　印　张：20.25
字　数：285千字　　　　　　　　　　　插　页：2
版　次：2025年9月第1版　　　　　　　印　次：2025年9月第1次印刷
书　号：ISBN 978-7-213-12131-9
定　价：78.00元

如发现印装质量问题，影响阅读，请与市场部联系调换。

目录

001	导论	
	抗日战争的中流砥柱	
019	第一章	
	全民族抗战爆发前中国共产党领导下的东北抗战	
021	第一节	率先举起抗日救国旗帜
027	第二节	支持、援助义勇军的抗日斗争
031	第三节	组建游击队进行广泛的抗日游击战
038	第四节	组建人民革命军和东北抗联坚持抗战
047	第二章	
	抗战时期中共游击队的战斗与生活	
049	第一节	大时代中的个体命运：杨思一与浙东游击队
052	第二节	游击队的奔走与流动
061	第三节	游击队的统战策略与对手的反制
067	第四节	变动不居的情报

075 第三章
情感动员与华北抗日根据地的减租斗争

- 077 第一节　1944年前的华北减租
- 082 第二节　组织引导下的群众情感酝酿
- 087 第三节　情感在斗争中升温
- 091 第四节　群众大会阶段
- 094 第五节　斗争延伸与新情感的确立

099 第四章
抗日根据地的社会治理

- 101 第一节　"解放区的天是明朗的天,解放区的人民好喜欢"
- 106 第二节　"自己动手,丰衣足食"
- 110 第三节　实行精兵简政,加强法治建设
- 115 第四节　改造二流子和巫神,加强社会救助
- 119 第五节　严禁种食鸦片,净化社会风气

121 第五章
抗日战争时期中共的社会救助工作

- 123 第一节　陕甘宁边区的社会救助工作
- 134 第二节　敌后抗日根据地的社会救助工作
- 144 第三节　中共领导社会救助的重要特点

151 第六章
抗日根据地的开明士绅

- 153　第一节　"不使一个爱国的中国人，不参加到反日的战线上去"
- 157　第二节　"可以吸收开明的有威信的坚持抗战的士绅参加县政会"
- 162　第三节　"一个具有一般战略意义的工作"

167 第七章
抗战时期中共的华侨工作

- 169　第一节　借助"衣联会"争取美洲洪门致公堂
- 175　第二节　以《美洲华侨日报》为中心推进统战工作
- 183　第三节　参与美洲洪门致公堂组建政党的核心工作

189 第八章
抗日战争与中共的"中华民族"观

- 191　第一节　"中华民族"概念的出现及运用
- 194　第二节　中共早期的中华民族观及民族政纲
- 201　第三节　全民族抗战时期中共"中华民族"观的调整
- 212　第四节　从"民族自决"向"民族自治"的转变

217 第九章
蒋介石日记中的中国共产党

- 219　第一节　"一切组织宣传训练皆比不上共党"
- 224　第二节　"后方共匪无几，其力全在战区"

237	第三节	"人人以今后国事"非中共"无法收拾"
244	第四节	苏美共同反对国民党"制裁中共"
254	第五节	美苏要求"容纳中共加入政府"

261 第十章
抗战胜利前后中共对召开国民大会的应对

263	第一节	修改国民大会法规
268	第二节	取消旧国大代表
274	第三节	斥之以"伪"

282 结语
抗日战争给中国留下的宝贵遗产

286 附录
全民族抗战时期八路军的弹药支撑

318 后记

导论
抗日战争的中流砥柱

2025年是伟大的抗日战争胜利80周年。80年前，中华民族抗日战争的伟大胜利，是近代100多年以来中国人民反抗外敌入侵取得的第一次完全胜利，是中华民族由衰败走向振兴的伟大转折。在长达14年的抗战中，尽管中国还是一个半殖民地半封建社会，但有了已经或正在觉醒的广大人民，有了在政治上达到成熟的共产党，有了共产党领导的人民军队，有了局部的人民政权即共产党领导的根据地政权，中国已经"处于历史上进步的时代，这就是足以战胜日本的主要根据"[①]。中国共产党作为处于这个历史上进步时代的主要代表，成为抗日战争的中流砥柱。

一、中国共产党率先高举武装抗日旗帜并努力促成抗日民族统一战线

日本自1868年明治维新后，迅速成为军国主义国家，并蓄谋对中国发起侵略。1894年至1895年，它通过中日甲午战争迫使清政府签订《马关条约》，侵占中国领土台湾及澎湖列岛，掠获赔款白银2亿两；继而又通过1904年至

[①]《毛泽东选集》（第二卷），人民出版社1991年版，第451页。

1905年在中国东北进行的日俄战争,把中国东北的南部地区强行划为自己的势力范围,之后设立关东都督府等殖民机构,建立关东军。1927年,日本政府召开东方会议制定《对华政策纲要》,力图把"满蒙"从中国本土分割出去,并决心为之诉诸武力。会后,传出日本首相田中义一呈送天皇的奏折,内称:"惟欲征服支那,必先征服满蒙;如欲征服世界,必先征服支那。"以后的事实表明,日本是按照这个主张进行侵略扩张的。1929年秋,日本受到世界性经济危机的沉重打击,国内阶级矛盾日益激化。日本统治集团急于发动侵略中国的战争,以缓和国内矛盾,摆脱危机带来的困难。日本政府和关东军下决心制造事端,武装夺取整个中国东北地区。

1931年9月18日深夜,日本关东军按照预定计划,自行炸毁沈阳北郊柳条湖附近南满铁路的一段路轨,反诬中国军队所为,以此为借口,突袭中国军队驻地北大营和沈阳城。这就是九一八事变。第二天,日军便占领沈阳。至1932年2月,在短短4个多月内,辽宁、吉林、黑龙江三省沦为日本的占领地。日本还加紧在中国东北建立傀儡政权,1932年3月,以溥仪为"执政"的伪满洲国在吉林长春成立。

蒋介石国民党政府对日本侵略东北的行动采取妥协退让的方针。为了集中力量"围剿"红军,1931年7月,蒋介石就提出了"攘外必先安内"的方针。九一八事变发生时,国民党政府告东北军,日军此举不过寻常寻衅性质,为免除事件扩大起见,绝对抱不抵抗主义,把制止日本侵略的希望完全寄托在国际联盟(简称"国联")的调停上。但是,英、法操纵下的国联并没有对日本采取任何有力的制裁措施。

在民族危机的严重关头,中国共产党率先高举武装抗日旗帜。1931年9月20日,中共中央发表《中国共产党为日本帝国主义强暴占领东三省事件宣言》,响亮地提出:"反对日本帝国主义强占东三省!"[1]9月22日,中共中央

---

[1] 中共中央文献研究室、中央档案馆编:《建党以来重要文献选编(1921—1949)》(第八册),中央文献出版社2011年版,第549页。

作出《关于日本帝国主义强占满洲事变的决议》,指出:"特别在满洲更应该加紧的组织群众的反帝运动"[1],"加紧在北满军队中的工作,组织他的兵变与游击战争,直接给日本帝国主义以严重的打击"[2]。1932年4月15日,中华苏维埃共和国临时中央政府宣布对日战争宣言,提出"领导全中国工农红军和广大被压迫民众,以民族革命战争驱逐日本帝国主义出中国"[3]。1933年1月17日,中华苏维埃临时中央政府、中国工农红军革命军事委员会发表宣言,首次提出中国工农红军准备在三个条件下同任何武装部队订立共同对日作战的协定。这三个条件是:(一)立即停止进攻苏维埃区域;(二)立即保证民众的民主权利(集会、结社、言论、罢工、出版之自由等);(三)立即武装民众创立武装的义勇军,以保卫中国及争取中国的独立统一与领土的完整。[4]这些抗日宣言和决议,表明了中国共产党坚决反对日本侵略的鲜明立场,宣告了中国人民与日本侵略者战斗到底的坚强决心。

在被日军占领的东北,相继兴起为数众多的抗日义勇军,揭开了东北抗日游击战争的序幕。此后,日本侵略者利用国民党统治者的不抵抗政策,开始大规模越过长城南下,继续加紧侵略中国的步伐。1935年,日军又制造了华北事变,妄图使华北变成第二个"满洲国"。日本帝国主义灭亡中国的野心暴露无遗。

1935年七八月间,共产国际举行第七次代表大会,大会报告指出,殖民地、半殖民地国家的共产党和工人阶级的首要任务,是建立广泛的反帝民族统一战线,为驱逐帝国主义和争取国家独立而斗争。8月1日,中共驻共产国际代表团草拟了《中国苏维埃政府、中国共产党中央为抗日救国告全体同胞

---

[1] 中共中央文献研究室、中央档案馆编:《建党以来重要文献选编(1921—1949)》(第八册),中央文献出版社2011年版,第568页。
[2] 中共中央文献研究室、中央档案馆编:《建党以来重要文献选编(1921—1949)》(第八册),中央文献出版社2011年版,第569页。
[3] 中共中央文献研究室、中央档案馆编:《建党以来重要文献选编(1921—1949)》(第九册),中央文献出版社2011年版,第244页。
[4] 参见中共中央文献研究室、中央档案馆编:《建党以来重要文献选编(1921—1949)》(第十册),中央文献出版社2011年版,第28页。

书》(即八一宣言)，主张停止内战，组织国防政府和抗日联军，对日作战。10月1日，八一宣言在法国巴黎出版的《救国报》上发表。11月中旬，中共驻共产国际代表团派张浩由苏联回国，在陕北瓦窑堡向中共中央传达了共产国际七大的精神和八一宣言的内容。

此时，中共中央和红一方面军结束长征不久，刚刚在陕北站稳脚跟，即于12月17日至25日在瓦窑堡召开政治局扩大会议，讨论全国政治形势、党的策略路线问题和军事战略问题。张闻天作关于政治形势和策略问题的报告，张浩作关于共产国际七大精神的传达报告。毛泽东在会上指出，战略方针应是坚决的民族革命战争，首先把国内战争与民族战争相联系，一切战争都在民族战争的口号下进行。他认为中国的民族资产阶级有两重性，是可以争取的。会议通过《中共中央关于目前政治形势与党的任务的决议》。决议指出："目前政治形势已经起了一个基本上的变化"[1]，"党的策略路线，是在发动，团聚与组织全中国全民族一切革命力量去反对当前主要的敌人：日本帝国主义与卖国贼头子蒋介石"[2]。决议还指出"关门主义是党内的主要危险"[3]。根据会议精神，毛泽东在随后召开的党的活动分子会议上作了《论反对日本帝国主义的策略》的报告。报告以九一八事变以来民族资产阶级的政治代表人物政治态度的变化，充分地论证了和民族资产阶级在抗日的条件下重新建立统一战线的可能性和重要性。报告指出，由于中国是几个帝国主义国家争夺的半殖民地，"当斗争是向着日本帝国主义的时候，美国以至英国的走狗们是有可能遵照其主人的叱声的轻重，同日本帝国主义者及其走狗暗斗以至明争的"[4]，"我们要把敌人营垒中间的一切争斗、缺口、矛盾，统统收集起来，

---

[1] 中共中央文献研究室、中央档案馆编：《建党以来重要文献选编（1921—1949）》（第十二册），中央文献出版社2011年版，第531页。
[2] 中共中央文献研究室、中央档案馆编：《建党以来重要文献选编（1921—1949）》（第十二册），中央文献出版社2011年版，第536页。
[3] 中共中央文献研究室、中央档案馆编：《建党以来重要文献选编（1921—1949）》（第十二册），中央文献出版社2011年版，第547页。
[4]《毛泽东选集》（第一卷），人民出版社1991年版，第148页。

作为反对当前主要敌人之用"①。报告着重指出，共产党和红军在这个统一战线中具有决定性的领导作用。

瓦窑堡会议决议和毛泽东的报告，分析了日本侵略者打进中国之后社会各阶级之间相互关系的变化，明确提出了党的基本策略任务是建立广泛的抗日民族统一战线。也就是说，把各种要求抗日的力量汇合起来，组成抗日民族统一战线，共御外敌，这一使命历史地落在中国共产党身上。

瓦窑堡会议结束后，党采取切实措施，推进日益高涨的抗日救亡运动。由于日本在华北的侵略活动已超出蒋介石南京政府所能容忍的限度，直接威胁到其生存，蒋介石和国民党中央的对日政策也在发生变化。国共双方开始通过多种渠道进行秘密接触。西安事变和平解决后，从1937年2月到9月，中国共产党先后派出周恩来、叶剑英等同国民党进行多次谈判。

1937年7月7日，日本侵略军在北平西南的卢沟桥附近，以军事演习为名，突然向当地中国驻军第二十九军发动进攻，第二十九军奋起抵抗，抗日战争全面爆发。在日军发动全面侵华战争的生死存亡关头，中华民族只有团结抗战才是生存的唯一出路。

卢沟桥事变的第二天，中共中央向全国发出通电，大声疾呼："平津危急！华北危急！中华民族危急！只有全民族实行抗战，才是我们的出路。"②通电呼吁："全中国人民、政府和军队团结起来，筑成民族统一战线的坚固的长城，抵抗日寇的侵略！"③建立抗日民族统一战线，是中国共产党根据历史发展进程提出的基本政治口号。

7月15日，周恩来等将《中共中央为公布国共合作宣言》交给蒋介石，强调"在民族生命危急万状的现在，只有我们民族内部的团结，才能战胜日本帝国主义的侵略"④。17日，蒋介石在庐山发表表明抗战决心的谈话。8月

---

① 《毛泽东选集》（第一卷），人民出版社1991年版，第148页。
② 《毛泽东选集》（第二卷），人民出版社1991年版，第343页。
③ 《毛泽东选集》（第二卷），人民出版社1991年版，第344页。
④ 中共中央文献研究室、中央档案馆编：《建党以来重要文献选编（1921—1949）》（第十四册），中央文献出版社2011年版，第369页。

13日，日军在上海发动新一轮战事；14日，国民政府发表声明，表示准备坚决抗战，并加快了与共产党谈判的步伐。8月18日，国共双方就陕甘宁边区人事、红军改编等问题达成协议。8月22日，南京国民政府军事委员会发布命令，将红军改编为国民革命军第八路军（9月11日，按战斗序列改称第十八集团军）。25日，中共中央军委发布命令：任命朱德、彭德怀为正副总指挥，叶剑英为参谋长。八路军下辖三个师：第一一五师，师长林彪，副师长聂荣臻，政训处主任罗荣桓；第一二〇师，师长贺龙，副师长萧克，政训处主任关向应；第一二九师，师长刘伯承，副师长徐向前，政训处主任张浩。在共产党的催促下，9月22日，国民党发表《中共中央为公布国共合作宣言》。23日，蒋介石发表谈话，指出国共合作团结御侮的必要。以国共合作为基础的抗日民族统一战线正式形成。

抗日民族统一战线，是以国共两党合作为基础的，全国各族人民、各民主党派、各爱国军队、各阶层爱国人士以及海外华侨参加的团结抗日的全民族统一战线。国共合作抗日，顺应了历史发展潮流。"中国人民在抗日战争的壮阔进程中孕育出伟大抗战精神，向世界展示了天下兴亡、匹夫有责的爱国情怀，视死如归、宁死不屈的民族气节，不畏强暴、血战到底的英雄气概，百折不挠、坚忍不拔的必胜信念。"[①]伟大抗战精神，奠定了抗战胜利的精神基础，是中国人民弥足珍贵的精神财富。

二、中国共产党制定并坚持全面抗战的路线

全民族抗战爆发后，国共两党在如何抗日的问题上一开始就存在严重分歧，形成两条截然不同的对抗日战争的指导路线。

国民党从大地主大资产阶级的利益出发，力图使抗战的进行不致损害他们的统治地位，并且在打败日本侵略者后继续其统治，因而实行片面抗战路

[①]《习近平著作选读》（第二卷），人民出版社2023年版，第339页。

线，即坚持国民党一党专政，只实行单纯政府和军队的抗战，并拒绝一切有利于抗战的根本改革，防止人民力量在抗战中发展。国民党于1938年三四月通过的《中国国民党抗战建国纲领》，抗日的态度是积极的，但对发展民众运动有很多限制。

与此相反，中国共产党制定了一条全面抗战路线。1937年8月22日至25日，中共中央在陕北洛川举行扩大会议。会议指出，争取抗战胜利的关键是实行共产党的全面抗战路线，反对国民党的片面抗战路线。会议向全国各党各派各界各军和全国人民提出《抗日救国十大纲领》。它的要点是：（一）打倒日本帝国主义；（二）全国军事的总动员；（三）全国人民的总动员；（四）改革政治机构；（五）抗日的外交政策；（六）战时的财政经济政策；（七）改良人民生活；（八）抗日的教育政策；（九）肃清汉奸卖国贼亲日派，巩固后方；（十）抗日的民族团结。[1]这个纲领是共产党的全面抗战路线的具体化。

1937年10月，毛泽东在和英国记者贝特兰谈话时指出，《抗日救国十大纲领》"提出在抗日战争中中国政府所应采取的政策"[2]，"我们的基本口号就是'全面的全民族的抗战'"[3]。11月，毛泽东在延安党的活动分子会议上又概括说："我们主张全国人民总动员的完全的民族革命战争，或者叫作全面抗战。"[4]

在整个抗日战争中，中国共产党一直呼吁并坚持全面抗战的路线。1939年7月，中国共产党在《中共中央为抗战两周年纪念对时局宣言》中指出，在当前形势下，"我全中华民族继续努力的总方向"是"坚持抗战，动员一切人力、财力、物力，展开全民族的全面的抗战！巩固国内团结，坚持抗日民族统一战线与国共合作，力求进步，彻底实行三民主义，建立独立自由幸福的

---

[1] 参见中共中央文献研究室、中央档案馆编：《建党以来重要文献选编（1921—1949）》（第十四册），中央文献出版社2011年版，第475—477页。
[2] 《毛泽东选集》（第二卷），人民出版社1991年版，第373页。
[3] 《毛泽东选集》（第二卷），人民出版社1991年版，第374页。
[4] 《毛泽东选集》（第二卷），人民出版社1991年版，第387页。

新中国，坚决反对投降，反对分裂，反对倒退"①。在抗战即将胜利的1945年4月，中共七大提出党的政治路线是："放手发动群众，壮大人民力量，在我党的领导下，打败日本侵略者，解放全国人民，建立一个新民主主义的中国。"②

两条路线，两个前途。中国共产党的全面抗战路线，代表了全国人民的利益，也符合全民族的利益，是争取抗战胜利的唯一正确的路线。

全民族抗战爆发后，对于抗战的前途，国内出现了"亡国论"和"速胜论"的错误观点。1938年3月24日至4月7日，国民党军队在台儿庄地区取得歼灭日军1万余人的台儿庄大捷，"速胜论"抬头。1938年5月19日，徐州失守，"亡国论"重弹。这时，战争已经进行了十个月。战争的过程究竟会怎样？中国能否取得最后的胜利？1938年5月26日至6月3日，毛泽东在延安抗日战争研究会上作了《论持久战》的长篇演讲，回答了困扰人们思想的种种问题。

在《论持久战》中，毛泽东指出："中日战争不是任何别的战争，乃是半殖民地半封建的中国和帝国主义的日本之间在二十世纪三十年代进行的一个决死的战争。"③他指出，中日双方存在着互相矛盾的四个基本特点：第一，日本是一个帝国主义强国，中国是个半殖民地半封建弱国；第二，日本的侵略战争是退步的、野蛮的，中国的反侵略战争是进步的、正义的；第三，日本战争力量虽强，但它是个小国，人力、军力、财力、物力均缺乏，经不起长期的战争，而中国是个大国，地大、物博、人多、兵多，能够支持长期的战争；第四，日本的非正义战争在国际上是失道寡助的，中国的正义战争却是得道多助的。第一个特点决定了日本的进攻能在中国横行一时，中国不能速胜，抗战要走一段艰难的历程；后三个特点决定了中国不会亡国，经过长

---

① 中共中央文献研究室、中央档案馆编：《建党以来重要文献选编（1921—1949）》（第十六册），中央文献出版社2011年版，第440页。
② 中共中央文献研究室、中央档案馆编：《建党以来重要文献选编（1921—1949）》（第二十二册），中央文献出版社2011年版，第198页。
③ 《毛泽东选集》（第二卷），人民出版社1991年版，第447页。

期抗战,最终一定胜利。

《论持久战》预见抗日战争将经历三个阶段。"第一个阶段,是敌之战略进攻、我之战略防御的时期。第二个阶段,是敌之战略保守、我之准备反攻的时期。第三个阶段,是我之战略反攻、敌之战略退却的时期。"① 其中,第二阶段即战略相持阶段是整个战争转变的枢纽,中国将在此阶段获得转弱为强的力量,最后胜利属于中国。为了实现持久战的战略总方针,毛泽东还提出一套具体的战略方针,这就是主动地、灵活地、有计划地执行防御战中的进攻战,持久战中的速决战,内线作战中的外线作战。毛泽东强调,"兵民是胜利之本"②,"战争的伟力之最深厚的根源,存在于民众之中"③。

《论持久战》使人们对战争的发展过程和前途有了一个清楚的了解,大大提高了坚持抗战的信念。《论持久战》不仅对八路军和新四军有着重要指导作用,而且对国民党将领也产生了很大影响。历史证明,毛泽东提出的持久战的战略总方针,是唯一能使中国这样一个弱国打败日本那样一个强国的战略总方针,是中国夺取抗战胜利的正确指南。

三、中国共产党领导的敌后根据地逐步上升为抗战主战场

全民族抗战爆发以后,国民党军队在一些地方虽然也进行了比较坚决的抵抗,但在日军的强大攻势下,不得不节节后退。在这种不利的条件下,中国共产党领导的八路军、新四军却迎头而上,奔赴前线,奋勇还击。

(一)八路军、新四军建立根据地

1937年9月,八路军第一一五师在平型关设伏,一举取得平型关大捷,歼灭日军精锐1000余人,击毁汽车100余辆,缴获大批武器弹药和军用物资,

---

① 《毛泽东选集》(第二卷),人民出版社1991年版,第462页。
② 《毛泽东选集》(第二卷),人民出版社1991年版,第509页。
③ 《毛泽东选集》(第二卷),人民出版社1991年版,第511页。

取得了全国抗战以来中国军队主动寻歼日军的第一个大胜利，极大地鼓舞了全国军民抗战的信心。10月，八路军配合国民党军进行忻口会战，并在战斗不利的情况下掩护友军撤退。

1937年11月太原失陷。八路军按照党中央和毛泽东的指示，随即在敌后开展广泛的游击战争。一一五师一部留在以恒山为依托的晋察冀边区，主力进入以吕梁山为依托的晋西地区；一二○师进至以管涔山脉为依托的晋西北地区；总部率一二九师主力进入以太行山为依托的晋冀豫边区。晋察冀、晋绥、晋冀豫、山东根据地先后在华北大地建立起来。在华中，1937年10月，根据国共谈判协议，南方八省红军游击队统一整编为国民革命军陆军新编第四军。1938年1月，新四军军部正式成立，军长叶挺，政委兼副军长项英。在陕甘宁，1937年9月，成立了陕甘宁边区政府，11月，在完成普选的基础上建立了边区各级人民民主政权。

敌后抗日根据地的建立，使日军腹背受敌。日军只得停止战略进攻，回过头来以主要兵力把守占领区。这是抗日战争由战略防御转到战略相持的一个重要条件。从1938年10月占领武汉到1944年初，日军在正面战场上停止了战略性进攻，逐渐将其主要兵力用于打击在敌后战场的八路军和新四军。

日军对抗日根据地疯狂地进行"扫荡"，重点是华北。在1939年和1940年的两年中，华北地区日军出动千人以上的大规模"扫荡"就有109次，使用兵力总计在50万人以上。根据中共中央的指示精神，八路军依靠广大群众，利用山区有利地形，坚持山地游击战争，同时在广阔的平原上发展平原游击战争。1939年11月上旬，晋察冀军区在第一二○师的配合下进行伏击，歼灭日伪军900余人，打死日本独立混成第二旅团旅团长阿部规秀中将。

为了发展华中敌后游击战争，1939年2月，周恩来到皖南确定新四军发展的战略任务。在华南、东北，抗日游击战争也得到很大发展。

（二）百团大战

为限制敌后根据地的迅速发展，日军加紧推行"囚笼政策"：以铁路为柱，公路为链，据点为锁，辅以封锁沟和封锁墙，把抗日根据地分成若干小块，构成对根据地的网状包围圈，然后分别进行"扫荡""蚕食"和"清乡"。为粉碎敌人的"囚笼政策"，1940年8月20日至12月初，八路军总部在华北发动了一次大规模的对日军的破袭战。陆续参战的部队达到100多个团，约20余万人，被称为百团大战。

百团大战的第一阶段（8月20日至9月10日）是交通总破袭战。参战部队同时向日伪军发起攻击，破坏正太、同蒲、平汉、德石、平绥等铁路交通线。第二阶段（9月20日至10月5日），继续袭击交通线两侧的日伪军，摧毁深入根据地内的日军据点。第三阶段（10月6日至12月5日）是反"扫荡"作战。从10月6日起，日军调集兵力，对根据地进行报复性"扫荡"，根据地军民展开反"扫荡"作战。到12月初，百团大战共进行大小战斗1824次，毙伤日伪军2.5万余人，缴获一批枪炮和军用物资。百团大战钳制了日军大量兵力，打击了日军的气焰，提高了共产党和八路军的威望，振奋了全国民心，驳斥了共产党"游而不击"的谬论。蒋介石致电朱德、彭德怀："贵部窥破好机，断然出击，予敌甚大打击，特电嘉勉。"①

从1938年冬到1940年的两年多时间，中国共产党领导的人民抗日力量在战斗中成长壮大起来。1940年，八路军、新四军抗击了侵华日军58%的兵力和全部伪军，总数共达70万人。到1940年底，共产党领导的武装部队由5万多人发展到50万人；在华北、华中、华南创建了16块抗日根据地（晋察冀、晋冀豫、晋绥、冀鲁豫、豫鄂边、山东、皖东北、皖东、皖中、皖南、苏南、苏中、苏北、豫皖苏、东江、琼崖），加上陕甘宁边区，根据地已拥有1亿人口。共产党领导的抗日力量，成为坚持抗战争取胜利的主要力量，敌后战场成为抗日的主要战场。

---

① 中共中央文献研究室编：《朱德年谱（新编本）》（中），中央文献出版社2006年版，第991页。

(三）敌后军民艰苦的反"扫荡"斗争

百团大战使日本侵略者大为震惊。1941年2月，冈村宁次就任日本华北方面军司令官，发布命令：必须在四个月内彻底消灭华北的共产党和八路军。日本陆相东条英机宣称：日军要消灭一切华北不屈服的人，要在血海中建立"大东亚共荣圈"。①1941年至1942年，日军大肆"扫荡"华北根据地，一次使用兵力在千人以上到万人的达132次，万人以上至7万人的达27次，并且实行烧光、杀光、抢光的"三光"政策，甚至施放毒气和进行细菌战，制造无人区。日军对华中敌后军民也发动大规模进攻。1941年12月太平洋战争爆发后，华中日军总兵力仍有29万人，日伪军以苏中、苏南为重点，反复进行"清乡"。

在日军空前残酷的进攻中，敌后军民伤亡重大，部队减员较多。到1942年，八路军、新四军由50万人减少为约40万人。抗日根据地面积缩小，总人口由1亿减少到5000万以下。1941年、1942年成为抗日战争最困难的时期。

针对日军对敌后根据地的疯狂进攻，中共中央号召全党全军"咬紧牙关，渡过今后两年最困难的斗争"②；要求每个根据地建立主力兵团、地方兵团和民兵自卫队三结合的体制，以扩大、巩固地方军和群众武装为中心，主力军采取精兵主义。遵照中央指示，各根据地军民进行了规模空前的反"扫荡"、反"蚕食"、反"清乡"斗争。在斗争中，敌后军民创造了很多有效的歼敌方法，如麻雀战、地道战、地雷战、破袭战、水上游击战等，发展了人民战争的战略战术，侵略者被淹没在人民战争的汪洋大海之中。

1941年至1942年，敌后军民共作战4.2万余次，毙伤俘日伪军33.1万多人。在敌后反"扫荡"斗争中，广大军民英勇顽强，谱写出无数可歌可泣的

---

① 参见中共中央党史研究室著，胡绳主编：《中国共产党的七十年》，中共党史出版社1991年版，第182页。
② 中共中央文献研究室、中央档案馆编：《建党以来重要文献选编（1921—1949）》（第十八册），中央文献出版社2011年版，第757页。

英雄事迹：冀中回民支队司令员马本斋的母亲坚贞不屈，绝食而死；狼牙山五壮士视死如归，气壮山河；八路军副参谋长左权血染太行，以身殉国……敌后军民团结一致，不畏强暴的革命英雄气概成为坚持长期抗战的精神支柱。

（四）敌后根据地的恢复和反攻

1943年，敌后战场的形势开始好转，各根据地进入恢复和发展阶段。从1944年起，根据地军民对日军发动了局部反攻。一年中，敌后军民对敌战斗1.13万余次，毙伤日伪军近20万人，攻克县城47座、据点5000余处，收复国土8万余平方公里，解放人口1700万。而此时国民党正面战场却出现大溃败。1944年4月，日军发动打通大陆交通线的作战（一号作战），即豫湘桂战役。至12月初，国民党损失兵力五六十万，丧失了河南、湖南、广东、广西、福建等省的大部和贵州一部，计20多万平方公里的国土，6000万人民陷于日军铁蹄之下。两个战场形成鲜明对比。

1945年，根据地军民响应共产党"削弱敌寇，发展我军，缩小沦陷区，扩大解放区"的号召，向日伪军发动了广泛的进攻。到1945年4月，八路军、新四军等发展到91万人，民兵发展到220万人以上，建立了19个大的解放区，总面积达95万平方公里，人口达9550万。北平、天津、保定、太原、济南、徐州、武汉、南京、上海、杭州、广州等重要城市，均处于人民军队的控制或围困之中。共产党领导的军队和根据地已成为大反攻的重要力量和夺取抗战最后胜利的强大基地。

1945年8月8日，苏联对日宣战。9日，毛泽东发出了《对日寇的最后一战》的声明。从8月11日至9月2日，根据地各路大军破袭了平汉、正太、同蒲、北宁等铁路线，使根据地基本上连成一片，取得了全面反攻的重大胜利。

在全民族抗战中，八路军、新四军和其他人民抗日武装，对敌作战12.5万余次，消灭日伪军171.4万余人，其中日军52.7万余人，但自身也付出巨大牺牲，共伤亡60余万人。中国共产党领导敌后军民英勇抗战的事迹，赢得了全国人民的崇敬，对于抗日战争的坚持和胜利起了至关重要的作用。朱德指出："如果没有解放区战场，又如果没有解放区战场这种与敌人相持的战争，如果解放区战场的战争不能在最困难的条件下长期坚持下来，那末敌人就会继续长驱向西南、西北进攻，而国民党的反人民的政治机构及其军队，则又必然招架不住，那就不会有什么相持阶段，抗日战争的局面早已是不堪设想的了。"①

四、中国共产党不断加强自身建设成为全国人民的希望

毛泽东指出："中华民族的兴亡，是一切抗日党派的责任，是全国人民的责任，但在我们共产党人看来，我们的责任是更大的。"②在抗日战争中，中国共产党以民族责任为己任，注重加强自身建设，"成为英勇作战的模范，执行命令的模范，遵守纪律的模范，政治工作的模范和内部团结统一的模范"③，"成为实行抗战任务的模范"④，"成为统一战线中各党相互关系的模范"⑤，不断发展壮大，走向成熟，成为全国人民的新希望。

（一）毛泽东思想走向成熟使党有了正确的指导思想

抗日战争时期，是马克思主义中国化的重要阶段，是毛泽东思想走向成熟的重要阶段。1938年10月，毛泽东向全党提出把马克思主义中国化的任务。毛泽东在集中全党智慧，总结中国革命的性质、特点和规律的基础上，先后发表了《〈共产党人〉发刊词》《中国革命和中国共产党》《新民主主义论》《论联合政府》等著作，深刻地分析了中国的社会现状和阶级状况，精辟地总结了新民主主义革命的三大法宝——统一战线、武装斗争、党的建设，科学地揭示了中国革命发展的规律，制定了新民主主义的政治、经济和文化

---

① 《朱德选集》，人民出版社1983年版，第140页。
② 《毛泽东选集》（第二卷），人民出版社1991年版，第759页。
③④⑤ 《毛泽东选集》（第二卷），人民出版社1991年版，第522页。

纲领，完成了新民主主义理论体系的构建。这一理论创新，符合中国实际，完整地科学地解决了有关中国革命的一系列基本问题，是马克思主义中国化的典型体现。1943年7月8日，王稼祥在《解放日报》发表《中国共产党与中国民族解放的道路》一文，第一次提出"毛泽东思想"的概念，这一提法逐渐为党内许多同志所接受。

抗战胜利前夕，1945年4月23日至6月11日，中国共产党在延安召开了党的第七次全国代表大会。大会总结了党的建设的历史经验，确定以毛泽东思想为党的指导思想；大会选举产生了以毛泽东为核心的中央领导集体，使全党在组织上达到空前的团结和统一。七大通过的党章明确规定：毛泽东思想，就是马克思列宁主义的理论与中国革命的实践之统一的思想，就是中国化的马克思主义；中国共产党以毛泽东思想作为一切工作的指针。

（二）中国共产党从思想上政治上组织上加强队伍建设

全民族抗战开始后，随着共产党的政治影响迅速扩大，大批革命分子要求参加党的组织。为适应形势发展的需要，1938年3月，中共中央作出《关于大量发展党员的决议》。1938年底，中共党员从抗战初期的4万多人增加到50多万人；到抗战胜利时，党员人数高达120多万，干部人数从3万多发展到40多万。共产党成了全国性的大党，成为抗战的中坚力量。

共产党经过大发展之后，在思想上、政治上、组织上巩固党，就成为极端重要的任务。1939年8月，中共中央政治局作出《关于巩固党的决定》，要求"加强党内马克思列宁主义的教育、阶级教育与党的教育"[①]。为此，张闻天、陈云、刘少奇等先后发表《论青年的修养》《怎样做一个共产党员》和《论共产党员的修养》等文章，毛泽东也发表了《反对自由主义》《纪念白求恩》《为人民服务》等名篇，以加强党的建设，保持党的先锋队性质。同时，

---

① 中共中央文献研究室、中央档案馆编：《建党以来重要文献选编（1921—1949）》（第十六册），中央文献出版社2011年版，第580页。

中共中央还于1939年10月创办了关于党的建设问题的专门刊物《共产党人》杂志。毛泽东在发刊词中,明确提出要把共产党建设成为一个"全国范围的、广大群众性的、思想上政治上组织上完全巩固的布尔什维克化的中国共产党"①,指出这是一项"伟大的工程"②。

为了更好地团结全党完成民族抗战的神圣使命,1941年到1943年,中国共产党进行了"反对主观主义以整顿学风,反对宗派主义以整顿党风,反对党八股以整顿文风"的全党范围的学习马克思主义的思想教育运动,即延安整风运动。经过整风运动,全党从思想根源上纠正了党在历史上所犯的"左"右倾错误,进一步掌握了马克思主义普遍真理和中国革命具体实践相结合的方向,"在中国人民中产生了新的工作作风,这主要的就是理论和实践相结合的作风,和人民群众紧密地联系在一起的作风以及自我批评的作风"③。整风运动使全党在马克思列宁主义、毛泽东思想基础上达到了政治上、组织上、思想上的空前团结和统一,中国共产党进一步成熟起来。

(三) 中国共产党领导根据地民主政权建设

随着抗日战争的深入进行,抗日民主运动也蓬勃发展起来。在国统区,国民党采取的是压制民主的政策。与此相反,中国共产党领导的抗日根据地内,政治民主化建设取得了重大进展,其重要标志就是"三三制"政权的提出和实践。

1940年3月,毛泽东在给党内起草的指示中,提出了建立"三三制"抗日民主政权的问题。"三三制",就是根据地政权在人员分配上,共产党员占三分之一,非党的左派进步分子占三分之一,中间派占三分之一。在"三三制"政权中,非党的左派分子和中间分子是有职有权的。毛泽东在《为人民服务》一文中就说:"'精兵简政'这一条意见,就是党外人士李鼎铭先生提

---

①② 《毛泽东选集》(第二卷),人民出版社1991年版,第602页。
③ 《毛泽东选集》(第三卷),人民出版社1991年版,第1094页。

出来的；他提得好，对人民有好处，我们就采用了。"①

为了实行真正的普遍的民主选举，针对农民中文盲占多数的情况，各根据地创造了灵活多样的民主实现形式：如投豆法、画圈法、背箱法、烧香燃洞法等。通过普遍的民主选举，人民积极性被充分地调动起来，人民和政府的关系也更加密切了。毛泽东指出："没有民主，抗日是要失败的。没有民主，抗日就抗不下去。有了民主，则抗他十年八年，我们也一定会胜利。"②历史印证了这一判断，也印证了民主的威力与伟力。

在政治上追求民主的同时，中国共产党也注意加强根据地的经济建设。抗日战争中，各根据地实行减租减息政策，兼顾农民和地主两方面利益。1941年以后，为了战胜严重的经济困难，在毛泽东的"自己动手，丰衣足食"口号鼓舞下，陕甘宁边区等相继开展了大生产运动。八路军三五九旅把荒无人烟的南泥湾开垦为"到处是庄稼，遍地是牛羊"的"陕北的好江南"。1942年12月，毛泽东在陕甘宁边区举行的高级干部会议上指出："发展经济，保障供给，是我们的经济工作和财政工作的总方针。"③会议以后，大生产运动更加广泛地开展起来。大生产运动改善了军民生活，战胜了严重的物质困难，为争取抗战最后胜利奠定了物质基础。

根据地各方面的建设，大大增强了中国共产党同根据地人民的血肉联系，群众更加信任党、信任人民军队。和谐的党群关系、军民关系，对在极端艰苦的环境下坚持敌后抗日斗争直至最后胜利起着至关重要的作用。

经过全国各族人民的艰苦斗争，加之世界反法西斯战争的不断胜利，1945年8月15日，日本帝国主义宣布无条件投降；9月2日，日本政府代表在投降书上签字，伟大的抗日战争取得完全胜利。中国抗日战争的胜利，是中华民族付出了巨大代价取得的。在这场战争中，中国共产党及其领导的人民武装力量，是全民族利益的最坚定的维护者，为抗日战争的胜利做出了决定

---

① 《毛泽东选集》（第三卷），人民出版社1991年版，第1004页。
② 《毛泽东选集》（第二卷），人民出版社1991年版，第732页。
③ 《毛泽东选集》（第三卷），人民出版社1991年版，第891页。

性贡献。这个决定性贡献，使抗日战争的胜利变成了人民的胜利，从而为后来中国革命的彻底胜利和新中国的成立，为中华民族的振兴奠定了重要基础，正如毛泽东指出的那样，"抗日战争的经验，给了我们和中国人民这样一种信心：没有中国共产党的努力，没有中国共产党人做中国人民的中流砥柱，中国的独立和解放是不可能的"[①]。

---

① 《毛泽东选集》（第三卷），人民出版社1991年版，第1097—1098页。

第一章 全民族抗战爆发前中国共产党领导下的东北抗战

1931年9月18日，日本侵略者对中国发动蓄谋已久的侵略战争，致使东北三省很快沦陷。在中华民族遭遇重大危机的时刻，中国共产党最先打出抗日救国的旗帜，号召团结抗日，并发动东北各阶层民众建立抗日武装。中国共产党领导下的东北抗日武装转战于白山黑水之间，成为东北抗日斗争的主力。正如毛泽东所指出的，中国人民的抗日战争在1931年就开始了，"东三省的人民，东三省的一部分爱国军队，在中国共产党领导或协助之下，违反国民党政府的意志，组织了东三省的抗日义勇军和抗日联军，从事英勇的游击战争。这个英勇的游击战争，曾经发展到很大的规模，中间经过许多困难挫折，始终没有被敌人消灭"。

第一节 率先举起抗日救国旗帜

九一八事变发生时，远在中国南方崇山峻岭深处的中国共产党中央及其领导下的工农红军，刚刚将蒋介石亲自挂帅的30万"围剿"大军赶出中央苏区，喘息未定，便立即高度关注发生在东北的日军侵华事件，并迅速作出反应。

9月20日，也就是九一八事变第三天，中共中央发表《中国共产党为日本帝国主义强暴占领东三省事件宣言》。同日，《中华苏维埃共和国中央工农革命委员会为满洲事变宣言》发表。22日，中共中央作出《关于日本帝国主义强占满洲事变的决议》。此后，在9月25日、30日和10月12日，中共中央和中华苏维埃政府又连续发出对满洲事变的宣言和告全国民众书。这些宣言、决议、告民众书的主要内容如下。

第一，深刻地揭示了日本帝国主义发动九一八事变的根源和目标。九一八"这严重的事变，是日本帝国主义的积极殖民地政策之产物，是日本武装占领整个满洲及东蒙的企图最露骨的表现"[1]，"其显明的目的显然是掠夺中

---

[1] 中共中央文献研究室、中央档案馆编：《建党以来重要文献选编（1921—1949）》（第八册），中央文献出版社2011年版，第563页。

国,压迫中国工农革命,使中国完全变成它的殖民地"①。

第二,谴责国民党政府的不抵抗政策。中共中央指出,国民党当局要求中国军民面对日本法西斯制造的一系列惨案和侵略掠夺时"镇静忍耐",事后空口抗议,向国联乞求调解,希望美国主持公道,如此等等,实际上就是出卖民族利益。南京政府的不抵抗主义,给日本武装占领东北当了"开头先锋"②。

第三,表明中国共产党坚决反对日本帝国主义侵略的决心,并提出了对日斗争的策略。中共中央指出要反对日本帝国主义的侵略,就要由广大民众自己起来,在共产党领导下,"真正地进行革命的民族战争"③。"只有广大群众的革命铁拳,才能制止帝国主义的暴行,驱逐帝国主义滚出中国"④,"特别在满洲更应该加紧的组织群众的反帝运动,发动群众斗争(北宁路、中东路、哈尔滨等),来反抗日本帝国主义的侵略,加紧在北满军队中的工作,组织他的兵变与游击战争,直接给日本帝国主义以严重的打击"⑤。

联袂而出的这些宣言和决议,不仅旗帜鲜明地表达了中国共产党坚决反对日本帝国主义侵略的决心,而且一针见血地揭露了国民党当局实行不抵抗政策的实质,还号召东北人民自己武装起来,将日本帝国主义驱逐出中国。

中共中央对九一八事变的认识及抗日主张被迅速贯彻到地处反日斗争前沿阵地的东北党组织,满洲省委、团委于9月20日发表《为反对日本帝国主义武装占领满洲告朝鲜工人、农民、学生及一切劳苦群众书》,同时提交给中共中央一份《关于日军占领满洲情形、省委的策略及工作布置》报告,指出:

---

① 中共中央文献研究室、中央档案馆编:《建党以来重要文献选编(1921—1949)》(第八册),中央文献出版社2011年版,第547页。
② 中共中央文献研究室、中央档案馆编:《建党以来重要文献选编(1921—1949)》(第八册),中央文献出版社2011年版,第565页。
③ 中共中央文献研究室、中央档案馆编:《建党以来重要文献选编(1921—1949)》(第八册),中央文献出版社2011年版,第568页。
④ 中共中央文献研究室、中央档案馆编:《建党以来重要文献选编(1921—1949)》(第八册),中央文献出版社2011年版,第548页。
⑤ 中共中央文献研究室、中央档案馆编:《建党以来重要文献选编(1921—1949)》(第八册),中央文献出版社2011年版,第568—569页。

立刻动员全体同志到群众中去活动，省委立刻督促两个区委马上开会，布置本区的工作；推动互济会到广大的城市贫民中去活动，反帝同盟的筹备会马上成立，指定一同志立刻去进行工作；省委发一总的宣言，将我们的主张写成简单的标语张贴，党报要每日出版一小张，总的决议马上作好即印出；省委现须集中一切力量来做这一工作，省委本身以及C.Y.（共产主义青年团）每日须接头解决当日的问题，省委每日须和两个区委、互济会、党、团以及反帝同盟筹备会负责的同志接头，指导其工作；设法派遣代表到上海以及各地区扩大宣传，此事要中央准备接头关系，以及路费的筹措。[1]

从该报告中，可以看出中共满洲省委在九一八事变发生后的积极应对。省委各地下组织分头行动，将中共的抗日主张写成简明的传单标语迅速发到全东北各地，并要求各级党团组织积极扩大罢工、罢课、罢市，做反抗占领满洲的运动，立刻紧急动员党内全体同志到群众中去开展活动。随即，在沈阳、大连、哈尔滨等城市的街头出现了"我们之所以遭到帝国主义的屠杀，是国民党军阀采取投降政策的结果""同胞们起来，打倒投降帝国主义的国民党，以罢工、罢市、罢课来反对日本帝国主义侵占满洲"等内容的标语、传单。

沈阳被日军占领后，广大工农群众和学生自动开展停工、停市和停课斗争，以示抗议。奉天兵工厂党支部书记梁永盛组织上千名工人闯入沈阳南站，抢夺了日本从大连运来的军粮。梁永盛领导的抢粮斗争一直持续到第二年的4月，大规模的抢粮斗争震动了整个沈阳城，给日本侵略者以沉重一击。

中共长春特支提出"没收敌人武装，拿起刀斧梭镖单枪，动员和组织群众，起来抗日"的口号。他们在公园举行飞行集会，还到处张贴标语，散发传单，激发民众的反日爱国热情。

中共西安（今辽源）特支发动煤矿工人罢工，组织抗日救国会，动员工

---

[1] 参见中央档案馆、辽宁省档案馆、吉林省档案馆、黑龙江省档案馆编：《东北地区革命历史文件汇集》（甲9），1988年印，第67—68页。

人参加抗日武装。

9月28日，中共东满特委召开延吉、和龙、汪清、珲春四县县委紧急会议，制定了《反对日帝占领满洲紧急决议案》《东满农民斗争纲领》《士兵运动决议》《反帝决议案》《反对日本占领满洲东满特委告群众书》等文件。地下党员在街头巷尾贴出了"反对日本帝国主义侵略中国""日本滚出满洲去"等标语，向各族劳苦群众发出团结抗日的号召。由于各县委的积极行动，东满人民的反日斗争迅速开展起来，数万农民展开了秋收斗争，在和龙县日本总领事馆前举行示威游行。这些群众性的反日斗争为后来创建抗日武装打下了思想和组织基础。

中共中央和中共满洲省委的抗日救国主张，也鼓舞了黑龙江省人民的斗志。中共北满特委和哈尔滨市委组织发动工人和学生进行大规模反日游行。9月20日晚，愤怒的工人和市民砸了日本驻哈尔滨总领事馆和日本人经营的日日新闻报社及朝鲜银行。9月26日，哈尔滨市知识分子、工人、市民再次举行了声势浩大的反日示威游行。哈尔滨工业大学成立了抗日救国会，其他各校也纷纷成立了反日联合会、读书会，全市成立了反日总会。一些工厂、大中专学校组建了工人赤卫队、学生军、抗日救国义勇军学生大队等抗日组织，并开展军训，准备杀敌。哈尔滨市反日总会还出版了油印小报《民众报》，揭露日本帝国主义的侵略罪行。9月28日，哈尔滨市街道上贴出反日总会的传单，号召全市人民一致武装起来，反对日本帝国主义侵占满洲；齐齐哈尔军械厂的工人加班加点赶制武器，准备杀敌；佳木斯市桦川中学爱国师生走上街头举行抗日游行示威；松花江岸各码头工人为抗议日本侵略，拒绝给运往日本的大豆、煤炭装船。

九一八事变后，在中国共产党的推动和领导下，流落到关内的东北爱国人士在北平发起组织了以抗日复土为宗旨的抗日爱国团体——东北民众抗日救国会。9月27日举行成立大会时，已有入会者400多人。大会通过《告东北民众书》，为东北民众抗日救国会成立宣言。宣言控诉了日本侵略者在中国践踏城镇、屠戮人民、掠夺财物、烧毁房屋的罪行，呼吁国民政府当局：善机发动，放弃私利，捐除成见，以国难为前提，集中全国人才实现统一的国家，对日宣战，收复邦家。①

中国共产党对东北民众抗日救国会的领导主要体现在：政治上，东北民众抗日救国会的宗旨和中国共产党的抗日救国主张是完全一致的；组织上，共产党员、共青团员、反帝大同盟盟员以及党影响下的进步青年在东北民众抗日救国会中起着骨干作用，承担着各项具体工作，中国共产党正是通过他们的工作对东北民众抗日救国会给予指导和帮助。此外，东北民众抗日救国会的上层主要领导深受中国共产党的影响，大多在思想上同情中国共产党，后来其中有相当一部分人加入了中国共产党，或走上与中国共产党合作的道路。

中共大连特支于9月30日发出《敬告大连工友书》，指出：日本帝国主义者公然以军队占领沈阳，南满和大连已变成了日本的殖民地，中华民族的危机更加严重，全市人民必须与日本殖民主义者进行坚决斗争，支持抗日运动。②在共产党的号召下，抗日烈火很快地在当地燃烧起来。

在中国共产党的推动和领导下，东北民众抗日救国会在抵制国民党的不抵抗政策、动员和组织民众进行反日斗争方面，做了大量工作。

一是揭露日本的侵略罪行和国民党不抵抗政策的危害，广泛地进行抗日救亡宣传，唤起民众觉醒。东北民众抗日救国会组织请愿团赴上海、南京请愿，要求国民政府出兵抗日；向国联调查团揭露日本侵华真相；创办《救国旬刊》《覆巢月刊》《东北通讯》等刊物，及时准确地报道东北人民和东北抗日义勇军英勇抗日的消息，揭露日军暴行，大力呼吁全国人民团结起来一致抗日。此外，还组织宣传队沿平津、平汉铁路沿线，深入城镇和乡村，广泛地进行抗日救国的宣传活动。

---

① 参见《东北抗日联军史》编写组：《东北抗日联军史》（上册），中共党史出版社2015年版，第81—82页。
② 参见《东北抗日联军史》编写组：《东北抗日联军史》（上册），中共党史出版社2015年版，第78页。

二是大力支持东北抗日义勇军的斗争。东北民众抗日救国会派出一批爱国人士秘密出关，联络和策动原东北军官兵举旗抗日；为东北抗日义勇军募集资金、购买武器和军用物资，支援义勇军作战；整编义勇军队伍，指导义勇军开展游击战争。

三是培养抗日骨干。1932年7月，东北民众抗日救国会从东北学院和东北大学抽调进步学生举办西山干部训练班，在北平西山卧佛寺秘密进行军事政治训练。训练班共有东北籍青年100余人。到10月训练班结束时，大部分学生被派往东北各地，成为奋战在东北抗日第一线的骨干力量。

在中华民族生死存亡之际，中国共产党以民族大义为重，不顾自身安危，毅然挺身而出，率先举起了抗日救国大旗，彰显了中华民族威武不能屈的浩然正气。

第二节 支持、援助义勇军的抗日斗争

从九一八事变的第二天起,就有义勇军在东北地区进行抗日活动。中国共产党敏锐地觉察到抗日义勇军的力量。1931年10月中下旬,时任中共中央军委书记的周恩来以伍豪的笔名在中共中央机关报《红旗周报》上发表题为《日本帝国主义占领满洲与我们党当前任务》的文章,指出:为了进一步推进抗日斗争进程,现阶段创建东北抗日义勇军已经成为东北抗战的核心任务,我们必须在最短的时间内充分组织各阶级阶层建立东北抗日义勇军。

从1931年末到1932年初,中共满洲省委多次分析九一八事变后东北人民武装抗日斗争的形势,向中央提议应积极领导并组织大规模义勇军,顺应并推进当前各地群众性的反日斗争,进一步建立起义勇军组织。他们认为,应"努力发展反日斗争,尤其是要设法打入与领导农民义勇军反日的革命战争"[1]。同时,由于义勇军成分复杂、自由散漫,存在着战略战术不得法甚至扰民等问题,中共满洲省委强调在抗日义勇军中加强党的领导权的重要性。

中共满洲省委的建议得到党中央的充分肯定。在中央的鼓励并指导下,满洲省委迅速实现了工作重心的转移。从1931年的10月起,中共满洲省委和

---

[1] 中央档案馆、辽宁省档案馆、吉林省档案馆、黑龙江省档案馆编:《东北地区革命历史文件汇集》(甲10),1988年印,第190页。

各级党组织先后派遣500余名党团员到各部义勇军中工作，还从反帝大同盟、互济会、反日会等进步团体中选派骨干到义勇军部队。中共河北省委北平市委根据中央的指示精神选派党团员和进步青年到东北抗日义勇军开展活动。

中国共产党领导或协助抗日义勇军的几种具体方式为：

一是由组织派出党团员直接组织和创建工农义勇军队伍；

二是派出党团帮助一些义勇军部队进行组建工作，参与对义勇军武装反日斗争的领导；

三是党组织派到义勇军中工作的党团员发挥模范骨干作用；

四是动员大批青年学生、知识分子参加义勇军，动员社会各界人士进行募捐活动，支援抗日义勇军的斗争。

1931年11月，辽宁省警务处处长黄显声组织义勇军，并致电东北民众抗日救国会请求援助。救国会接电后，在12月初派出一批精干人员，其中包括共产党员、共青团员和各界爱国人士等，如车向忱、宋黎、苗可秀、赵濯华等，前往部队工作、参战。

1932年3月，为了便于对义勇军的指挥和领导，东北民众抗日救国会对辽宁地区义勇军的组织进行整顿，统一番号，各种名称的抗日队伍统一改称"东北民众自卫义勇军"，并按活动区域和成立顺序分别加以委任。此时东北义勇军已达54路，另加27个独立支队及6路骑兵。同一时期，中共河北省委、北平市委派出冯基平、林郁青、李烈生（即李兆麟）等人到辽南的辽阳小堡一带组织抗日义勇军。他们以东北民众抗日救国会的名义，组织"长江""三省""燕子"等小股武装和当地民团联合抗日，并于3月中旬在辽阳三家子组成第二十四路抗日义勇军。6月，上级党组织又派共产党员魏拯民和夏尚志分别到辽阳小堡和第二十四路义勇军工作。9月，中共河北省共产党员侯薪、孙乙泰到达辽阳，并与中共奉天特委接上关系，然后到第二十四路义勇军统辖的第一支队沈宝林部工作。在中国共产党的领导下，第二十四路义勇军和附近乡村还建立了共青团组织和反日大同盟、反日会、农民会、儿童团等群众组织，成立了义勇军、小堡、官屯3个团支部。

值得一提的是，在黑龙江省代主席、省防军司令马占山率领的著名的东北义勇军江桥抗战中，中共满洲省委派出骨干张甲洲带领巴彦游击队，在呼海铁路泥沙火车站炸毁日军北进的军火列车，配合马占山部作战。马占山率军反攻哈尔滨时，遭遇粮草中断的困难。中共党员王复生到苏联驻黑河领事馆商谈，为马占山领导的抗日部队解决粮食和武器弹药问题。此外，在江桥抗战最艰苦的时候，齐齐哈尔地方党组织组织全市工人、农民、公教人员、商店店员、医务工作者参加抗战救国活动，组织街头宣传队声援江桥抗战，组织战地慰问团运送弹药、护理伤员。战局紧张之时，齐齐哈尔地区大批工人、店员自发携带锹、镐赶赴前线修筑战壕。齐齐哈尔地方各人民团体，募集慰问金十余万元，猪、羊200余头，分送前线。

1932年4月5日，中共满洲省委提出义勇军及一切劳苦群众反日斗争的纲领，主要包括：反对日本帝国主义对义勇军进攻与屠杀群众；号召民众自动武装起来驱逐日本帝国主义；号召组织民族革命战争的工农义勇军，创造红军，武装保卫中国，保卫满洲劳苦群众；号召革命士兵与武装民众联合，与义勇军联合，反对长官妥协、投降、归顺；号召农民自动武装起来，革命的学生自动武装起来，与民众团结一致驱逐日本帝国主义；号召中韩满蒙被压迫民族一致联合起来，共同抗日。[①]

同时，满洲省委还提出中国共产党要以自己的坚决性与敏捷性来动员无产阶级与一切劳苦群众加入与扩大反日斗争；动员党的干部打入一切救国军中，加紧在士兵中的鼓动宣传，组织士兵委员会与党的支部。对于真正能在党的领导之下的乡团及其他队伍，应加强对其进行政治军事领导，建立反日的民众联合。

由于中国共产党的抗日主张与行动在东北民众中的影响日涨，许多抗日义勇军纷纷主动前来寻找共产党的帮助。例如，在台安、辽阳一带打出反日

---

① 参见中央档案馆、辽宁省档案馆、吉林省档案馆、黑龙江省档案馆编：《东北地区革命历史文件汇集》（甲10），1988年印，第110页。

救国旗号的抗日武装力量，明确提出要找共产党领导他们；活跃在吉林扶余一带的义勇军一部，也派人到哈尔滨寻找共产党组织。此外，还有红枪会、大刀会等农民武装也在寻找共产党，要求由共产党领导。

这种"双向奔赴"的局面无疑给了东北党组织极大的鼓舞。

满洲省委在九一八事变一周年之际，给各地党组织发出一封信，要求各级党部要在义勇军、反日的群众武装中，进行广泛的宣传工作和积极开展援助义勇军的工作，包括组织慰劳队、开群众大会、军民联欢会等。义勇军起于民间，他们无粮无款，同强大的日军作战，如果没有民众的支持和援助是不可能坚持长久的。为推动广大民众支援义勇军的斗争，1933年3月20日，中共满洲省委开展了援助义勇军运动周活动，提出一系列口号，如：

"义勇军是民众抗日反帝的武装队伍，拥护义勇军！"

"义勇军是民族革命战争的民众武装组织，援助义勇军！"

"一个人捐一个铜子给义勇军！"

"一切劳苦民众自动供给义勇军的给养——粮食、衣物、住所！"

"工友、农民、学生们，一切劳苦民众们，到义勇军中去，进行反日的民族革命战争！"

……

这些口号深得各界群众的拥护，他们纷纷行动起来，采取各种形式支援义勇军。

在九一八事变后短短几个月内，东北地区义军四起，战旗林立，势如潮涌。义勇军发展到巅峰时期，人数达30余万，活动范围涉及东北的102个县，牵制、打击了日本在东北的殖民统治。到1933年下半年，由于日军的大规模绞杀，东北抗日义勇军难以为继，但仍然有近10万人分散在东北各地坚持战斗。

第三节 组建游击队进行广泛的抗日游击战

在支持东北抗日义勇军抵抗日军侵略的同时，中国共产党也提出了创建党直接领导的抗日武装的任务。

在整个东北抗日游击战争的历史进程中，先后存在由中国共产党间接或直接组织和领导的两支抗日军事武装力量，即东北抗日义勇军和东北抗日联军。东北抗日义勇军是在中国共产党的倡议和援助下创建的各个阶级和阶层的集合的抗战力量；东北抗日联军则是中国共产党直接组织和领导的在东北人民革命军六个军的基础上改编和创建的抗日军事武装力量。在一定意义上讲，两者在很大程度上存在着相互关联的组织关系。东北抗日义勇军从创建到不断发展的过程中都在很大程度上得到了中国共产党的援助，一批党团员和广大人民群众加入义勇军。当义勇军的斗争处于山穷水尽之时，一部分部队直接加入由中国共产党直接领导的军队。东北抗日义勇军在东北抗日游击战争初期的斗争为东北抗日联军的建立奠定了坚实的基础，而且这两支抗日武装力量经常联合作战。

中国共产党组织和带领广大人民群众在南满等四大游击区创建了一些规模不大的抗日游击根据地，并且以它们为重要的战略基地，在很大程度上抵制和反抗了日伪的殖民统治，为东北抗日做出了重要贡献。

一、南满地区

南满游击队主要有两支：一为磐石游击队；一为海龙游击队。

1932年2月至3月期间，南满抗日游击队利用地理环境的有利条件，创建了东北地区第一块抗日游击根据地——磐石抗日游击根据地。这块抗日游击根据地以红石砬子为中心，整个覆盖范围大概有方圆几十里。

中共满洲省委对磐石抗日游击根据地的工作十分重视。1932年7月，磐石中心县委在给省委的紧急报告中指出："目前磐石义勇军的游击工作，关系于整个工作的转变非常重大，省委应速派去富有经验的军事工作同志，去组织强有力的军委，领导义勇军的游击战争。"8月，接到磐石中心县委报告的满洲省委，经过研究，决定派出时任省委委员、省委军委代理书记的杨靖宇前往磐石游击根据地指导抗日斗争。

杨靖宇到达磐石抗日游击根据地后，对游击队进行了大刀阔斧的整顿，改组县委、稳定队伍，清洗了混入游击队里的少数流氓分子和惯匪，使磐石游击队成为南满地区一支富有战斗力的队伍，连打了几次胜仗，在南满地区站稳了脚跟。

日伪当局对南满游击队的发展极为恐惧。为消灭共产党领导的这支抗日武装，自1933年1月至4月，调集日军守备队和大批伪军对抗日游击根据地发动了4次进攻，但是都以失败而告终。

随着抗日游击运动的不断高涨，地方党组织和游击队争取和影响伪军反正哗变的工作也取得很大成绩。5月29日，驻烟筒山伪吉林警备第五旅步兵第十四团迫击炮连在打入其内部的共产党员曹国安、宋铁岩以及张瑞麟的组织和策动下，击毙伪军连长，举行起义。60余名士兵携带1门迫击炮、40多支步枪以及数千发子弹，投入游击队的怀抱，受到了抗日群众和游击队指战员的热烈欢迎。中共满洲省委代表冯仲云和磐石中心县委书记李东光在欢迎大会上发表了热情洋溢的讲话，对他们以民族大义为重毅然走上反日道路给予充分肯定。哗变队伍被正式编为中国工农红军第三十二军南满游击队迫击炮大队。迫击炮连的哗变，不仅壮大了游击队，而且使游击队拥有了自己的迫击炮，增强了游击队的战斗力。

南满游击队在杨靖宇的领导下，紧紧依靠当地党组织和人民群众，运用灵活机动的游击战术，越战越勇，越战越强。对此，中共满洲省委给予了充分肯定，称赞他们击退了日本帝国主义及其走狗满洲国六次大的进攻，影响了一些反日武装队伍，大大扩大了党和游击队在南满的政治影响。

1934年以后，磐石抗日游击根据地不断扩大，到1935年，整个南满抗日游击根据地的覆盖范围达到方圆几百里，成为南满抗联进行各种形式的抗日游击斗争的重要战略阵地，也是东北抗日游击战争的重要战场。

海龙游击队是在1932年8月建立的，当时命名为海龙工农义勇军。中共党员王仁斋在队伍中不断向队员宣传中国共产党的抗日主张，发展党团员和积极分子，使得这支队伍政治素质较高，人员也从300余人发展到1000余人。队伍在对日作战中表现得英勇顽强，多次给日伪军以沉重打击。1933年1月，省委代表杨靖宇从磐石到海龙巡视工作，根据省委指示，将海龙工农义勇军改名为中国工农红军第三十七军海龙游击队。

二、东满地区

东满游击队是吉林东部延吉、和龙、汪清和珲春4个县游击队的统称。

1932年2月，中共满洲省委给东满特委发出指示信，要求在游击战中和群众斗争中去建立和发展真正的游击队组织。到夏秋时节，东满特委已经在延吉、和龙、珲春、汪清建立了四大块广阔的游击区，其中延吉和汪清两块游击区的规模最大，整个覆盖范围达到方圆五百里左右，成为东满地区最主要的游击区。

为了将中共领导的抗日游击队消灭在萌芽中，驻扎在东满地区的日军在1932年春就开始进行为期一年的"大讨伐"。除了调动驻守在东满地区的日伪军外，还从朝鲜调来日军十九师团第七十五联队，组成"间岛派遣军"，直扑延吉、敦化等地，所到之处，烧杀抢掠，无恶不作，到处是一片悲惨景象。但是，敌人的"讨伐"吓不倒英勇的游击队员。在各级党组织的领导下，游击队像具有顽强生命力的野草一般，烧不尽、压不住，此伏彼起，与日本侵略者的疯狂"讨伐"进行了不屈不挠的斗争。

1932年末到1933年3月，日本侵略者对东满地区又展开了冬季"大讨伐"。面对敌人的残酷暴行，根据地军民同仇敌忾，拿起武器与日本侵略者进行殊死战斗。在三道沟，50名游击队员利用有利地形伏击了敌人的"讨伐队"，毙伤敌人10余名。在敌人向渔浪村进攻时，中共和龙县委决定，由和龙游击队中队队长金亨杰等12名游击队员组成3个阻击小组钳制敌人，其余队员在县委书记崔相东的指挥下，护送县委机关和群众向马鹿沟方向转移。3个阻击小组的游击队员利用房屋、村外的壕沟和山坡，不断地变换地点向敌人射击。共产党员李九熙等3人在房屋顶上阻击敌人，日伪军见难以接近，就放火焚烧房屋。三勇士无所畏惧，仍坚持战斗，终因子弹打光，不幸牺牲。中队长金亨杰和政委金炳洙在村外的壕沟打退了敌人一次又一次的进攻，最后也壮烈牺牲。和龙县县委书记崔相东在掩护群众转移时，身负重伤，继续战斗，直至英勇牺牲。这次渔浪村反"讨伐"战斗，共消灭日伪军数十人。游击队员和县委书记崔相东等13人牺牲，后被称颂为"渔浪村十三勇士"。

1933年3月，日伪当局调集3000余兵力，对中共东满特委所在地小汪清及延吉县的抗日游击根据地进行大规模的"讨伐"。敌人在飞机、大炮的配合下，对小汪清发动几次进攻，抗日游击队和救国军部队采取"敌进我退""诱敌深入""集中兵力，各个击破"的战术，共歼灭日伪军300余人，缴获259支枪和4门迫击炮及许多弹药。

三、吉东地区

1932年11月，中共绥宁中心县委召开紧急会议，决定正式建立由中国共产党直接领导的抗日武装部队。1933年1月，李延禄最先组建起一支900余人的游击队伍。

1933年2月，日军驻宁安守备队和伪军分三路进攻李延禄的游击总队。日军守备队从正面、伪军从两翼向救国游击军发动攻击。游击总队集中火力攻打正面日军，击毙多名日军军官。两翼的伪军在游击队的顽强阻击和政治攻势下狼狈逃走。战斗结束不久，李延禄又接到情报，得知日伪军正在八棵树屯杀猪做饭，便命令刘汉兴带领部队奔袭八棵树屯，击毙了敌指挥官风岛和几名日军。战斗结束后，当地群众杀猪宰羊慰劳部队，庆祝游击队取得胜利。这次战斗，不仅取得军事上的胜利，而且扩大了党的政治影响，使人民群众的抗日信心受到极大鼓舞。

3月1日，日伪军四五百人携带6门大炮进犯八道河子。游击队得到消息，做好应敌的准备。李延禄把第二、第三团布置于西山口两侧山头，李凤山营在中路防守，迎击进入山口之敌。早晨6时，战斗打响。敌人依仗优势兵力和精良武器，轮番向游击队阵地猛烈炮击，发起一次又一次冲锋。游击队战士们勇猛顽强，奋勇杀敌。第三团团长史忠恒身先士卒，负伤多处不下火线。战士们在他的激励下，士气旺盛，多次击退敌人的疯狂进攻，但终因敌我力量过于悬殊，弹药消耗殆尽，不得不放弃山口阵地，撤到后山。中午时分，敌人占领八道河子，烧杀抢掠，无恶不作。逃上山的老百姓向战士们哭诉敌人的暴行，战士们怒火填膺，纷纷要求下山杀敌。李延禄下令把剩余子弹集中起来，组织一支敢死队。他们悄悄穿过树林，出其不意地杀入屯中。愤怒的群众手持棍棒，跟在敢死队后面冲向敌人。敌人惊慌失措，仓皇溃逃。这次战斗击毙日军37人，缴获一批枪支弹药。

八道河子战斗后，抗日游击队的影响进一步扩大，当地青年纷纷要求参军杀敌，附近的一些义勇军和反日山林队也前来联络，愿与李延禄的游击队协同作战。3月3日，中共绥宁中心县委召开会议，根据吉东和东满抗日斗争的具体情况，提出绥宁党的任务是扩大民族革命战争，推翻日伪对东北的统治，巩固东满抗日根据地。为贯彻中心县委指示，李延禄率领部队去东满抗日根据地汪清县活动,参谋长张建东率一部分队伍留驻宁安,在南湖头、四道河子一带活动。

1933年3月中旬,李延禄、孟泾清率领第二、第三团和骑兵营共500余人,到达汪清县的马家大屯,受到东满抗日根据地人民群众热烈欢迎。在这里,他们和其他两支游击队伍会合,极大地鼓舞了战士们和群众的抗日士气。也就在这一年7月,根据中央"一·二六"指示信精神,游击军在吉东局和密山县委帮助下,召开当地各抗日部队会议,决定各支抗日武装协调作战,一致同意成立"东北人民抗日革命军",公推李延禄为负责人,平时独立活动,战时协同作战。

四、北满地区

北满指哈尔滨以北、松花江中下游广大区域,这里山峦起伏,森林茂密,辽阔的松嫩平原河流纵横,土地肥沃。1931年九一八事变后,中共满洲省委机关由沈阳迁到哈尔滨,在中共满洲省委的直接领导下,北满最早建立起抗日武装——巴彦游击队,由张甲洲领导。1932年6月,满洲省委派军委书记赵尚志和夏尚志等整顿该支游击队,队伍从200人发展到700多人,并在8月底攻占了巴彦县城,自此改称"中国工农红军第三十六军江北独立师"。但是,由于"独立师"既要与日伪作战,又不时受地主武装袭击,处境孤立,最后不得不在该年年底解散。

1933年底,珠河游击队在中东路南创建了路南抗日游击根据地,在极其艰苦、困难的环境中,游击区不得不多次转移,多次重建。北满抗日游击根据地相较于东北其他区域的抗日游击根据地而言,创建得比较晚,存在的时间不长,规模也不大,各方面的功能不是很理想。然而,北满抗日游击根据地却是北满抗日武装力量的重要依托,其在这一区域进行了许多重要的斗争,有力地打击了日伪军的侵略,为东北抗战的胜利作出了举足轻重的贡献。

除上述提到的几个主要抗日游击区的几支主要游击队伍外,在广袤的东北黑土地上，还有数不胜数的小规模游击队伍，如饶河农工义勇军、安图反日游击队等，他们都是在中国共产党领导下的抗日武装。

东北抗日游击根据地存在双层领导关系。1932年之前，中共满洲省委在上海的中共中央领导下开展东北抗日游击根据地的各项工作。1933年1月，在中共中央从上海转移到中央苏维埃区域的情况下，中共满洲省委根据东北抗日游击根据地的实际情况，与上海中央局进行各个方面的沟通和合作。所以，从1931年九一八事变至1933年1月，东北抗日游击根据地的各项工作由中共中央直接领导。然而，之后由于共产国际对中国的援助，从1933年1月至1934年9月，东北抗日游击根据地的各项工作就由中共中央和中共代表团双层领导。虽然东北抗日游击根据地所存在的复杂的领导关系使东北各个地区、各个部队存在认识上的明显差异，常常出现各自为政的现象，但是，由于有中国共产党的领导，东北抗日联军与东北抗日义勇军相比，抗战态度更坚决。他们在对日作战中，内部更加统一，纷争少，而且很少发生将领变节投降事件，他们是一支更有战斗力的抗日力量。

第四节 组建人民革命军和东北抗联坚持抗战

1933年初，随着日军加紧对中国的侵略，东北已经完全被日军占领。但是，中国共产党领导的抗日游击队依然坚持在艰苦卓绝的环境中顽强抗战。1月17日，中华苏维埃临时中央政府与中国工农红军革命军事委员会发表了《为反对日本帝国主义侵入华北，愿在三个条件下与全国各军队共同抗日》。26日，中共驻共产国际代表团又以中共中央的名义发出《中共中央给满洲各级党部及全体党员的信——论满洲的状况和我们党的任务》（简称"'一·二六'指示信"）。指示信指出，中国共产党的主要任务是"组织和动员满洲本部及全中国成千成万民众作武装斗争，从满洲、西藏和全中国赶走日本及一切帝国主义"[1]，"我们总策略方针，是一方面尽可能的造成全民族的（计算到特殊的环境）反帝统一战线来聚集和联合一切可能的，虽然是不可靠的动摇的力量，共同的与共同敌人——日本帝国主义及其走狗斗争，另一方面准备进一步的阶级分化及统一战线内部阶级斗争的基础，准备满洲苏维埃革命胜利的前途"[2]。"一·二六"指示信虽然还没有从根本上摆脱当时在党内蔓

---

[1] 中共中央文献研究室、中央档案馆编：《建党以来重要文献选编（1921—1949）》（第十册），中央文献出版社2011年版，第42页。
[2] 中共中央文献研究室、中央档案馆编：《建党以来重要文献选编（1921—1949）》（第十册），中央文献出版社2011年版，第3页。

延的"左"倾错误，但它对东北情况和形势的分析还是比较符合实际的，它提出的当时党的主要任务、政策方针以及中心工作，对于发展党领导的抗日武装斗争，动员东北各阶层人民参加抗日斗争，促进一部分国民党爱国军队和爱国人士同共产党人合作抗日，产生了积极的作用。

"一·二六"指示信到达东北后，满洲省委在5月15日召开了扩大会议，通过了《关于执行反帝统一战线与争取无产阶级领导权的决议》，要求各地普遍建立和扩大工人、农民、学生、士兵的各种反日会等群众抗日组织。"一·二六"指示信和省委决议，在东北各地得到认真贯彻，自此到1936年，东北各地又出现了一波建立抗日游击队的热潮，连同原先建立的红军抗日游击队，一起改编为人民革命军。主要有以下几支。

人民革命军第一军。1933年9月18日，即九一八事变两周年之际，磐石中心县委和南满游击队，在磐石西玻璃河套召集大会，正式宣布将红军第三十二军南满游击队改编成东北人民革命军第一军独立第一师，任命杨靖宇为师长兼政委，下属2个团和1个政治保安连。10月，设立少年营，全师约有300人。成立大会发表了《满洲磐石人民革命军第一军独立第一师成立宣言》《东北人民革命军政纲》《东北人民革命军暂行规则》等。成立宣言指出，独立师全体战斗员及指挥员，誓与日本强盗及其走狗"满洲国"斗争到底，达到收复东北失地、驱逐日本强盗出满洲、推翻走狗"满洲国"的统治、建立民众政府的目的。独立师成立后，建立了以磐石县西北红石砬子为中心的抗日根据地，主动出击附近的日伪军，取得多次胜利。由于其声势日长，不仅让当地群众欢欣鼓舞，而且也提高了附近抗日部队的反日信心，他们纷纷率队投奔杨靖宇领导的独立师。

1934年2月21日，独立师司令部在濛江县城墙砬子，召集有17支队伍参加的抗日义勇军代表大会。会上通过了《东北抗日联合军斗争纲领》，成立了东北抗日联合军总指挥部，一致推选杨靖宇为总指挥。会议通过了抗日联合宣言，指出："我们，南满的抗日军领袖们，在祖国山河欲裂，严重危难之际，向三省同胞宣誓：我们一致拥护中国共产党的坚决抗日主张，不分见解、信仰，枪口一致对外……我们一致联合起来！"①此后，在独立师周围，联合对日作战的部队达到了5000余人。中共领导的东北人民革命军第一军独立第一师实际上已成为南满抗日斗争的领导者。

抗日联合军总指挥部成立后，粉碎了日伪军发动的1934年第一期"讨伐"。杨靖宇又率领独立师直属部队从吉林向辽宁省西丰、兴京、桓仁等地进军，不断取得对日伪作战的胜利。到1936年春，第一军兵力已发展到2000余人，另有地方武装2000人。第一军还建立了那尔轰、河里、蚂蚁河、老秃顶子等抗日根据地。在根据地的中心区建立了基层抗日政权，从经济、政治、军事等方面，为人民革命军抗日斗争提供了后方基地。

人民革命军第二军。1934年3月，东满特委根据省委指示，在延吉县三道湾张芝营召开了特委和游击队负责人会议，建立了东北人民革命军第二军第一独立师。但是，由于第二军独立师成立后，敌人的"讨伐"更加频繁，各团在原根据地活动陷于困难，省委要求独立师向北进入敌人力量薄弱地区，开辟新的根据地。独立师因此分兵几路，苦战七昼夜，在给敌人以重大打击之后向北撤离。

1935年5月30日，根据省委要求，东满特委发表《东北人民革命军第二军军部正式成立宣言》，同时还发表了《告民众书》《告各反日部队书》，宣布："在东满，凡是反日的人员和部队，不分党派，不论军头，都联合起来，成立抗日联合军指挥部，集中一切反日力量，统一东满的军事指挥和政治领导，加紧抗日救国的政治教育工作，在一致的行动和指挥下，完成我们抗日救国的伟大任务。"②号召发出后，多支抗日武装纷纷前来，第二军迅速壮大，游击活动范围不断扩大，不仅粉碎了日军的多次"讨伐"，而且主动对日伪军发起多次袭击。

---

① 中共吉林省委党史研究室、吉林省东北抗日联军研究基金会编：《韩光党史工作文集》，中央文献出版社1997年版，第219页。
② 中央档案馆、辽宁省档案馆、吉林省档案馆、黑龙江省档案馆编：《东北地区革命历史文件汇集》（甲45），1990年印，第117页。

人民革命军第三军。1935年1月，根据省委指示，以哈东支队为基础，以根据地青年义勇军为骨干，在半截河正式成立了东北人民革命军第三军，军长由赵尚志担任，政治部主任为冯仲云，全军共500余人。第三军分别在延寿、方正、宾县、珠河、五常、木兰等地和日伪军作战。同时，对于活动在哈东及松花江两岸的吉林自卫军余部李华堂（后叛变）支队，参加依兰土龙山农民暴动起家的东北民众军司令谢文东（后叛变）部，以及农民抗日军祁致中部，第三军都给予有力支持。在李、谢要求下，成立"东北反日联合军总指挥部"，公推赵尚志为总指挥。东北反日联合军总指挥部成立后，在赵尚志指挥下，合力粉碎了日伪的春季"讨伐"。

1935年夏《何梅协定》签订后，日军在国民党政府的软弱退让中尝到甜头，气焰更为嚣张，又一次对东北各地抗日军展开大规模进攻。哈东抗日根据地首当其冲。9月，为避开日军大规模的"讨伐"，第三军主力转移到松花江下游地区。10月，第三军主力在赵尚志率领下，远征到方正县的大罗勒密山区，与第四军李延禄部会合，开辟了方正、依兰、勃利边界新游击区。11月，第三军党委决定把东北反日联合军总指挥部改为东北抗日联合军总司令部，并在不久后成立东北民众反日联合军总司令部，赵尚志被推为总司令。此后，第三军主力继续远征，在松花江北岸的木兰等地点燃了抗日烽火。此时，第三军主力在6个团的基础上已经扩编为7个师，共6000余人。在第三军里，除有英勇善战的民族英雄赵尚志、张寿篯外，还有政委刘昆、政治部主任冯仲云等一批优秀的军政干部，著名抗日女英雄赵一曼也曾在第三军工作，直至牺牲。

人民革命军第四军。1934年秋，中共中央驻共产国际代表团成员吴平以满洲省委吉东巡视员名义到达密山。10月，根据吴平建议，县委决定将密山人民反日革命军与游击队合并，定名为东北抗日同盟军第四军，共230余人，李延禄任军长。

1935年春，为冲破敌人的封锁，开辟新的游击区，第四军主力向勃利、方正一带转移。9月，在方正县境与第三军等联合攻克勃利县属刁翎，此时，东北抗日同盟军第四军改称为东北人民革命军第四军。

1935年8月，中共吉东特委指示，将饶河民众反日游击队改编为东北人民革命军第四军第四团。9月下旬，第四团在乌苏里江岸的新兴洞打了胜仗，击毙日伪军近40人。新兴洞战斗的胜利，鼓舞了军民的斗志和抗日的信心，推动了抗日队伍的发展。1936年3月，第四军第四团改编为第四军第二师，全师共500余人。

东北反日联合军第五军。1935年1月，根据满洲省委关于东北反日部队统一编制的指示，为使绥宁地区的反日部队成为党直接领导的武装力量，2月，中共吉东特委、宁安县委和绥宁反日同盟军党委共同决定，将绥宁反日同盟军改编为东北反日联合军第五军，共900余人。军长为周保中。

东北反日联合军第五军成立后，日伪对宁安、汪清等地进行连续不断的"讨伐"，第五军在一年多时间里取得了10多次战斗胜利。到1936年1月，第五军的基干队伍增加了，战斗力增强了，游击区域也扩大了，深受绥宁地区群众的拥护。当地群众赞不绝口，纷纷表示红军不仅口头上说打日本、不打中国人，在实际行动中也确实是这样干的，红军真勇敢，专打日本鬼子，这才是真正救国的。他们纷纷把自己养的肥猪、白面等食物拿出来，慰劳第五军战士。

第五军虽然人员成分复杂，很多官兵来自救国军和山林反日队，但由于这支军队是以共产党员周保中等人为主要领导骨干，又在吉东及宁安党组织的直接领导之下，在部队中建立了党、团组织，因此，坚持了统一战线，坚持了对旧军队成员的教育改造，发展了党、团力量，从而使第五军不断巩固、发展，成为中共领导下的东北抗日部队的重要武装力量之一。它是中国共产党改造旧军队，使之与工农武装结合，转变成人民抗日部队的一个典型。

人民革命军第六军。九一八事变后，中共汤原中心县委曾几次建立赤色游击队，但都遭受失败。1933年夏，"一·二六"指示信精神传达到汤原县委后，县委决心重建抗日游击队。11月，县委派夏云杰以隐蔽在鹤立城北七号屯的党员和前游击队员为基本力量，缴获黄花岗伪自卫团全部枪支，重新建立了反日游击队，编成一个中队。

汤原游击队成立后，于1934年3月抵达汤原东北的萝北县，在中共萝北区委协助下，缴获凤翔镇伪自卫团27支枪。在汤原中、北部太平川地区，游击队联合抗日军冯治纲的"文武队"，解除了太平川南部长发屯、姜家屯等地的反动地主武装，并通过教育和争取太平川伪自卫团长张传福，使张带领全团反正，加入汤原游击队。这一事件教育了汤原县各界爱国人士，他们纷纷效仿张传福，积极参加游击队。10月，游击队扩大到200余人，团结在游击队周围的抗日部队人数达五六百人。

同年秋天，汤原县委派书记夏云杰到游击队，将汤原反日游击队扩编为汤原反日游击总队。从1934年冬到1935年春，游击总队粉碎了敌人的冬季"讨伐"。1935年9月，冯治纲领导的"文武队"（由格节河金矿矿警队改编而成，长期和汤原游击队联合战斗）在中共政策感召下，全队加入游击总队，被单独编为一个中队。1936年1月30日，游击总队已扩大到700余人。根据满洲省委和汤原中心县委的决定，汤原反日游击总队改为东北人民革命军第六军，夏云杰为军长。东北人民革命军第六军的成立，发展了松花江下游的抗日斗争，标志着这一地区的抗日斗争进入了新阶段。

人民革命军第八军。九一八事变后，原东北军二十六旅三十四团投降日本，该团的汪雅臣联合志愿抗日的士兵脱离伪军，在五常一带进行抗日活动，并组织起反满抗日救国义勇军。1935年后，汪部常与人民革命军第三军联合作战。1936年2月，经中共珠河县委同意，汪雅臣部被改编为东北人民革命军第八军，辖5个团1个保安连，共800余人。

在中国共产党的领导下，人民革命军从小到大，由弱变强。从1933年的1个军发展到1936年的7个军，人数达2万余人。同敌人相比，虽然人数较少，武器较差，但是，在中共地方党组织的直接领导下，人民革命军得到了广大群众的支援，给予日军以沉重的打击。据伪奉天省警察署统计，仅辽宁一省，人民革命军和游击队的作战次数逐月增加：1934年6月为709次，7月为759次，8月为1516次，12月为1706次。另据伪满铁路总局统计，1934年1月到10月，伪奉天铁路局所辖各线路，遭到游击队袭击达136次；伪长春铁路局所辖各路，遭到袭击达105次；伪哈尔滨铁路总局所辖各路，遭到袭击达

1271次；洮南路遭到袭击166次。两年中，人民革命军共打死打伤日军3万多人，迫使日本帝国主义不得不在东北增加兵力。1933年前，日本在东北的兵力为5万人，1934年至1937年增加到40万人。在民族危亡的严重关头，中国共产党直接领导下的人民革命军成为东北抗日救亡运动的中流砥柱。在义勇军被打散的情况下，人民革命军挽狂澜于既倒，寻机袭敌、扰敌、歼敌，打乱了日本侵略中国的计划。人民革命军的斗争为党领导全国人民进行抗日救亡斗争提供了宝贵经验，为东北抗日联军的建立奠定了基础。

1935年8月1日，中共中央发表《中国苏维埃政府、中国共产党中央为抗日救国告全体同胞书》（即八一宣言），号召"组织全中国统一的国防政府"，"组织全中国统一的抗日联军"。八一宣言传达到东北后，得到东北党组织和人民群众的热烈拥护和积极响应。10月11日，东北人民抗日武装以东北抗日联军名义，发表了《东北抗日联军致关内军政领袖及各法团电》，响应八一宣言号召，拥护建立全国统一的国防政府和抗日联军。1936年1月12日，东满人民革命军第二军和反日联合军第五军党委召开会议，研究东北各地人民革命军协同作战以及成立东北抗日联军总司令部等问题。28日，北满人民革命军第三、第四、第六军和谢文东部、李华堂部，联合召开会议，议定成立"东北民众反日联合军总司令部"。这些行动，都为成立抗日联军做了积极的准备。

2月10日，中共中央向东北党组织发出《为建立全东北抗日联军总司令部决议草案》，号召"统一反日救国力量组织抗日联军总司令部，领导和指挥全东北民族革命运动"。为此，要求首先与友军"成立三个方面军（南满一军活动区和二军一部活动区为第一方面军，二军和五军活动区改为第二方面军，三军、四军、汤原等活动区改为第三方面军）"，"先成立这三个区域中的指挥部，然后再成立总司令部"；指示全东北抗日军队的名称统一改为"东北抗日联军"。2月20日，由东北抗日联军第一军至第六军军长杨靖宇、王德泰、赵尚志、李延禄、周保中、谢文东和汤原、海伦两个游击队领衔，发表了《东北抗日联军统一军队建制宣言》，宣布东北人民革命军第一、第二、第三、第四、第六军和反日联合军第五军、各反日游击队，"一律改组建制为东北抗日联军第一、二、三、四、五、六军，以及抗日联军××游击队"。据此，东北抗日联军相继组建了11个军。

"抗联"第一军成立于1936年7月，全军3000余人，军长杨靖宇兼政委，政治部主任宋铁岩，参谋长安光勋。第一军下属3个师：第一师师长兼政委程斌，政治部主任胡国臣，参谋长李敏焕；第二师师长兼政委曹国安，参谋长李希敏；第三师师长王仁斋，政委周建华，参谋长杨俊恒，政治部主任柳万熙。

"抗联"第二军成立于1936年3月，全军2000余人，军长王德泰，政委魏拯民，政治部主任李学忠，参谋长刘汉兴。二军下属3个师：第一师师长安奉学，政委周树东，政治部主任吕伯岐，参谋长朴得范。第二师师长史忠恒，政委王润成，参谋长陈翰章；第三师师长金日成，政委曹亚范。

"抗联"第三军成立于1936年8月1日，由人民革命军第三军正式改编而成，全军6000余人，军长赵尚志，政治部主任张寿篯。下属10个师。

"抗联"第四军成立于1936年3月，全军2100余人，代理军长李延平，政治部主任黄玉清，参谋长胡伦。下属3个师。

"抗联"第五军成立于1936年2月，由反日联合军第五军改编而成，全军3000余人，军长周保中，副军长柴世荣，政治部主任胡仁，参谋长张建东。下属2个师。

"抗联"第六军成立于1936年9月，由人民革命军第六军改编而成，全军2000余人，军长夏云杰，代理政委张寿篯，参谋长冯治纲。下属7个团。

"抗联"第七军成立于1936年11月15日，以活动于饶河、虎林的"抗联"第四军第二师（即四军四团）为基础改编而成，全军700余人，军长陈荣久，参谋长崔石泉。

"抗联"第八军成立于1936年9月。北满民众抗日救国军谢文东部长期与"抗联"第三、第四、第五军联合抗日，在"抗联"三军帮助下，愿意接受中国共产党领导。1936年9月，北满民众抗日救国军谢文东部正式改编为"抗联"第八军。全军300余人，军长谢文东（后叛变），副军长滕松柏，政治部主任刘曙华，参谋长于光世。下属4个团。

"抗联"第九军成立于1937年1月。原吉林自卫军李华堂支队在"抗联"第三、第四、第五军帮助下，联合抗日。继"抗联"第八军成立后，李表示接受中国共产党的领导，李部于1937年1月正式改编为"抗联"第九军。全军800余人，军长李华堂（后叛变），政治部主任李熙山，参谋长李向阳。下属3个师。

"抗联"第十军成立于1936年11月，由人民革命军第八军正式改编而成。全军1000余人，军长汪雅臣，副军长张忠喜，政治部主任王维宇。下属10余团。

"抗联"第十一军成立于1937年10月，由原勃利县驼腰子金矿工人反日暴动后组成的东北抗日联合军独立师改编而成。全军1500余人，军长祁致中，政治部主任金正国，参谋长白云峰（后叛变）。

到1937年秋，11支共约3万人的抗日联军，在中国共产党的直接领导下团结东北其他约1.5万人的抗日队伍，驰骋在东北各抗日战场上，到处打击日本侵略军，把东北抗日游击战争推进到新的高峰。1937年，全民族抗战爆发后，东北的抗战成为全国抗日战争的重要组成部分，抗日联军在东北战场上牵制了40万日军，有力地配合了关内对日作战。因此，日本侵略者视"抗联"为"满洲国治安之癌"，调集大量兵力，频繁地进行"围剿""讨伐"。事实上，九一八事变后，日本关东军兵力不断增加，1931年底达到3个师团，1932年增加为6个师团，1933年至1936年保持在5个师团，1937年为7个师团，1939年为9个师团，1940年为12个师团。1941年"关特演"（关东军特别大演习）时兵力达到70多万人。据关东军参谋部的统计，1936年，仅日军"讨伐"作战就达1890多次，如果每次出动兵力按10至50人次计算，配以伪满军，抗联牵制的兵力数量即相当可观。

第二章 抗战时期中共游击队的战斗与生活

抗日战争时期，中国共产党因游击战而声名显赫。目前关于中共游击战的研究主要集中在两个层面：第一，阐述游击战的意义与地位；第二，论述游击战理论的完善过程，以及革命领导人的贡献。这两类研究视野宏阔，高屋建瓴，勾勒出中共游击战的基本轮廓，但细节含混，言意义多，言实践少。具体到微观层面，游击队在具体环境中如何生存？如何作战？目前研究略显不足。本章试图捉住一只"麻雀"，详细解剖，借以窥探中共游击队之究竟。

此处所谓"麻雀"是活跃在浙东的金萧游击队，即金萧县人民抗日自卫支队（简称"金萧支队"），其组建于1943年12月，隶属于新四军浙东游击纵队，支队政委为杨思一，支队长为蔡群帆。杨思一任政委前三个月决心写日记。言必行，行必果。从1943年9月1日到1957年12月去世，前后十四年，杨思一的日记基本没有中断。略为可惜的是，如此厚重的日记，目前学界基本没有利用。任金萧支队政委期间，杨思一详细记载了游击队的战斗与生活，为笔者解剖"麻雀"提供了优良素材。此外，围绕着金萧支队的众多回忆和往来电文，亦是有力辅助。

第一节 大时代中的个体命运：杨思一与浙东游击队

杨思一生于1901年，1925年毕业于湖州省立第三师范学校，先后在诸暨、长兴、镇海等地任小学教员。据其自述，北伐军到浙江时，他曾组织参加慰问活动，思想进步。大革命失败后，情绪一度低落，但同时"期望共产党能早日翻身"。1930年7月加入中国共产党，随后去上海参加工人运动，1932年被捕，获刑6年。1937年5月，提前保释出狱。1938年1月，回到浙东，恢复党籍，5月任诸暨县委书记，11月任宁绍特委书记。1940年10月，为隐蔽工作，中央将党委制改为单线领导的特派员制，杨思一被指定为宁绍地区特派员，是浙东地区的第一负责人。①但此一时期，浙东战略地位不高，与中共中央华中局、新四军联系并不密切。

1941年春，宁波、绍兴一线沦陷，国民党力量被压制，中共中央敏锐地意识到浙东地区有发展机会。4月30日，毛泽东等致电华中局："敌占宁波、奉化、温州、福州。如系久占，你们应注意组织各该地之游击战争。有地方党者指导地方党组织之，你们派少数人帮助之，无地方党者由你们派人组织之。"②还特别指出，"此区有大发展前途"③，"有单独成立战略单位之必

---

① 参见《青松集》编辑组编：《青松集——纪念杨思一文集》，上海社会科学院出版社1991年版，第146—158页。
②③《毛泽东军事文集》（第二卷），军事科学出版社、中央文献出版社1993年版，第639页。

要"①。中央慧眼,地方亦不愚钝。据杨思一讲,浙东沦陷后,宁绍党组织即着手建立游击武装力量,萧山、绍兴、余姚有小型游击队,诸暨有灰色自卫武装,嵊县则派干部打入土匪行列组织武装。②中央与地方不谋而合,浙东地位悄然凸显。

接中央指令后,1941年5月20日,华中局书记刘少奇提议谭启龙去浙东领导工作。谭启龙受命后,分七批次从新四军淞沪游击队第五支队抽调800余人到达浙东,与当地游击队汇合,共同开辟浙东抗日根据地。③与此同时,浙东区党委成立,谭启龙任书记,何克希负责军事工作,顾德欢负责宣传工作,杨思一任负责组织工作的委员兼会稽地委书记。表面上看,杨思一由浙东首要负责人转为第三或第四号人物,地位有所下降,但其实不然,因为此后浙东开始进入中央视野,并具有战略意义。杨思一后来的革命生涯随着浙东局势而沉浮。个体命运与历史大势息息相关。若不是浙东是重要的敌后地区,杨思一的工作恐怕很难被中央关注。

最初,杨思一主要负责会稽地方工作。1942年10月,会稽地委机关开始随军办公,杨思一随队行动,开始体验部队生活。之后一年多,浙东游击队南征北战,既打敌伪,又与顽军摩擦不断。杨思一耳闻目染,具备了一定的军事经验。1943年12月,金萧支队成立,杨思一由浙东区党委组织部部长、会稽地委书记转任金萧支队政委,正式开启军旅生涯。

然而,从文人到武将的转变并不容易。金萧支队成立伊始,即参加第二次反顽战役。杨思一仓促上阵,经验不够,加之支队力量薄弱,因此接连失利。短短12天,部队打了3次被动战,伤亡100多人,情绪严重受挫,可谓出师不利。④此后一年多,经过分散游击、整顿补充,金萧支队才逐步站稳脚跟并有所发展。多年以后,杨思一颇为感慨地讲:"抗日战争期间,我从地方工

---

① 《毛泽东军事文集》(第二卷),军事科学出版社、中央文献出版社1993年版,第639页。
② 参见《青松集》编辑组编:《青松集——纪念杨思一文集》,上海社会科学院出版社1991年版,第158页。
③ 参见谭启龙:《谭启龙回忆录(建国前部分)》,山东人民出版社1995年版,第121页。
④ 参见谭启龙:《谭启龙回忆录(建国前部分)》,山东人民出版社1995年版,第174页。

作到部队生活,从地下党生活到公开斗争,这在我的斗争生活上是一个极大的转变。"[①]时过境迁,暮年回首,有此番慨叹的中共将领恐怕不在少数。

综而观之,杨思一的生命历程,既是个体的,又是时代的,折射出中国革命的基本走向和轮廓。首先,中国共产党对小知识分子具有强大吸引力。尤其是小学教员,在革命发轫之际,就是动员群众的良好媒介。大革命时期,小学教师参加农民运动现象十分普遍。杨思一的选择正是时代大潮的缩影。其次,由工农运动转向军事生涯,亦是很多革命者所走的路。书生入伍,表面上看是个人选择,实际上是中共革命转向武装斗争、日本侵华、敌后战场开辟等大背景在潜移默化中发挥作用的结果。

---

① 《青松集》编辑组编:《青松集——纪念杨思一文集》,上海社会科学院出版社1991年版,第162页。

第二节 游击队的奔走与流动

中共浙东抗日根据地处于长江三角洲的南端，包括三北（姚江以北的余姚、慈溪、镇海三县）、四明、金萧、淞沪四个基本区。这一区域东濒东海，南临宁波公路，西跨浙赣铁路，北达黄浦江，是个战略要地，也是日伪统治的核心区域之一。国民党败退后，在此亦留有大量敌后武装。因此，1942年中共到来时，其实敌顽已经虎视眈眈，想要立足并不容易。浙东游击纵队初成立时，华东局就指示说："你们今后的斗争方式不大吹大擂，而尽可能采取埋头苦干比较隐蔽活动方式，松懈敌顽方注意力。"[1]但问题是，随着部队壮大，即便隐蔽工作做得再好也很难不引起日伪和国民党的敌视。1942年12月7日，陈毅等向中央汇报浙东斗争情况时就指出，国民党三战区已经派大员到浙东敌后联络，正积极整理"土顽、'忠救'等部队"，企图加强统一领导，向我方压迫。[2]雪上加霜的是，几乎同一时间，日伪也准备对浙东进行"清乡"。1942年12月，浙东区党委通过分析日伪的军事动态，察觉到日伪可能正在布置"对三北进行较大规模的扫荡与进行清乡的准备"[3]。果不其然，两

---

[1] 中国人民解放军历史资料编审委员会：《新四军·文献》(3)，解放军出版社1994年版，第907页。
[2] 参见中国人民解放军历史资料编审委员会：《新四军·文献》(3)，解放军出版社1994年版，第919页。
[3] 中共浙江省委党史资料征集研究委员会、浙江省档案馆编：《浙东抗日根据地》，中共党史资料出版社1987年版，第61页。

个月后,日伪"清乡"全面展开。中共武装在敌伪顽的夹击下,一时间十分被动。

大体而言,从1942年底到1944年上半年,浙东游击纵队都是在夹缝中求生存,几乎没有安稳的后方。为应付顽军摩擦及日伪"清乡",1943年12月,华中局整编浙东武装,把分散各处的"抗日人民自卫军"改为"新四军浙东游击纵队",谭启龙任政委,何克希任司令。游击纵队下属第三支队、第五支队、金萧支队、浦东支队、三北自卫总队、四明自卫总队和直属教导大队、警卫大队、海防大队,共有主力部队2300余人,地方部队1300余人。这其中,杨思一领导的金萧支队共800余人,主要由金华、萧山等地方武装构成。

中共整编武装主要有两个用意:其一,正式打出共产党的旗号,正面回应国民党的摩擦与挑衅;其二,化零为整,强化质量,便于转移、突围与袭击。当时浙东敌后,国民党军有罗觉元率领的突击第一总队,辖5个突击营,全部使用美式装备,每个营约1000人,是国民党军在浙东的主力。此外,还有杂牌军贺钺芳的挺进第三纵队,田岫山的挺进第四纵队,张俊升的挺进第五纵队,以及各地保安团,总兵力超过3万人。[1]日伪军合计亦有几万人。而新四军浙东游击纵队总兵力只有3600余人。从力量上看,中共处于绝对弱势。因此,整编后部队的主要目标就是强化游击战术,而游击的核心又在于轻装简行、快速移动。1943年9月,浙东区党委号召党员干部克服困难,打破敌伪顽之绞杀,并特别指出:各级部队和机关,必须坚决执行精干政策,凡已经精干的,必须进一步加强审查,还未注意精干的单位,必须立即进行研究调整,必须迅速缩小机关至必要的程度;各部队必须提高独立打游击的能力,不必要的物件尽量减少,并作适当安置,并随时准备好作必要的转移,唯有如此才能避免被"围剿"。[2]总体上看,在敌伪顽的重压下,浙东游击纵队的主要战术就是在流动中寻找机会。

---

[1] 参见浙江省新四军历史研究会编:《浙东抗日根据地史》,中共党史出版社2005年版,第128页。
[2] 参见宁波市新四军暨华中敌后抗日根据地研究会编:《浙东抗战与敌后抗日根据地史料丛书》(第三卷),中共党史出版社2001年版,第37页。

杨思一及金萧支队的奔走与流动，必须要放在这个大背景下加以理解。1943年12月6日，谭启龙命令金萧支队开赴会稽山区配合反顽作战。第二天下午4时，杨思一即率队出发。此后一年多，金萧支队马不停蹄，奔走在浙东各处。最初，队伍很不习惯长途奔袭。如12月9日走90多里后，杨思一发觉"战士们不惯长途行军，很疲劳，明天只好少走路了"。第二天又走了90余里，战士们疲劳至极。游击队之所以要连续长途奔袭，主要是因为敌情不定。例如，两天急行军之后，杨思一本计划于12月11日到大溪村休息半天。战士们终于可以喘口气，"脸上都泛滥着胜利的微笑"。但刚到大溪，就接群众报告，该村前两日开来一支部队。杨思一不敢掉以轻心，再三侦察后，获悉是南池区国民党自卫队，为避免暴露目标，只得退回山岗上。"同志们因疲劳过度，遭此意外曲折，情绪顿为低落。"午后2时，国民党自卫队亦发现杨思一部，但因摸不准杨部实力，没有发动攻击，而是先行撤退。杨思一率部返回村庄休息，刚开饭，特务长就报告，南池区署已派便衣来侦察，并派出班哨。为避免被包围，杨思一"决作最后的强行军，直来范家岭"。①此番经历可谓一波三折，但在游击队生涯中，却属常态。战争环境瞬息万变，游击队如履薄冰，每一步都关涉生死，需小心谨慎，可谓步步惊心。

需要指出的是，游击队快速流动并不完全是为了"逃命"，其在奔跑过程中亦有坚决的反击行动。1944年5月发生的墨城湖战斗，可以说是以快速运动求得胜利的经典战例。1944年3月，国民党浙江保安第二团、第五团赶来诸暨，并勾结伪军独立第四旅蔡廉部协同作战。半个月内，连续三次向金萧支队发起进攻，并制造多起惨案。如"许村惨案"中，国民党保安队袭击中共驻许村办事处，48名干部被杀害。第二天，死难家属收尸时，又有39人惨遭杀害。顽伪步步紧逼，金萧支队一时间非常被动，只得快速转移，以求生存。对此，杨思一在日记中有明确记载，如1944年4月3日夜间12点，部队正要休息，获悉国民党保安队到达附近，为避免危险，于凌晨3时连夜转移。

---

① 参见浙江省新四军研究会金萧分会编印：《杨思一日记》（上册），第53、54页。

即便如此，4月7日，部队还是遭遇国民党保安队与伪军联合袭击，"我因情况不明，撤出大宣，敌即纵火焚烧大宣、墙头、石家弄等村子"。4月12日午时，"浙保又来袭击，仓促撤退，遗弃日用品及背包甚多。为了便于休整部队，星夜通过封锁线"①。整个四月，金萧支队都在马不停蹄地奔走，这一方面是为了避敌锋芒，另一方面也是为了寻求战机。但从整个战略形势看，敌人处于绝对优势，我方不论是实施分割包围，还是进行埋伏袭击，都难以实现。有时，敌顽还伏击金萧支队。5月5日，顽军许长水部将兵力埋伏到山上，几乎实现战略意图。金萧支队作战一整天，暂时打退顽军进攻，但"为求安全休息计"，撤出战场后立即转移。当时，部队已经整夜未睡，"当天又作战了一天，再加上20里路的行军与爬山，疲劳已极"②。

虽然情势艰难，但部队一刻也没有放下反击的决心。几天后，金萧支队利用情报，经过长途奔袭，迂回包抄，打了许长水部一个措手不及。虽然取得小胜，但根本形势仍未扭转，杨思一等仍然是边走边寻找战机。5月27日清晨，金萧支队在诸暨墨城湖宿营，7时许得到情报：诸暨枫桥蔡廉伪军向我进犯。最初，杨思一摸不清状况，"故拟向西转移"。但刚出发，就发现敌人已经跑在了前头，而且只有一路敌军来犯，金萧支队立即回撤，迅速分散埋伏到几个山头，"抢占墨城后面之制高点"。虽然敌人数量多出五倍，但金萧支队占据有利地势。与此同时，杨思一又火速派人与诸北办事处联系，令民兵在西斗门、大宣、铜桥头等周边地带牵制敌人，保护主力背后、侧翼不受威胁。战斗从早晨7时打至黄昏，伪军几次增援，阵地数次易手，但金萧支队最终顶住了攻击。杨思一记载："战斗至晚，敌不支溃退。"胜利后，本应追击，但因子弹打完，金萧支队简单打扫战场后，又立即转移。当时已是深夜，且作战一整天，部队非常疲劳，"十几里路直走到天明"③。可见，当以小博大时，不论胜败，都必须保持高强度行军。

---

① 浙江省新四军研究会金萧分会编印：《杨思一日记》（上册），第83页。
② 浙江省新四军研究会金萧分会编印：《杨思一日记》（上册），第89页。
③ 浙江省新四军研究会金萧分会编印：《杨思一日记》（上册），第94页。

墨城湖一战，蔡廉部伪军死伤400余人，此后不敢再轻易追击。国民党保安团获悉金萧支队胜利后，也停止进攻。金萧地区的斗争形势得到根本性扭转。当然，这并不意味着杨思一可以高枕无忧，实际上他仍然需要不断游动，只是不再那么急迫。总体而言，中共游击队的快速运动是常态，只是有时是主动为之，有时是被动使然。

　　前文以墨城湖战斗为例，讲述了游击队在奔跑中创造的机会。但需要指出的是，中共游击队在流动，敌人其实也在流动。二者斗智斗勇，机遇并不是每一次都站在中共这边。一般情况下，中共能在流动中抓住机会，痛击敌人。但问题还有另一面，即白跑一遭。例如，1944年1月1日，杨思一率部驻扎岩坂，本来准备休息一天，考察地方工作，但不料午时接谭启龙、何克希来电，令去夹击张俊升、田岫山，"于是即改变计划，出发北进"。当天黑夜行军，又遇大雨，大部分人无斗笠，"浑身湿透"。虽然连夜冒雨行军，但第二天赶到目的地，仍晚了半小时，顽军已开走。1月3日，接上峰电，令原路返回。杨思一部空跑一个来回。1月4日，为安抚部队情绪，杨思一召集全体指导员了解对此次任务的反映。所幸，"全队指战员在连日长途行军及艰苦生活中未发生严重倾向"[①]。5月11日，获悉顽军一部驻扎在江山寺，杨思一决定集中力量解决敌人。半夜摸至敌处，"不料敌尚未全部睡觉"，一发现枪声，即分头逃窜，仅俘获7人，缴获步枪6支。[②]可以说，在奔跑中真正能杀个回马枪，痛击敌人的时候并不多。但反过来说，如果不高速流动，肯定是一点机会也没有。

　　总结而言，中共游击队在敌后的作战正是依靠高速流动才获得一点机会，也正是把一点一滴的小胜积攒起来，才一步步做大做强。这从游击队的战报中即可见一斑。1944年7月，浙东游击纵队统计两年来的战绩，共作战280次，毙伤敌伪1845人，缴获各类枪械约2400支。可以看出，平均每次战斗仅俘获7个人、缴获枪械8支左右。这与杨思一夜袭江山寺所获差不多。从单个

---

① 浙江省新四军研究会金萧分会编印：《杨思一日记》（上册），第59页。
② 参见浙江省新四军研究会金萧分会编印：《杨思一日记》（上册），第90页。

战斗看，也许意义有限。但是，整个中共的抗日力量，正是在这种因不断奔跑而获得的小胜中得以维持与发展的。1944年4月，谭启龙总结反"清剿"经验时就讲，我部分散四方，"取得了许多小的胜利"，并在运动中求得休整及补充，最终打破了敌伪顽的企图。①因此，游击队的奔跑与小胜，必须放在全局中理解才有意义。

最后需要指出的是，游击队在奔跑过程中的不可控因素很多。例如，夜间行军时经常走错路，到天亮还找不到宿营地；有时遇敌突袭，尚未停歇，就要再次出发；等等。1943年12月28日晚上11点，金萧支队转移，因担子、伕子过多，加之老百姓不懂路标、口令，走错了路，队伍失散，直至凌晨4时才归拢到一起。1944年8月22日，晚间行军40里，天下大雨，"所以行动慢得要命。常常失联络，常常等起来，到目的地天已大亮了"。休息至下午4时，再次出发。②游击队的这些奔跑片段，正是其日常战斗生活的反映。就金萧支队而言，白天行军约90里，夜间约40里，几乎没有连续休息过。直到1944年底，第二次反顽战争告一段落，才稍获喘息。1944年11月27日到30日，杨思一驻扎洞桥头，终于连续休息三天，他感慨称："这是内战以来第一次原地宿营到三夜。"③谭启龙后来回忆说，浙东部队为求得立足，通常都是白天休息，晚上转移，几乎天天要换地方，流动性很大。④从杨思一日记看，此言不虚。

放宽视野看，高强度行军是中共军队的普遍特征，八路军方面亦如此。一二九师三八六旅旅长陈赓关于游击的记载，与杨思一如出一辙。1938年4月，为伏击日军，陈赓部几乎连日夜行。4月13日记载："三晚不睡，昨晚得到整夜的睡眠，胜过在西安吃馆子。"⑤略作休息后，当晚又是整晚夜行。7月20日，大雨过后，许多道路还被淹着，"泥深如浆"，稍有不慎，即有滑倒危

---

① 参见宁波市新四军暨华中敌后抗日根据地研究会编：《浙东抗战与敌后抗日根据地史料丛书》（第三卷），中共党史出版社2001年版，第72页。
② 参见浙江省新四军研究会金萧分会编印：《杨思一日记》（上册），第112页。
③ 浙江省新四军研究会金萧分会编印：《杨思一日记》（上册），第138页。
④ 参见谭启龙：《谭启龙回忆录（建国前部分）》，山东人民出版社1995年版，第127页。
⑤ 《陈赓日记》，人民出版社2013年版，第93页。

险。三八六旅强渡香水河,"水深及腹,许多战士都赤着下部"①。第二日"又是乌云层层,雨鬼又露着凶恶的面孔"②,部队继续前进。除强度大外,行军时间久是第二个特征。1938年9月9日,陈赓在日记中写到"我们的部队半年来几全是行军作战"③,且多次冒雨行动,导致疾病滋生。与杨思一类似,陈赓也是居无定所,随时转移。1939年2月13日,陈赓记载:"昨晚行95里,早9时到达目的地。部队连日行军作战,疲劳过甚,非有休息不能维持体力。"④2月15日得到整晚休息,陈赓高兴得"连裤子都脱光",终于好好睡了一觉。2月16日,部队开到冠县东南之胡瞳,计划休息两日,陈赓准备"作两天不醒翁"。结果,第二日敌人进占冠县,三八六旅只得继续转移,"并决定5天行军计划"。陈赓叹息道:"预定之睡眠,又将付诸夜行军矣。"⑤中共军队在敌人夹缝中求生存,长途奔走、漂泊不定是常态。

中共军队并非钢铁铸就,连续高强度行军,士兵异常劳累。总览杨思一日记,"疲劳"二字频繁出现。个体士兵是有思想、有情绪、有极限的,不可能一直斗志昂扬。但切中思想、鼓动情绪、挑战极限,恰是中共的一大能力。作为政治委员,杨思一是这一能力的主要发挥者。他对士兵的思想情绪变化非常敏感。每次长途奔袭之后,杨思一都会暗中观察士兵有没有"怪话""鬼话"。如前文所述,多数情况下,金萧支队都能不辞劳苦,保持较好斗争情绪,但亦有例外。如1944年3月30日,杨思一记载:"下午6时半出发,直至次晨7时许到达宿营地,部队甚疲劳,战士们略有鬼话。"⑥作为政委,杨思一时刻警醒,第一时间进行疏导。1944年5月前后是金萧支队被顽敌追击最凶狠时期,为克服部队低落情绪,杨思一只能不断讲话、不断开会、不断动员。5月5日,杨思一在"队前讲五一、五四、五五纪念节的革命意义";5月8日,"下午,举行思想斗争的军人大会";5月9日,召开总支会议,检讨过

---

①②《陈赓日记》,人民出版社2013年版,第137页。
③《陈赓日记》,人民出版社2013年版,第157页。
④《陈赓日记》,人民出版社2013年版,第194—195页。
⑤《陈赓日记》,人民出版社2013年版,第196页。
⑥ 浙江省新四军研究会金萧分会编印:《杨思一日记》(上册),第80页。

去的工作并决定以后的方针；5月14日，杨思一暗中感叹"部队的恐敌心理与失败情绪显然尚未完全肃清"；5月16日，继续做部队教育工作；5月17日，举行排以上干部会议，作关于新形势、新方针的报告；5月20日，作教育动员，下午各单位继续动员；5月21日，执行新的政治课程学习表，"队内空气顿呈紧张状态，学习热情显然提高"。①虽然每天都在高强度行军，但政治教育、会议动员几乎从未停歇。应该说，以政治教育、会议动员形式解决思想问题、鼓舞士气，是中共游击队的重要特质。

杨思一作为支队政委，主持召开的会议非常之多，无论行军多么匆忙，只要有喘息之机，必定开大会、做动员、讲政治。尤其是遇到纪念日，政治动员更是必不可少。例如，1944年7月1日，杨思一按照地图标示，特意寻找一个比较舒适安全的地方，准备庆祝建党节。"但一到这里，始知实际情形与地图上所了解者，并不完全相同。地形散漫，户口很少，房子狭窄而肮脏，且无适当会场"。即便如此，下午仍然聚集全支队举行相关仪式，杨思一作党史报告。7月3日转移到宽敞处，再次召开全支队军人大会，举行相关仪式。②临近建军节时，杨思一提前一日移驻墨城，于8月1日召开大会，支队领导分别作报告。本来晚间还要举行晚会，但因敌人增加，只好连夜转移。8月3日，最终于"晚间补开八一的游艺晚会"③。利用节日庆典做政治鼓动，是红军时代就有的传统。④抗日战争时期，节日仍是政治动员的重要契机。杨思一对节日庆典的把握相当到位。1944年"双十节"前，他召集党政军负责人商讨决定：召开各界代表大会与群众大会；与此同时召开新四军纪念节，举行军人与地方联合大会，晚间举行干部娱乐会；10月4日召开部队民运组与地方民运队的联席会议，"作上述两节的动员报告，并作具体布置"。对于节日的作用，杨思一寄予厚望："希望通过两大节日的纪念，掀起秋收斗争的

---

① 参见浙江省新四军研究会金萧分会编印：《杨思一日记》（上册），第89—92页。
② 参见浙江省新四军研究会金萧分会编印：《杨思一日记》（上册），第101—102页。
③ 浙江省新四军研究会金萧分会编印：《杨思一日记》（上册），第109页。
④ 参见杨会清：《"红五月运动"的兴起及其运作模式（1921—1935）》，载《中共党史研究》2008年第6期。

热潮。"①中共的政治文化不是虚悬空谈，其具体内涵需要像杨思一这样的干部去承担、展示。

从金萧支队的游击历程看，政治工作成效明显。士兵从最初的不适应到后来的没有"鬼话"，是非常难得的转变。杨思一作为政治委员，身处其间，感触颇深。他在几个关键点上的勾画，显示出部队整体风貌的转变。前两天是不适应，连续走两三个月，迎来真正考验，队伍"略有怨言""略有鬼话"。经过政治教育、会议动员、个别谈话，士兵情绪开始好转。对于这样一个线性变化，杨思一感受明显。1944年4月的一天，他感叹道："部队的确在进步，一天一夜没有吃饭，也不曾休息，但都没有讲一句鬼话。"②此后行军更加艰苦，但逃亡者很少，抱怨之声也不多。临近第二次反顽斗争结束时，杨思一记载："一天跑了90多里路，部队很疲劳，但没有先前那样连篇鬼话的现象。"③中共军队之所以能"游而不散""游而不溃"，以组织体系为依托的政治工作，功莫大焉。流动部队之维系，向来不易——放出容易，收回难。相较于国民党军，中共军队几乎没有用物质奖励去笼络士兵，支撑部队高速流动的是精神意志，而非物质利益。中共军队重精神、轻物质的原因有二：一是财政状态困窘，吃饱穿暖尚不能满足，奖励无从谈起；二是价值观念，私有财产从来不是革命者追求的目标。引导中共士兵的是宏阔的观念，而不是个人私利。物质刺激可以产生凝聚力，精神观念亦可以产生凝聚力，前一种只能达到日常的稳定，后一种则具有爆发力。日常练兵可靠物质，但作战必须要有生死精神。在杨思一看来，一个部队是否坚强，只能从三件事情里去看："第一件是政治认识如何？第二件是军事技能与经验如何？第三件是组织性如何？"④他没有提到物质问题，并不是说物质不重要，而是说在保证基本生活之后，维系游击队奔跑的首先是政治和组织。

---

① 浙江省新四军研究会金萧分会编印：《杨思一日记》（上册），第122页。
② 浙江省新四军研究会金萧分会编印：《杨思一日记》（上册），第83页。
③ 浙江省新四军研究会金萧分会编印：《杨思一日记》（上册），第136页。
④ 浙江省新四军研究会金萧分会编印：《杨思一日记》（上册），第135页。

第三节 游击队的统战策略与对手的反制

土地革命初期,中国共产党在军事上采取强硬态度,不论对土豪还是对国民党,通常只有进攻,不采取谈判联合。长征时,红军向粤军"借道",政策趋于灵活多样。1935年12月,瓦窑堡会议召开,关于抗日民族统一战线的理论和策略确立,中共更加积极地与各方势力接触。全民族抗战爆发后,八路军、新四军在各种势力之间纵横捭阖,对敌伪顽既打又拉,边拉边打,不断寻求最有利战机。如陈毅对国民党军李明扬、李长江的统战,即属精彩案例。浙东游击纵队隶属新四军,直接受陈毅领导,亦有精彩表现。但必须指出的是,合纵连横是一个彼此较量的过程,中共纵横捭阖,对手亦非木偶。从生存角度理解各方策略,也许比单纯的指责顽伪不讲信义更有意义。

敌后根据地日、伪、顽势力混杂,利益多元,这是合纵连横的基本背景。第一次反顽战役前,谭启龙就与国民党杂牌军魏显庭、顾小汀、孙运达建立联系,说服他们保持中立,以集中力量打击艾庆璋的"忠义救国军",浙东统战初次告捷。[1]但需要注意的是,统战并不是中共单方面将敌人玩弄于股掌,必须充分估计被统战对象的主体性。中共既打又拉,虽高明,但对手并不呆傻,甚至偶尔还留有后手,反将一军。浙东统战的典型案例是浙东游击纵队与田

---

[1] 参见谭启龙:《谭启龙回忆录(建国前部分)》,山东人民出版社1995年版,第149页。

岫山的反复纠葛，双方互有胜负，但就策略变化而言，田岫山甚至更"灵活"、选择余地更大。

田岫山，河北人，1928年从军入伍。全民族抗战爆发后，其所在的国民党军第四十五旅被打散。田岫山收拾散兵游勇，盘踞浙东四明山区，过起占山为王的生活。国民党计划以武力解决之。浙东游击纵队司令何克希早年与田岫山有过一段交往，趁机说服争取，但田岫山认为浙东游击纵队力量单薄，不足为依靠，最终投降日本，得到大批钱财和武器。①浙东游击纵队第一次统战失败。

田岫山投敌后，出任"浙东剿匪安民纵队"司令，浙东游击纵队仍派人与之联络，暗通消息。1943年4月，田岫山发现日本方面对其起疑心，他先下手突袭，击毙日军尉官7名、翻译官1名、士兵1名，后又将日军警备队一个小分队30余人歼灭。②经此一役，田岫山名声大噪，俨然成为抗日英雄。日军为报仇雪恨，连续追击。中共浙东游击纵队奋力掩护，付出重大牺牲。6月12日、14日，田岫山两次致函何克希表示感谢，但对是否加入革命不置一词。实际上，田岫山仍是两手准备，即一方面与国民党改善关系，争取合法名义，取得物资；一方面与中共保持联系。田岫山左右逢源，两面甚至三面手段灵活自如，中共很难将其完全"统"过来。从生存角度看，此种策略使其在短期内大为获益。

第二次反顽战役开始前，国民党、共产党都在争取田岫山，而田岫山也是两面讨好。一方面，他积极与中共联络，求得互惠。1943年6月22日，何克希向上报告称，浙东游击纵队在梁弄与田岫山开联欢会，田亲自参加，态度友好，且许诺"我有何行动他决拼全力共同应付，以完成我们共同生存之目的"。为表示亲近，田岫山还请求中共派员到部队帮助工作。另一方面，国民党为剿灭浙东游击纵队，亦在拉拢田岫山。大约同时期，顾祝同派员送去

---

① 参见谭启龙：《谭启龙回忆录（建国前部分）》，山东人民出版社1995年版，第151页。
② 参见浙江省新四军历史研究会编：《浙东抗日根据地史》，中共党史出版社2005年版，第97页。

大量武器弹药，田岫山照单全收。中共摸不准田岫山倒向何处。6月24日，陈毅、饶漱石、赖传珠致电谭启龙、何克希："你们估计田部是否已接受或是否可能为国民党收编，如可能时则让其去收编，我仅与其保持一种秘密友好联系就行了"①；若不能被收编，"我们对田部基本方针是：争取为我之外围军，而不是争取改变为我军。因此，同意在我边区一隅划一地区给其活动范围，并在政治、经济上给予秘密帮助他"②。

大势力搏斗，小势力首鼠两端、中间渔利，自古如此。虽然国共对田岫山都优容至极，但二者还是有区别的。国民党重在收编，中共则明确强调"不是争取改变为我军"，而是将其变为外围军。外围军表面"白"，内里"红"，更好开展工作。中共不愿灰色力量过早反正，一是担心引来敌顽注目，遭受打击；二是保持灰色，既可避免其他杂牌军疑忌，又可通过其获得情报，一举两得。对于田岫山部，中共显然期待他明投国民党，暗通革命，而这也正符合田岫山的意图。

1943年7月，田岫山与国民党谈妥，改编为国民党第三战区挺进第四纵队。与此同时，中共人员仍驻扎其部。田岫山非常清楚，国民党欲借其手消灭中共，连带用以毒攻毒的手段，将其一并消灭。因此，他表面上进攻浙东游击纵队，实际上仍与中共暗通消息，并希望浙东游击纵队帮助消灭国民党军。应该说，中共与田岫山、国民党嫡系军，都在相互博弈，企图借力打力。1943年8月11日，华中局明确告诫浙东指挥部：田岫山打击顽军，你们应积极配合。这样既可以加深田与国顽之间的矛盾，又可便利我争取田合作。但田系中间势力，"必须随时警惕与注意他的动态之发展"。华中局还提醒说，如果敌顽势强，我不能有效抗击，田岫山极可能变化。从后来的事实看，此担心不无道理。

浙东第二次反顽战役中，国民党军主要有田岫山的挺进第四纵队、张俊

---

①② 中国人民解放军历史资料编审委员会编：《新四军·文献》(3)，解放军出版社1994年版，第934页。

升的挺进第五纵队、贺钺芳的挺进第三纵队和罗觉元的突击纵队。田、张为一体,属杂牌军;挺进第三纵队和突击纵队是主力军。1943年11月,战斗打响前夕,田岫山把国民党军兵力部署、战斗命令一一相告。11月14日,田岫山甚至派黄源(中共驻田部人员)告诉谭启龙、何克希:战斗打响后,他守中立,浙东游击纵队若能迅速解决贺钺芳部,他就撤出前线阵地,甚至可以反戈一击。国民党费尽苦心收编田岫山,却不想给自己埋下定时炸弹。

虽然田岫山不断表忠心,但中共摸不准其到底是真心还是假意。战斗打响后,杨思一部与田岫山部相距甚近。杨思一记载:"中饭后,得情报知田岫山部到岩头。我为提高警惕性拟移上庄。盖欺人之心不可有,防人之心不可无也。"[1]虽然有警惕,但中共在战略部署上仍然选择相信田岫山,准备集中兵力进攻贺钺芳部。1943年11月19日,浙东游击纵队与贺钺芳部激战。眼见浙东游击纵队迟迟不能取胜,加之国民党第三战区反复催促,田岫山必须作出抉择。关键时刻,田岫山权衡之后,向浙东游击纵队发起攻击。驻扎其处的黄源严正指责:这是不讲信义的行为。田岫山拿出贺钺芳的电令,说:"你叫我有什么办法,等不到何司令的捷报呀(意指消灭挺进第三纵队)。"[2]田岫山临阵反戈,致使浙东游击纵队两面受敌,被迫后撤。顽军长驱直入中共根据地,田岫山伺机公开抢劫。中共后方机关如印刷厂、修械所、医院、《时事简讯》社等单位损失惨重。

田岫山反咬一口,导致浙东游击纵队陷入被动局面。谭启龙晚年反省称,当时"对田岫山、张俊升的两面性本质认识不足,没有估计到在战斗的紧要关头,他们会变卦,反过来配合顽军夹击我军,袭击我后方基地"[3]。事实上,华中局早就提醒过要警惕,浙东游击纵队也做了防备。谭启龙等人判断失误的重要原因在于田岫山之前提供的情报都是真的,他最后发起的攻击带

---

[1] 浙江省新四军研究会金萧分会编印:《杨思一日记》(上册),第44页。
[2] 宁波市新四军暨华中敌后抗日根据地研究会编:《浙东抗战与敌后抗日根据地史料丛书》(第三卷),中共党史出版社2001年版,第184页。
[3] 谭启龙:《谭启龙回忆录(建国前部分)》,山东人民出版社1995年版,第167页。

有很大的随机性。如果浙东游击纵队迅速消灭贺钺芳，田岫山必定按兵不动。司令员何克希当时就讲："只要我们积极打击顽方，取得胜利，田、张尚可稳定一时。"[1]中共边拉边打，随机应变，寻求最有利战机，对手其实亦如此。

当然，田岫山并非要与中共死战到底。一击得手后，他一边向国民党邀功请赏，一边立即后撤，重新向中共示好。11月24日，田岫山电告谭启龙，称将撤回原地。杨思一当时就判断："田似尚未改变其两面应付的两面政策。"在其看来，"田从贺钺芳那里骗取弹药，从我们及民众这里抢去财物，他也许认为很得计，很聪明的了，现在是三面进益，将来是会三面落空的。因为从此他在顽我及民众面前都将孤立了。所谓聪明一时，糊涂一世者，即此辈两面分子也"[2]。杨思一所料不差，田岫山最后的确沦落为孤家寡人。

面对示好，中共表面回应，实际上已暗中决定将其铲除。12月8日，华中局明确指示浙东指挥部：如与田岫山仍有关系，则可表面联络，"声明我们只要他能放弃联顽反我，真诚与我合作，并有实际行动的表现，则我们可以不咎既往等等"[3]。这样做的主要目的是"麻痹和分化他们，以达到各个击破之"[4]，"不要幻想他们真有好转可能"[5]。中共对田岫山的策略完全符合理性原则——敌人力量远强于我时，即便吃哑巴亏，亦不感情用事。

浙东游击纵队与田岫山的纠葛，是中共统战政策的一个具体运用案例。抗战时期，各方势力都在运用合纵连横手段，以求得利益最大化。国共两党和日军都在争取田岫山；反过来，田岫山也利用敌、我、顽之矛盾，四面讨好。敌后战场上，共产党、国民党、日伪军三大势力各占一边，任何一方都难以取得完全统治权。因为有外在竞争压力，所以各方都保持着"宽容"，以求得更多盟友。三者之中，中共绝对力量最弱，但统战意识最强。仅从华中局看，从事敌军工作和联络的部门，在地方上就有情报部、社会部、城工部、

---

[1] 宁波市新四军暨华中敌后抗日根据地研究会编：《浙东抗战与敌后抗日根据地史料丛书》（第三卷），中共党史出版社2001年版，第81页。
[2] 浙江省新四军研究会金萧分会编印：《杨思一日记》（上册），第46页。
[3][4][5] 中国人民解放军历史资料编审委员会编：《新四军·文献》(3)，解放军出版社1994年版，第938页。

统战部及敌区工作部，在军队系统中则有敌工部、联络部、民运部、锄奸部、宣传部。根据中央指示，各区党委、地委、县委还成立有敌伪工作委员会。

拉关系、交朋友，是中共军队在敌后生存的重要手段。两国交战，三方势力相互竞逐，原有统治体系被颠覆，中共因此获得广阔空间。当然，此时也是各种灰色势力生存的最好时期。合纵连横的机会各方均等，以后见之明观之，中共无疑最成功。但这种成功是总体上的，具体到个别事例，其复杂性需详细探讨。浙东游击纵队与田岫山的纠葛即是一例，至少从短期看，浙东游击纵队并没有占到太多便宜。

第四节 变动不居的情报

浙东游击纵队有着非常出色的情报系统，最具代表性的是"401小组"。这个小组以周迪道为核心。周迪道原本是中共南山财委主任，在一次"扫荡"中被日军抓走。1944年春，浙东区党委支持其假意投降，打入敌人内部，并建立敌工小组，成员共7人，代号分别是401、402、403……407，因为组长周迪道的代号是401，所以习惯称之为"401小组"。浙东区党委后来又派乐群（女）为政治交通员，代号400，作为浙东游击纵队与"401小组"之间的联系人，并赋予她在来不及请示报告的情况下临机处置之权。这位"大姐"事实上成了"401小组"的领导人。"401小组"利用"汉奸"身份，在一年半左右的时间，做了大量工作。第一，窃取情报，使浙东游击纵队多次躲开日军"扫荡"；第二，充分利用日伪与顽军之间的矛盾，多次释放真真假假的情报，从而缓解浙东游击纵队的压力；第三，营救被捕新四军干部；第四，根据敌工委指示，秘密处决对我方威胁极大的叛徒和特务分子；第五，采购根据地军民急需的军用物品和药品、布匹、纸张等；第六，日本宣布投降后，"401小组"策动60多名日军携带武器投奔新四军。潜伏人员是关键情报的重要来源。毫无疑问，中共特别善于此道。

具体而言，与顽军作战时，浙东游击纵队亦有精彩表现。田岫山、张俊山等杂牌军中潜伏着大量中共人员。第一、第二次反顽战役期间，国民党天台山指挥部的作战命令很快便传到浙东游击纵队司令员何克希手中。国民党地方保安队中也潜伏着中共人员。如余姚县国民党自卫大队中就有中共党员俞震、朱之光、陈子方、沈标、秦鲤等数十人，有些人甚至担任大队长、中队长。得益于出色的情报工作，浙东敌伪各据点的士兵数量、武器枪支、人事关系等，谭启龙几乎都有详细清单。总体上看，中共对于战略情报拿捏得很精准。一个明显事实是，中共各游击队，尤其浙东游击纵队，在战略决策上几乎没犯过方向性错误，几次大范围的进退转移都比较得当。追其缘由，领导人的前瞻性思考是其一，准确的战略情报是其二。

游击队情报的另一重要来源是地方百姓，尤其是即时性的战术情报，通常依靠百姓口口相传。

首先需要说明的是，游击队出没在荒野山村，通讯落后，很难获得精确的战术情报，尤其是小股行动时，经常与敌人迎头相撞而不自知。如1944年2月15日，杨思一率部转移到横溪，此地原是伪军第十师的据点。队伍进村时，碉堡上毫无动静，继续前进至桥边，遇一步哨，"为我驱走"。战士"都以为村里已无敌人"，孰料行至街内，机枪由街房内开火。后来向老百姓打听，才知此处有伪军两个连。"因双方警惕性差，故直至遭遇时才发觉"[1]。战术情报私密性高、随机性强，加之各种小部队来回穿插，且着装相似，又无即时通讯工具，因此辨识难度很大。杨思一记载，1944年4月25日，部队本拟打埋伏，伪军6人闯入埋伏圈，第五中队却误以为是老百姓，上前盘问，敌人投掷手榴弹得以逃脱。"我因目标暴露，即迅速撤退"[2]。敌友难辨，时常发生。1944年2月，杨思一率部寻找第五支队，在一个极小范围内来回往复，整整7天才接上头。有趣的是，起初，第五支队到章家溪，老百姓误以为是顽军，四处逃难；杨思一也以为是顽军，竟然转移到另一处宿营。[3]5月28日，中共反敌行动大队与杨思一部会合，因事前未及通报，"故山上阵地哨，

---

[1] 浙江省新四军研究会金萧分会编印：《杨思一日记》（上册），第70页。
[2] 浙江省新四军研究会金萧分会编印：《杨思一日记》（上册），第86页。
[3] 参见浙江省新四军研究会金萧分会编印：《杨思一日记》（上册），第73页。

误以为敌人",部队立即集合准备战斗。所幸,"旋得报告","才解散休息"。6月15日,二大队与三中队亦发生误会,"以致打枪约20分钟"。①游击队穿梭在荒野山村,无论是敌方还是我方情况,都不易精确掌握。1944年8月22日夜,杨思一率部到某村叫门,潜伏在此处的一个中共情报科科长误以为顽军到达,"躲避中失足堕楼下,伤势甚重"。②总体而言,游击战中,敌伪顽我的小股部队都是摸索前进,犹如盲人夜行。没有哪一方的情报网络能精确掌握对方的具体行动。

敌我彼此看不清,又相互猜忌,在高度戒备状态下,往往草木皆兵。杨思一记载,1944年6月3日部队到达宿营地时,"尖兵将办丧事的人家,误以为部队,发了一枪"。6月20日,"下午大家午睡未醒,步哨见迎神群众误以为部队,发枪二响",大家以为有情况,"即起身集合"。③对周边情况不了解是高度紧张的重要原因。当然,对手也不轻松。例如顽军许长水部受攻击后,"警惕性甚高,一天易地二三处"。④生死之事,任何一方都不敢掉以轻心。有时,即便是己方部队,都要多留一手。1944年3月23日,杨思一率部与义乌县独立大队会合,虽然大队领导人彭林、俞慕耕都是忠诚的共产党员,但因为初次见面,杨思一仍不完全放心。部队联欢之后,接着聚餐,看似欢庆祥和,但到晚间,杨思一暗中观察,见彭、俞"态度犹豫"(按:其实是误解),为防万一,命令"作特殊戒备"。⑤应该说,情报越小越难以捉摸,到个人心思层面,已属最极端情形。游击队对日常情报的要求自然不会如此之高。很多时候,能掌握周遭部队的基本情况已属可贵。虽然艰难,但相较于敌伪顽,中共对于战术情报暨敌军动态的掌握,仍然有优势。这得益于群众路线。

"依靠群众,为了群众",绝非空话。中共游击队与群众打成一片,纪律严明是关键。相较于敌伪顽,中共游击队有两个特点:第一,军需征收不靠

---

① 参见浙江省新四军研究会金萧分会编印:《杨思一日记》(上册),第94—95、98页。
② 参见浙江省新四军研究会金萧分会编印:《杨思一日记》(上册),第112页。
③ 参见浙江省新四军研究会金萧分会编印:《杨思一日记》(上册),第96、99页。
④ 参见浙江省新四军研究会金萧分会编印:《杨思一日记》(上册),第88页。
⑤ 参见浙江省新四军研究会金萧分会编印:《杨思一日记》(上册),第79页。

硬抢，尽可能开会协商，组织化程度高，手段柔和，便于民众接受。战争需要消耗，没有哪一方能真正带去实惠，但比较而言，中共对民众构成的压力最小。第二，杜绝大规模的打击报复。日伪军事失利，动辄烧杀一片，惩罚民众。中共偶尔也用威慑手段，但最多是针对性地打击个别土顽、汉奸，绝无普遍性报复。总体观之，敌伪顽依靠威慑控制民众；中共依靠会议动员民众。中共军民鱼水之情，已多有研究，此不赘述，仅摘录杨思一的几段日记略作说明。

翻阅杨思一日记，可知群众提供的敌情线索非常之多。如1944年2月23日，老百姓报告说：紫龙庙、吴家洋驻着顽敌。上述两地与金萧支队"只有一坑之隔"。得益于老百姓提前告知，"我们（按：指金萧支队）发现了反动派，反动派则始终没有发现我们"。2月24日，群众告知顽军抢劫消息，"我们派了老百姓到宋岙、上王去了解敌情"。4月30日，"行军至汤家店，得老百姓报告，明日蔡伪将来汤家店扫荡"，金萧支队当即备战，"准备于他出动时伏击他"。6月9日，"据老百姓传来消息"，前方有敌，杨思一因此更改行军路线。①群众如同黑暗中的点点星光，为游击队标识出危险、陷阱以及猎物之所在。因为有群众导航，中共游击队绕圈奔跑，才不至于陷入死胡同。反过来讲，如果群众倒戈，游击队暴露在光天化日之下，不得不与敌伪顽硬拼，则必定凶多吉少。从这个角度看，可以说，严守纪律、走群众路线是中共在敌后生存的必要策略。残酷的竞争与自身力量的弱小，促使中共必须依靠群众，而情报则是群众路线的重要收益。

最后需要说明的是，敌后环境复杂，敌情瞬息万变，不论中共的侦察技术有多高超，都不可能精确掌握所有线索。运气有时相当重要，所谓"历史的偶然性"在情报侦查中体现得淋漓尽致。例如1943年12月9日，为了迷惑敌人，金萧支队部分战士穿上黄制服（按：国民党军服装），在马岐岙渡头撞见国民党三十师的税收人员，杨思一假装国民党军与其攀谈，对方毫不见疑，

---

① 参见浙江省新四军研究会金萧分会编印：《杨思一日记》（上册），第72—73、87、97页。

"诚实地告诉我（杨思一）前方的消息与该部的驻地"；过河后，又遇见三十师的情报员，获悉三十师一营已经从汤浦转移到蒋岩桥。杨思一感叹："他们这样殷勤地向我们送情报，真该谢谢他们的。"[①]临时性情报可遇而不可求，事先完全无法估计。有些时候，一些无意之举或有意想不到的回报。1944年1月24日，金萧支队进占双江溪，此处有顽军挺进第五纵队的后方医院。敌军伤兵报告说没饭吃，请求救济。杨思一"跑去与他们讲了一番话"，并通知保长继续供应食物。伤兵十分感动，支队临行前，"一个伤兵报告我们6000余发子弹的埋葬地"。[②]一场临时性的政治讲话和一个常规性的优俘举动，换得一条价值不菲的情报，这应该大大出乎杨思一的意料。"无心插柳柳成荫"在情报工作中屡见不鲜，不可预知性、偶然性恰是情报工作的天然属性。

既然情报获取存在偶然性，那么"好运"就不可能永远站在中共一边。与敌伪顽的斗争是一场漫长的拉锯战，中共虽总体占优，但失算的时候也不少。浙东游击纵队最大的一次情报失误发生在1944年2月。1944年1月下旬，侦查员刘清扬发来情报，说国民党突击营已从四明山区撤走。1月25日，浙东游击纵队冒着大雪，渡过曹娥江，转移到四明地区。2月10日，获悉田岫山亦在四明山区附近。谭启龙回忆称：这时，大家都对田岫山的反复无常、翻脸无情特别恼火，早就想收拾他。指战员求战心切，司令部决定围歼田岫山。战斗于11日凌晨打响，杨思一记载，下午"3时晚膳，4时出发"，"全队情绪甚高，士气甚旺"。凌晨2时开始接触，"因系夜间，双方无进退"。拂晓时分，"我加紧攻击"，"重要阵地全被我占领"，但敌人据民房顽抗，"我无法逼近"。此役浙东游击纵队几乎投入全部兵力，眼见胜利在望，但不料局势突变——驻扎在田部附近的突击营于天亮之时赶来支援。谭启龙后来反省称，据当时侦察，只知道田岫山在前方，不知道突击营的确切位置，没经过细致侦察，就以为突击营已走远。此外，大家对田岫山充满仇恨，都被复仇情绪

---

① 浙江省新四军研究会金萧分会编印：《杨思一日记》（上册），第53页。
② 参见浙江省新四军研究会金萧分会编印：《杨思一日记》（上册），第64页。

左右，缺乏冷静思考，亦是贸然进攻的重要原因。一次判断失误，致使浙东游击纵队腹背受敌，伤亡100多人，"超过浙东我军组建以来的历次战斗"。战斗第二日，杨思一在日记中无奈叹息："这次战斗，是对最近未来期间的斗争有相当决定性的战斗，因为没有取得胜利，同时撤退时略带被迫性，将使我部增添一些新的困难，将使战争更确定的走入长期艰苦的道路。"①中共游击队的生存与情报获取密切相关，因为绝对力量弱，所以必须掌握先机，才能进行田忌赛马式的战斗。否则，一次情报失误，就有万劫不复之危险。

情报是死的，人是活的，战争各方都在不停变动，有时即便情报确切，也不一定有收获。况且敌人并非木偶，他们也有情报系统，亦能适时应变，甚至进行反制。1944年2月4日，杨思一带部队于凌晨2时埋伏敌人，但等到第二日11时，"敌未出击，我才撤回"②。3月26日，金萧支队本拟伏击伪军王升部，"后因敌警惕性甚高，戒备甚严，未行动"③。5月17日，获悉息金村有国民党短枪队30人，准备围歼，"后因我未加慎密监视，不知去向"。5月18日，再次准备设伏，但自己亦被敌发现，有可能被反包围，只能立即转移。诸如此类的事例不在少数。战争时期，情报信息扑朔迷离；敌人警惕万分，所谓"瓮中捉鳖""包饺子"并不那么容易。

1945年4月2日下午，杨思一正在开会，侦查员报告顽军邢小显部在附近宿营，"为准备行动，即将会议停止，召集连以上军政干部开会，布置行动"；下午6时出发，凌晨4时到达攻击地点，"不料邢顽已于半夜后移动，于是又扑了空"。稍后又获悉邢顽在二里地之外的郑宅，于是迅速出击，但刚接触，"邢顽已将部队拉出"。奔跑一夜，只缴获步枪2支，俘获敌兵2人。正要休息，下午3时许，邢小显纠集顽军反扑，"我转移大盘山与之对抗，约一小时，我因天晚，且部队疲劳即转移"。金萧支队没占到便宜。4月9日，老百姓报告邢顽在马涧，"我即出击，自上午11时战斗至下午3时"，俘获敌兵1人，我

---

① 浙江省新四军研究会金萧分会编印：《杨思一日记》（上册），第68—69页。
② 浙江省新四军研究会金萧分会编印：《杨思一日记》（上册），第67页。
③ 浙江省新四军研究会金萧分会编印：《杨思一日记》（上册），第79页。

部受伤2人。4月10日，杨思一判断"邢顽一时不易解决"，同时部队脱离基本地区已久，许多问题亟待解决，于"晨8时出发返义西"。①敌方临危不乱，有序撤退，并能适时反击，此种情况下，即便掌握准确情报，亦很难取胜。

情报是生存的命脉，所以敌后各方对情报信息的争夺与垄断异常激烈。敌伪顽动辄烧杀，以威慑手段迫使百姓提供信息。杨思一记载，1943年10月13日，日军发现一村庄藏有枪支，"即将保长父子及其他有关居民7人，绑成一串，然后命其跪下，用机枪扫射，当场死5人、重伤2人，并烧毁草厂一所"②。日军残暴，路人侧目。中共则竭力融入当地社会，把对手拖入群众的汪洋大海。当然，对待关键人物，中共也有硬手段。例如，中共对战场上的敌军俘虏都能给予优待，但对敌方情报员一般不宽容。1944年5月19日，金萧支队俘获伪军情报组组长，"立即枪决"此人。伪军头目多方威胁地方士绅前来保释，杨思一都不为所动。1944年7月21日，捉住伪军两个情报员及两个嫌疑犯，情报员"经公审后执行枪决"。抗战时期，中共轻易不用威慑手段，但情报工作稍稍例外，其紧张心态由此可见一斑。当然，中共绝不滥杀，如果敌方情报员合作，亦可通融。1944年5月18日，杨思一记载，国民党辖区区长童孚送我队情报到诸暨县政府，被我所获。当地士绅前来保释，"我劝其向我供给顽方消息及保护我工作人员。他允我所劝，即开释"③。总体上看，中共与敌军情报员合作属个别事例。相较于一般俘虏，敌特通常被严肃处理。

综合而言，中共游击队情报来源有两个层面：第一，正规情报系统；第二，百姓口头传送。全局性的战略情报依靠专业人员；即时性的战术情报，往往需要百姓提供。卓越的群众路线，使得后一种情报成为可能。战争是综合性较量，看似无关的因素往往具有隐秘的内在关联。群众工作与情报获取之关联，即是一例。至于战略情报，应该说，中共敌工系统专业而准确。司

---

① 参见浙江省新四军研究会金萧分会编印：《杨思一日记》（上册），第162页。
② 浙江省新四军研究会金萧分会编印：《杨思一日记》（上册），第24—25页。
③ 浙江省新四军研究会金萧分会编印：《杨思一日记》（上册），第92页。

令员何克希讲:"别的事情偏差一点不要紧,战略方针弄错了,就要害死千千万万人。"[①]以后见之明观之,中共游击队几乎没有犯过战略错误。

高速流动、适时应变是浙东游击纵队的特点,亦是整个中共游击队的特点。战争环境决定着中共军队不宜大规模集中,只能做点状式战斗。浙东游击纵队自成立起,与敌伪顽作战600多次,毙伤9000余人,平均每战仅十余人,频繁小巧是其显见特点。金萧支队进行的最大的一次战斗发生在1944年5月,即墨城湖战斗。"是役敌死伤连长以下百余人左右,我也死4人伤7人"。伤亡虽然微小,但对金萧支队来说,却是不可承受之重。杨思一当日感叹:"战斗是胜利了,但付了极大的代价。"[②]中共游击队爱惜兵力,慎重出战,战必求胜,由此可见一斑。

中共军队凭借游击战,最终积小为大,化零为整。1942年冬,浙东游击纵队初成立时只有人员1455人。1943年冬,发展到3632人。1944年,敌伪顽联合"扫荡",游击队进入最艰苦阶段,但年底统计仍有3273人,主力军并未明显减少,只是没有发展。熬过最艰难阶段,浙东游击纵队规模迅速壮大,到1945年夏天,人员达到4581人。浙东游击纵队四处开花,由点到线,连线成面,一旦外在压力稍稍松弛,即呈蓬勃发展之势。大体上看,其他游击队在战斗形式与发展路径上同浙东游击纵队有异曲同工之处。

从1943年底到1945年抗战胜利,金萧支队与敌伪顽周旋。它是浙东游击纵队的一个分支,也是江南新四军的一个分支,再放大一点看,也是整个中共游击队的缩影。杨思一观察它、描述它,记录的虽是自身故事,折射出的却是时代风貌。

[①] 宁波市新四军暨华中敌后抗日根据地研究会编:《浙东抗战与敌后抗日根据地史料丛书》(第三卷),中共党史出版社2001年版,第97页。
[②] 浙江省新四军研究会金萧分会编印:《杨思一日记》(上册),第94页。

第三章 | 情感动员与华北抗日根据地的减租斗争

减租是中国共产党在全民族抗战时期实施的重大方针政策，改革开放以来受到了学术界的重点关注，涌现出了丰硕的研究成果。尤其是近年来部分学者基于翔实的史料指出，华北抗日根据地在落实减租政策的过程中遭遇了强大阻力，并导致这一政策在抗战后期才得到深入贯彻。这些研究呈现了中国共产党在华北执行减租政策的艰难历程，但仍留下了进一步探讨的空间。部分学者已经发现，抗战后期减租政策的广泛实施，在很大程度上应归因于党改变了推行这项政策的方式，特别是转变了具体斗争策略。然而已有研究囿于"理"的解读，疏于"情"的观照，在一定程度上遮蔽了减租斗争的复杂性与解释力。本章认为减租政策在华北抗日根据地的执行程度，同党的情感动员成效直接相关。需要强调的是，情感动员的成效不仅取决于党的组织、宣传等政治能力，也同工作环境密切关联。本章立足全民族抗战时期中国共产党领导的华北抗日根据地减租斗争，剖析中国共产党情感动员的运作机制，以及根据地民众对中国共产党及其主张的认同过程。

第一节 1944年前的华北减租

全民族抗战初期，中国共产党为巩固统一战线，对如何贯彻减租政策持高度谨慎态度。1938年初，任中共中央北方局书记的刘少奇明确指出，"应该切实避免采用斗争的手段，应该采用协商、调解及仲裁等方式为主，去达到群众要求的被承认，去达到工农群众与地主资本家双方的同意"[1]。而晋察冀抗日根据地在解释减租政策时，更直接称其是一个"消极办法"，并强调"在执行这一办法的时候，应该采取多种的方式使得被减的地主财主得到满意，使得租户、借户了解减租减息只是改善其生活的一个消极办法，而对地主财主和好，以更加巩固起统一战线来"[2]。党在部署减租工作时如此强调地主的感受与利益，是有其因由的。一方面，1936年初，中央红军抵达陕北后不久便领导实施了东征战役，这虽扩大了党在华北的影响，但并未实现在黄河以东建立根据地的目标，故对于已经开辟的根据地，党必然倍加珍惜。另一方面，土地革命时期实行过激土地政策导致新建根据地迅速夭折的教训，也使党更加小心处理同地主、富农的关系。

当然，在全民族抗战初期，党强调照顾地主、富农的感受与利益，绝不

---

[1] 中共中央文献研究室、中央档案馆编：《建党以来重要文献选编（1921—1949）》（第十五册），中央文献出版社2011年版，第71—72页。
[2] 河北省档案馆编：《河北减租减息档案史料选编》，河北人民出版社1989年版，第3页。

是放弃执行减租政策，置农民于一旁而不顾，而是希望通过减租工作，既团结地主，创造有利的敌后发展环境，又减轻农民负担，发动群众抗日。党所要极力避免的是，在根据地尚不巩固、八路军实力又十分弱小的情况下，以剧烈阶级斗争的形式推行减租政策。如此看来，在全民族抗战初期，依托政策制定、干部层层推进等自上而下的行政手段，显然是落实减租政策的更好选择。然而事实证明，采用上述方法后，除了各根据地的小部分中心区域外，绝大多数地区均无法落实这一政策。导致行政手段受阻的原因是复杂多重的。首先，地主凭借经济上的优势地位，在自身利益被褫夺后，轻易便将损失转嫁给佃户。例如，华北抗日根据地初创时，主要实行二五减租，即地主之土地收入，不论租佃半种，一律照原租额减少百分之二十五。然而，地主却对涉及切身利益的法令条文进行细密研究，找空隙进攻，"当我们还没有提出减租政策的时候，便采取了先发制人的办法，在每一个佃户的原租额上都增加了百分之二十五"[①]。曲解政策仅是地主依靠经济优势欺压农民的常规手段，通过"夺地"使农民彻底丧失经济来源才是地主对抗减租政策的杀招。农民由于坚持减租而被地主收回土地，最后被迫逃亡他乡乃至家破人亡的例子并不少见。

事实上，各根据地对地主可能凭借经济优势逃避减租的情况并非全不知情。各地颁布的减租条例，多明文规定地主不得在未经佃户允许的条件下随意转租土地，并制定了处罚违规地主的细则。然而，由于当时华北抗日根据地尚未实行深入的政治改革，大量干部同地主、富农关系密切，甚至相当一部分基层政权仍掌握在地富阶级手中，使得地主更加肆无忌惮地违背减租政策。

除在经济、政治层面压迫农民外，地主还对农民实行牢固的思想统治。即便到了1948年，刚解放的华北农村仍给美国记者韩丁留下了如下印象："地主的统治是靠几根支柱撑持着的，其中重要的一根就是传统。数千年来的儒

[①] 河北省档案馆编：《河北减租减息档案史料选编》，河北人民出版社1989年版，第119页。

家学说造成了一种舆论，使全村很少有人、甚至根本无人对现存的制度提出疑问。"①这种思想统治，除了具有稳定性特点外，还有很强的隐蔽性，也使党很难通过出台政策等行政手段破除减租的思想阻力。一线干部也在实践中体会到，同政治改革相比，解放思想的难度要更大。

倘若把减租政策比作一个农民、地主各置一边的天平，它的本意是让农民与地主在经济上保持一定的平衡，即农民负担有所减轻，地主又保有一部分收益，但在全民族抗战初期，地富阶级在多方面占据优势，这种现实情形使各根据地认识到，单纯依靠行政手段难以贯彻减租政策。中共中央释放转变减租政策推行手段的强烈信号，是在1942年初。这年1月28日，由中共中央政治局通过的《中共中央关于抗日根据地土地政策的决定》率先指出，"须知发布口号发布法令与实行口号实行法令之间，是常常存在着很大的距离的"②。一周后发布的《中共中央关于如何执行土地政策决定的指示》更是强调："当广大群众还未发动起来的时候，一般地主阶级是坚决反对减租减息与民主政治的。在这种时候，我们必须积极帮助群众打击地主的反动，摧毁地主阶级在农村中的反动统治，确立群众力量的优势。"③

党之所以在落实减租政策上由倡导避免斗争转向支持斗争，主要有两方面原因。一是从大背景看，相比于全民族抗战初期，党的武装实力大为增强，在华北建立了相对巩固的根据地。特别是在太平洋战争爆发、抗战胜利曙光浮现的形势下，党希望通过落实土地政策，"藉此争夺民众以图未来"④。二是经过多年实践，党对如何开展减租工作有了更为深刻的理解，而首要一条便是非经过"斗争"不可。刘少奇是当时党内提出以发动群众的方式推行减

---

① [美]韩丁：《翻身——中国一个村庄的革命纪实》，韩倞等译，北京出版社1980年版，第51页。
② 中共中央文献研究室、中央档案馆编：《建党以来重要文献选编（1921—1949）》（第十九册），中央文献出版社2011年版，第22页。
③ 中共中央文献研究室、中央档案馆编：《建党以来重要文献选编（1921—1949）》（第十九册），中央文献出版社2011年版，第50—51页。
④ 王龙飞：《减租减息的演进——以太行根据地为中心》，载《清华大学学报（哲学社会科学版）》2019年第6期。

租政策的主要代表之一。1940年，华中根据地在刘少奇的直接领导下，开展了较为深入的减租工作。1942年，刘少奇从华中赶赴延安，途经山东、晋西北等根据地时，多次讲述华中地区开展减租运动的基本经验。其核心思想就是减租必须依靠发动群众的形式，开展轰轰烈烈的群众运动，"农民起来了，就进行减租减息的斗争"[①]。这一经验的传播成为华北抗日根据地通过群众运动开展减租工作的重要契机。从此，一个大规模的以减租减息为中心的群众运动在太行根据地腹心区开展起来。

1942年，华北抗日根据地在领导布置减租工作的过程中，注意到了从情感上动员农民的问题。1942年4月，晋冀豫根据地强调，"在任何一个斗争阶段上，都要具体了解情况，了解各地地主阶级的复杂态度与农民各种落后顾虑及其心情的变化"[②]。中共中央山东分局则提醒各级干部注意："不要在农民斗争的情绪上浇冷水，助长地主的气焰"[③]；"要抓紧一部开明的地主士绅，从感情上团结他们"[④]。从效果上看，这次减租运动同此前相比有所进步，部分地区一度出现运动热潮，但也存在明显不足。特别是尽管中共中央及各根据地反复强调，要在深入调查研究的基础上，通过做思想工作等方式，使减租成为群众的自觉行动，但在实际工作中，各地仍主要采取自上而下的方式发动群众，整个运动没有在群众间经过充分的思想酝酿。"从干部思想作风上说，1942年群众运动中，代替包办、恩赐作风是严重存在的，并没有真正从思想上发动了群众。"[⑤]除了干部主观上要重视外，提高群众自觉的减租意识，保住减租成果，还需要以相对安定的环境为保障，而当时的华北抗日根据地尚不能提供这一重要条件。1942年前后，日军向华北抗日根据地连续实施大

---

① 《刘少奇选集》（上卷），人民出版社1981年版，第237页。
② 山西省档案馆编：《太行党史资料汇编》（第五卷），山西人民出版社2000年版，第288页。
③ 山东省档案馆、中共山东省委党史研究室编：《山东的减租减息》，中共党史出版社1994年版，第61页。
④ 山东省档案馆、中共山东省委党史研究室编：《山东的减租减息》，中共党史出版社1994年版，第62页。
⑤ 山西省档案馆编：《太行党史资料汇编》（第七卷），山西人民出版社2000年版，第469页。

规模"扫荡",加上严重的自然灾害,各根据地均深陷困境。不仅辖域面积变小、军队减员,甚至还出现了大面积饿死、病死人的惨象。在此情势下,党只能将工作重心转向生产救灾。地主则乘机拿"变天"威胁群众,夺回减租成果。此外,在运动中,华北抗日根据地放松了政治方面的改革,对地主阶级在政治上打击不力,不少村庄仍有地主在暗中统治。这也是导致减租政策受挫的主要原因之一。

从1943年下半年开始,晋察冀、山东等华北抗日根据地的发展状况出现明显好转。这年10月1日,中共中央发布了《中共中央政治局关于减租生产拥政爱民及宣传十大政策的指示》,位列十大政策之首的正是减租政策。党在总结此前减租运动经验教训的基础上,明确指出:"减租是农民的群众斗争,党的指示与政府的法令是领导与帮助这个群众斗争,而不是给群众以恩赐。凡不发动群众自动积极性的恩赐减租,是不正确的,其结果是不巩固的。"[①]自此,华北抗日根据地又陆续掀起了新一轮减租热潮。

---

① 中共中央文献研究室、中央档案馆编:《建党以来重要文献选编(1921—1949)》(第二十册),中央文献出版社2011年版,第582页。

第二节 组织引导下的群众情感酝酿

全民族抗战以来，近五年的华北减租实践已经充分说明，减租政策的有效执行不会是一个自发过程。实际上，党支部、基层政权也一直参与领导。特别是自1942年初，中共中央提出改用发动群众的方式推行减租政策后，各地颁布的减租法令或指示中，都明确提出了启发群众减租自觉性的问题。然而从实践看，农民多将减租成果看成干部的"恩赐"；待党转移工作重心，地主又轻易地从农民手中夺回失去的利益。之所以造成这种困局，除了地主的强势阻挠以外，还在于干部对群众工作的忽视。"在1942年群众运动中也存在着严重的违反群众路线的作风，存在着自上而下的包办的'恩赐'的作风，控制群众的作风。"[①]然而不到两年时间，当中共中央于1943年底再次将减租作为各根据地的首要任务时，群众路线的工作方法却得到了多数党员干部的自觉响应。这同当时正在开展的全党整风运动不无联系。1944年，晋绥边区总结减租工作时指出："经过两年来的整风教育，绝大部分干部在思想上克服了官僚主义的思想作风，建立了群众观念与劳动观念，因此，对减租政策有了正确的认识。"[②]

---

① 山西省档案馆编：《太行党史资料汇编》（第七卷），山西人民出版社2000年版，第416页。
② 晋绥边区财政经济史编写组、山西省档案馆：《晋绥边区财政经济史资料选编（农业编）》，山西人民出版社1986年版，第102页。

第三章 情感动员与华北抗日根据地的减租斗争

群众路线的工作方法离不开对群众情感的理解与把握。毛泽东在整风运动期间多次谈到从情感上发动群众的问题。其中最经典的要数他在延安文艺座谈会上关于自身情感转变历程的真情流露。[1]延安整风运动中对关注群众情感的强调，直接影响了华北地区的整风工作，"对每一个参加整风的干部，一方面要有严格的思想斗争，一方面要有热诚的感动。斗争和感动都是群众性的"[2]。这也使得华北干部在1944年前后的减租工作中，更加注意群众情感。1943年，晋西北抗日根据地在布置减租工作时指出："中心问题在于如何具体深入地了解情况，了解佃户生活及租佃间的剥削关系。用活生生的事实针对佃户的心理活动及存在的糊涂观念，对他们进行深刻的教育，解除封建思想对农民的统治，提高农民的觉悟和斗争的信心。"[3]启发群众减租的自觉心理，也被称作酝酿或反省阶段，这被各根据地普遍作为减租工作的首要环节。

在实际工作中，干部很快认识到情感引导的重要性与复杂性。他们经调查发现，群众的减租意愿不但不强烈，甚至完全没有减租的意识。在阶级压迫十分严重的莒南县大店地区，干部询问一位老佃户，为什么天天干活，还是受穷？"他想了半天回答：'这些年短工太贵了。'（他是大佃户，收割时雇短工）又问他其他原因，回答：'我种的地总是舍苗，少打粮食。'再追问时，他顺口气说：'咱命苦啊，那有什么办法。'"[4]这其中也存在着农民因畏惧地主而故意遮掩阶级剥削的情况，但"宿命论"的想法在乡间较为普遍，并被

---

[1] 毛泽东在延安文艺座谈会上讲道："在这里，我可以说一说我自己感情变化的经验。我是个学生出身的人，在学校养成了一种学生习惯，在一大群肩不能挑手不能提的学生面前做一点劳动的事，比如自己挑行李吧，也觉得不像样子。那时，我觉得世界上干净的人只有知识分子，工人农民总是比较脏的。知识分子的衣服，别人的我可以穿，以为是干净的；工人农民的衣服，我就不愿意穿，以为是脏的。革命了，同工人农民和革命军的战士在一起了，我逐渐熟悉他们，他们也逐渐熟悉了我。这时，只是在这时，我才根本地改变了资产阶级学校所教给我的那种资产阶级的和小资产阶级的感情。这时，拿未曾改造的知识分子和工人农民比较，就觉得知识分子不干净了，最干净的还是工人农民，尽管他们手是黑的，脚上有牛屎，还是比资产阶级和小资产阶级知识分子都干净。这就叫做感情起了变化，由一个阶级变到另一个阶级。"《毛泽东选集》（第三卷），人民出版社1991年版，第851页。
[2] 李雪峰：《李雪峰回忆录（上）——太行十年》，中共党史出版社1998年版，第207页。
[3] 理京、理红整理：《高鲁日记》，内蒙古大学出版社2004年版，第469页。
[4] 山东省档案馆、中共山东省委党史研究室编：《山东的减租减息》，中共党史出版社1994年版，第212页。

干部视为发动群众的主要障碍。①

主张马克思主义阶级斗争理论的中国共产党，自然地认识到，要改变群众对于减租的消极心态，打破"宿命论"，就有必要对农民进行阶级教育，以启发其阶级觉悟。"使农民懂得剥削，懂得农民和地主是两个不同的阶级，也就是使农民阶级自觉起来。这是最基本的一个内容。"②但想在短时间内，使文盲占多数的农民大众掌握和理解阶级理论，显然是不切实际的。因此，有必要将阶级理论转化为一种容易被群众所理解和接受的思想形式，这也正是情感动员③在减租斗争中发挥的主要作用。事实上，群众对于地主的过度剥削是存在不满情绪的，但由于担心地主以夺地、人身攻击等方式进行打击报复，他们不得不压制愤恨之情。晋察冀边区将佃户的心理归结为"三怕"，即"怕夺佃，怕丧良心，怕八路军走"。他们宁肯忍饥挨饿，拖着棍子讨饭，宁肯折卖自己的家产，卖核桃、花椒去交租，也不敢向地主提出减租的要求。而酝酿阶段的核心目标就是使农民敢于公开表达对地主的不满情绪。

调查研究与宣传鼓动相结合的方法，被频繁运用于1944年的华北减租运动中。但干部在实践中也发现，仅凭调查与鼓动，很难了解全部实际情况。甚至个别性格急躁、作风有待改善的干部，很快失去了动员耐心，"群众情绪越低，我们的同志就越怨群众'成问题'、'落后'，鼓动就更加油起来"④。这使得减租运动陷入了僵局。为打开局面，党及时调整了工作策略，即由全面调查改为个别发动。干部在工作中发现，尽管绝大多数群众在思想动员后，仍对减租持冷漠态度，但也有个别农民积极响应减租政策，他们被称为减租运动中的积极分子。积极分子主要由党的干部在调查鼓动及实际斗争中发现，

---

① 参见谢忠厚主编：《冀鲁豫边区群众运动资料选编》（上），河北人民出版社1991年版，第409页。
② 山西省档案馆编：《太行党史资料汇编》（第七卷），山西人民出版社2000年版，第451页。
③ 本书中的情感动员主要指中国共产党以调动与引导群众情感的方法推动减租政策贯彻落实的工作方式。
④ 谢忠厚主编：《冀鲁豫边区群众运动资料选编》（上），河北人民出版社1991年版，第523—524页。

也有少部分是被群众推举当选的。由于这部分人同农民联系密切，农民对他们的防备心理相对较少，更乐于向其吐露心声，党高度重视这些积极分子在减租运动中的作用。"什么是群众路线呢？概括地讲，有两件事是必不可少的，即是掌握群众思想与掌握积极分子，这两件东西是基本的。"①积极分子甚至在减租运动中获得了另一个更为响亮的称号——群众领袖。为了使积极分子在情感酝酿中发挥更大作用，党不仅举办训练班以向其讲授减租政策、传授动员方法，还非常注意提高积极分子的威望与地位，"多给以活动场合，给领袖以荣光，如开大会献花、献酒，请领袖讲话，特别是政府尊重领袖，如请客，见领袖握握手"②。

随后，各地干部在积极分子的协助下，召开了有十几或数十位农民参加的酝酿会。"群众的酝酿，开始主要是交谈，干部与积极分子，积极分子与群众，群众与群众，'商量商量'、'喊喳喊喳'、'闲谈'、'拉背场'，然后才是小组会与群众大会。"③酝酿会一般先从诉苦反省开始，其目的是"引导农民认识自己在阶级社会里是怎样受地主阶级的压迫、剥削，使他认识穷不是命，穷也不是天定的，而是地主阶级剥削穷了，启发阶级觉悟，启发斗争勇气，敢于向地主斗争"④。但仅有诉苦反省还不够，最重要的是提出问题并找到产生问题的原因和解决问题的方法。这就要通过"算翻身账"实现。"这种算账，一般地是算租佃账（地主对农民租额剥削账）、算农民家庭账（农民过去怎样受剥削，现在怎样）、地主家账（地主怎样富起来的）、全村大账（几个地主对全村的统治、压迫、剥削）"⑤，最终使群众认清阶级界限，认识到受穷是地主剥削造成的，应团结起来与地主斗争。

酝酿会的规模虽小，议程设置也较为简单，但处处彰显着党细腻的情感动员技艺。相当一部分农民是以紧张、抗拒的心情参加酝酿会的，甚至还存

---

① 山西省档案馆编：《太行党史资料汇编》（第七卷），山西人民出版社2000年版，第476页。
② 谢忠厚主编：《冀鲁豫边区群众运动资料选编》（上），河北人民出版社1991年版，第508页。
③ 万里：《万里文选》，人民出版社1995年版，第4页。
④⑤ 山西省档案馆编：《太行党史资料汇编》（第七卷），山西人民出版社2000年版，第523页。

在着拉人参会现象。为平缓群众心态,干部尽量营造一种放松的会议氛围,不仅让农民自由发言,还故意打乱会场布置,因为"摆桌子凳子,排场子,这场合的本身,就对群众是一种压迫"①。为打开局面,充分调动群众情绪,干部在会前便布置好让积极分子配合他们发言,"在宣传中为使上下呼应,接[结]合双方情感,在讲到群众之痛楚时,下面要先布置积极分子,激发群众的情感,使我宣传鼓动者的情绪与下层密切结合"②。是否让地主参加酝酿会也是党必须考虑的问题。实践表明,由于农民对地主存在畏惧心理,刚开始便让地主参加,往往会吓得农民不敢说话,影响动员效果。例如,在林村的酝酿会上,两个地主像"两个'老爷'坐在洞穴里,像老虎一样,群众还是害怕,问题没有得到解决"③。为此,党多让农民先进行单独反省。但毕竟让农民当面控诉地主并同其算账,是提高农民胆量并对其进行思想教育、心理检验的重要方式,因此,党同时强调:"等群众初步觉悟,一定要和地主一齐去进行。"④当农民的斗争热情被调动起来后,由于主佃关系、压迫形式的不同,与会者很容易各执一词,导致会议混乱、斗争对象模糊、斗争面扩大,造成斗争力量分化。这也是此前减租斗争失败的重要原因之一。在这个时候,必须对农民的发言与情绪进行集中引导,具体做法主要是在算个人账、家庭账的基础上,带领农民开展全村的算大账运动。经过这一环节,农民得出了新的结论:"大鱼吃小鱼,小鱼吃虾米,老根是地主。"⑤农民对地主燃起愤怒之情后,党强调不可在酝酿阶段停留过长,要在情感尚未降温之际,立即转入减租斗争。

---

① 谢忠厚主编:《冀鲁豫边区群众运动资料选编》(上),河北人民出版社1991年版,第527页。
② 谢忠厚主编:《冀鲁豫边区群众运动资料选编》(上),河北人民出版社1991年版,第410页。
③ 王毅、李杰:《踢翻廿年来压迫者 林村群众搬倒"老爷" 李得士李长法在群众面前认错退出贪污社粮》,载《新华日报》(太岳版)1945年3月17日。
④ 山西省档案馆编:《太行党史资料汇编》(第七卷),山西人民出版社2000年版,第455页。
⑤ 山西省档案馆编:《太行党史资料汇编》(第七卷),山西人民出版社2000年版,第528页。

第三节 情感在斗争中升温

农民对地主的积怨被挖掘出来后,党迅速将减租运动引向斗争阶段。减租斗争开始时仍以开会的形式进行,也被称作"说理会"。同酝酿阶段不同的是,会议的重点已经从情感动员转向经济斗争。斗争会看上去是在说理且场面相对温和,但地主不会轻易放弃任何既得利益,说理的背后是农民与地主的反复博弈与激烈对抗。

尽管各地在酝酿阶段使农民萌生了同地主斗争的想法,但实践表明,让农民鼓起勇气面对面地向地主争取利益,并非易事。相当一部分斗争会刚开始,便因农民对地主的恐惧而被迫终止。即便个别干部已经将发言内容和顺序安排妥当,但会上地主"把眼一瞪,吓得一些佃雇把头藏进怀里,不敢发言,斗争会没有斗起来"[1]。佃户在斗争会上表现怯懦,除了怕地主打击报复外,还同地主的强硬气势密切相关。地主根据往年经验,并不畏惧减租运动。他们在会上巧言善辩,甚至还公然恫吓佃户,在场面上占据优势地位。在阳南县董封村的斗争会上,地主不但不答应代表的要求,反而大骂一顿。由于地主在斗争会上占了上风,一部分本就对减租持观望态度的中农、小商人等中间势力,更是迅速倒向地主一边。这使得干部们只能先暂时叫停斗争会。

---

[1] 谢忠厚主编:《冀鲁豫边区群众运动资料选编》(下),河北人民出版社1991年版,第927页。

为消除农民依赖干部、不敢斗争地主等心理，干部们进行了更具针对性的会议准备和思想教育。如在演练时，多"让群众领袖自己主持会议"①；会前"指示对付地主的对策，估计地主可能的那一套，告诉他们应付的办法"②；也有部分地区采取了个别谈话、喝酒壮胆、寻求邻村支援及制造舆论等手段，以壮大斗争声势。

农民在争得部分利益后，会产生更高的斗争热情，并鼓起更大的勇气。这使得地主对斗争会的态度发生了转变，即由轻视到重视，并采取抵制和反抗措施。以生病、有事为由拒绝参加斗争会，是地主消极抵抗斗争的惯用方式。见此情况，有的地区会组织农民用担架把装病的地主抬到会场，强制其开会；也有的找几个佃户装作同地主聊天，"慢慢地斗争起来"③。在会上谎称同农民没有租佃关系并否认存在账目，是地主消极抵抗斗争的又一常见手段。尽管地主藏匿了证据，但农民在酝酿阶段已有过算账经历，对地主的剥削事实有一定了解，便主动提出同地主当面算账。然而在算账过程中，由于地主拒不承认或散播"算账不掏良心"等谣言，算账长期得不到结果，让农民失去了耐性。在太岳区宝庄，由于地主的顽抗，算账算了四天四夜仍没进展，致使"佃户债户们嚷起来，张世昌不拿出账就算不下去"④。特别是佃户们想起过往地主故意拿无账推托，趁机到县里诬告的经历，更是产生了恐慌心理。干部们发现问题后，立即叫停斗争会，并重新召开农民大会。一方面安抚农民情绪，领导农民继续算账；另一方面则在会下，通过动员地主家属等方式，说服地主主动交出账本，并暗中派积极分子搜寻账目。

在通过消极抵抗拖延斗争的同时，地主还在暗地里以贿赂干部及对积极分子施以小恩小惠等方式分化农民力量。这对减租运动的破坏力更大。尽管

---

① 谢忠厚主编：《冀鲁豫边区群众运动资料选编》（下），河北人民出版社1991年版，第927页。
② 谢忠厚、张圣洁、安炳增主编：《冀鲁豫边区群众运动宣教工作资料选编》，河北人民出版社1994年版，第13页。
③ 理京、理红整理：《高鲁日记》，内蒙古大学出版社2004年版，第468页。
④ 《宝庄减租斗争扩大　庙东等村佃户参加　经五天五夜追出账簿清算　张世昌应退租百七十余石》，载《新华日报》（太岳版）1945年3月13日。

相比于抗战初期,此时华北抗日根据地已经开展过相对深入的政治改革,党员、贫农占基层干部的比重大为增加,但地富阶级担任政府职务的也不在少数。"这些中间势力虽然也有民主和民生的要求,但他们对地主的斗争往往是脆弱的和不彻底的,一遇到顽固分子的抵抗和反攻,就'很容易妥协',甚至'会出卖这一斗争',导致民主民生斗争的夭折。"①由地富阶级或其代理人把持农会的现象则更为普遍。因此,在斗争会上常出现村干部或农会干部偏袒地主、压制斗争的现象。除此之外,地主以给予钱粮、攀亲戚及施展美人计等手段贿赂、拉拢干部的行为就更是多见。

尽管此前农民对干部的徇私舞弊行为,甚至是公开包庇地主行为,也有所了解,但多是敢怒不敢言。然而当农民的怒火在减租运动中被不断点燃,加之农民在同其他干部的相处中感受到多数干部是要坚决执行减租政策的,就逐渐克服了对贪腐干部的畏惧心理,甚至将斗争的矛头转向了阻挠运动的干部。在太行区便出现了撤换干部的呼声。②为响应群众号召,减少减租阻力,各地在斗争阶段进行了不同程度的政治改革。"必须把农村中最贫穷最革命的无产者、半无产者雇佃贫农充分发动起来,使他们在斗争中凝结成一支独立的力量,树立起农村的领导核心,彻底改造村政权,才能从根本上打退不法地主的猖狂进攻,夺取民主民生斗争的决定性胜利。"③但从实际行动看,各地在斗争阶段,为了团结力量将斗争矛头对准大地主,多没有大范围撤换基层干部,只是在斗争会上揭露干部存在的各类违法行为,令其进行批评与自我批评,求得群众的宽容与谅解,仅仅"对历史不好、成份恶劣而又不可救药的分子,才大胆由群众去撤换,但也应争取其在群众中反省转变"④。还有的地区采取了绕过基层政权,从村干部、农会、积极分子及农民中选取代表成立减租委员会的形式,摆脱了受贿分子对减租运动的干扰。

---

① 谢忠厚主编:《冀鲁豫边区群众运动资料选编》(下),河北人民出版社1991年版,第922页。
② 参见山西省档案馆编:《太行党史资料汇编》(第七卷),山西人民出版社2000年版,第419页。
③ 谢忠厚主编:《冀鲁豫边区群众运动资料选编》(下),河北人民出版社1991年版,第922页。
④ 山西省档案馆编:《太行党史资料汇编》(第七卷),山西人民出版社2000年版,第429页。

除了上述情况，还有的地主在会后直接找到农民，通过允诺将租给积极分子的地转租给他，或降低其租息及偷予钱粮等方式，让农民带头放弃斗争。对于这类现象，党主要依靠发动群众检举揭发、实行社会监督，以及在斗争会上对落后农民进行批评教育等方式予以解决。经过反复的较量，部分地主在斗争中败下阵来，当面同农民换签新约，并交出了非法剥削的粮食。在胜利面前，群众感受到了团结起来的力量。只有在民主民生斗争中打过几个战役之后，群众真正发动起来了，在斗争中看到了自己组织起来的力量，才敢投入斗争。尽管多数地主特别是顽固地主仍未妥协，但群众已经认识到，由于他们的联合，权力的天平已经在向他们倾斜。这将激励农民采取更为猛烈的方式与地主进行斗争。

第四节 群众大会阶段

经过说理斗争,少部分农民的权益得到了满足。但整体上看,减租政策仍未得到彻底执行,尤其是占有大量生产资料、在当地拥有威望的大地主,多拒绝减租。由此,党领导的减租运动进入了第三个阶段,即群众大会阶段。这也是整个运动的高潮阶段。

从规模上看,群众大会的规模从百人到万人不等。在会议召开前,党围绕会场的布置、议程进行精心筹备。通常各地会将农民最怨恨、剥削农民最严重的地主作为首个斗争对象,同时要求其他中小地主参会。这是快速扩大斗争范围、掀起斗争热潮的重要方法。个别地主在群众大会上仍然保持着冷静甚至是高傲的姿态,但绝大多数地主都感到紧张,以至于恐惧。地主的畏惧来自会场氛围。大会上,地主处在群众的对立面,威严的群众让其感受到强烈的压迫感。为了增加斗争力量,党还专门召集多村或整个地区开展联合斗争。前来助阵的外村人采取的斗争手段往往更为激烈,带头提出的要求也更为严苛。在会场里还有民兵守门,准进不准出。有人观察到:地主进入会场时,身体已经开始发抖。[①]在大会上,部分地主试图争辩,但多数情况下,农民不再给地主"说理"的机会。地主的话往往还没有讲完,农民就愤懑不

---

① 参见理京、理红整理:《高鲁日记》,内蒙古大学出版社2004年版,第432页。

平地予以打断。在大会上颇为团结的农民群体,并不是在大会召开前便已经形成的。开会前,仍有部分农民因为惧怕地主而"不敢进去"①,但只要他们听说或亲眼看到地主在会场上的狼狈形象,就会急切地参与到斗争之中。

在热烈的情绪感染下,人们在大会上的发言极其激烈,就连平日里不善言辞的也争先恐后地向地主发起控诉,多位妇女甚至在会场上一齐冲到地主面前,哭诉被其奸污过的难言之隐。②农民控诉的内容不仅关乎自己,还包括为他人抱不平。虽然不是自己的事情,但他们对每一个问题都发表意见。与此同时,本来对减租政策持观望或反对态度的中小地主、开明士绅,为了撇清同大地主等的关系,避免被斗争,也在斗争大会上"跑到积极分子头里"③。群众大会好比一个巨大的聚力器,所有个体的力量均指向了被斗争的地主,而愤怒的情感则是力量的黏合剂。再顽抗的地主,都难免被群体的力量所吞没,直至崩溃。

最先举行群众大会的村庄,也被党称作重点村或基点村。党希望在某一村实现重大斗争胜利后,立即将经验传递给周围地区,形成区域性减租运动。因此,各地多高度重视首场群众大会,不仅会集中各村骨干力量共同筹备,还会主动召集邻村群众前来助阵。一场群众大会的终点,往往是更多群众大会的起点。这既是党主动宣传动员的作用,也是情感传染的结果,"权威的原则一旦在公众心目中开始受到损害,就会迅速瓦解"④。到邻村参加群众大会的农民,回到村里立即商量如何斗争本村的顽固地主。这时未被斗争或感觉到即将被斗争的地主、富农已经成为惊弓之鸟。"开大会"已成了他们最惧怕的事情之一,他们往往主动提出不要开大会。然而他们的哀求是无效的,群众大会仍如火如荼地进行着。地主见势想要躲避起来,甚至谋划着逃到敌区。干部及农民察觉后,有的派民兵暗中监视地主,还有的则直接将地主、富农

---

① 理京、理红整理:《高鲁日记》,内蒙古大学出版社2004年版,第439页。
② 参见谢忠厚主编:《冀鲁豫边区群众运动资料选编》(下),河北人民出版社1991年版,第927页。
③ 谢忠厚主编:《冀鲁豫边区群众运动资料选编》(上),河北人民出版社1991年版,第547页。
④ [法]勒庞:《革命心理学》,佟德志、刘训练译,吉林人民出版社2011年版,第125页。

绑到斗争大会现场。

群众在大会上的表现越来越强势，接连出现了过激行为。这引起了华北抗日根据地，特别是党的高级领导的注意。1945年春，中共中央北方局代理书记邓小平到冀鲁豫分局巡视工作时，便在肯定减租成绩的基础上，批评了侵犯中农利益的现象。[1]在此指示下，各地迅速开展了纠偏工作。事实上，在整个减租运动中，这一环节是群众情感最难把握的阶段。当时在一线领导指挥减租工作的平顺县县委书记王宗淇便直言："这时是领导上最难掌握的时候。"[2]无论是压制，还是纵容群众的过激行为，均不利于贯彻减租政策。相对理想的解决办法是，当地主普遍承认减租政策后，将群众在宣泄情感时使用的激烈行动转换成非破坏性行为。这样便可以既保持群众的斗争热情，又控制运动烈度。

干部们发现只要地主在执行减租政策的基础上主动向农民示弱，是能够获得后者谅解，并克制过火斗争的。太行区就通过给那些过去被地主、恶霸迫害而死的农民"召开追悼会，举行公祭，让那些地主、恶霸参加，有的还给立碑、甚至披麻戴孝"[3]，"使群众在政治上完全占了上风，然后处理具体问题的时候，就会比较冷静，也会对地主有适当让步"[4]。除了肃穆的祭奠活动，召开胜利大会是宣泄群众情绪的又一重要方式。为彰显斗争取得的重大胜利，坚定群众团结起来的信念，党会领导群众将地主归还的钱粮带到胜利大会现场，并将其堆积在一起。随后举行群众参与的文艺活动，群众载歌载舞，表达心中的喜悦之情。最后，党引导群众对减租运动进行总结，民主议定"防止地主反攻"的办法。尽管干部明知因"群众情绪高涨，规矩订的严，实际上是不适用于平时的"[5]，但还是让群众以公开议论的方式发泄内心情感。

---

[1] 参见中共中央文献研究室编：《邓小平年谱（一九〇四—一九七四）》（上），中央文献出版社2009年版，第551页。
[2] 山西省档案馆编：《太行党史资料汇编》（第七卷），山西人民出版社2000年版，第528页。
[3][4] 山西省档案馆编：《太行党史资料汇编》（第七卷），山西人民出版社2000年版，第482页。
[5] 谢忠厚主编：《冀鲁豫边区群众运动资料选编》（上），河北人民出版社1991年版，第537页。

第五节 斗争延伸与新情感的确立

从酝酿会阶段一直到群众大会阶段，减租运动主要围绕经济斗争展开。当群众的经济需求得到基本满足后，有必要将工作引向政治斗争。一方面，这是纠正群众过激行为的有效办法。地主在经济上作出重大让步后，倘若不将斗争矛头从经济转向政治，就很容易导致运动失控。如山西省河曲县减租委员会在检讨斗争经过时首先提道："没有将经济斗争引向政治斗争，对斗争估计不足。"[1]另一方面，开展政治斗争是巩固减租成果的必由之路。事实上，在整个减租斗争中，经济斗争与政治斗争是互为目的与手段的相互依托关系。然而，倘若从抗战大局出发，特别是从抗日民族统一战线政策的视角下审视减租运动，它本质上是一场政治斗争，经济斗争只是它的表现形式。党坚持不没收地主土地的方针政策，便注定了地主在经济上仍将占据优势。在这样的经济基础上，党要想实行减租政策，给农民实惠，以达到动员农民、得到农民支持的目的，就必须建立巩固的政权，在政治上获得优势。担任冀鲁豫边区民运部部长的信锡华就曾在1943年明确指出："地主的力量是经济力量，我们的力量是组织力量、政治力量与法律。今天我们就是要以群众的进步力

---

[1] 理京、理红整理：《高鲁日记》，内蒙古大学出版社2004年版，第441页。

量来对付他的经济力量。"①这一点在地主的行为表现上也能得到印证。干部们在总结减租工作时发现:"当群众进行民生斗争时,顽固势力往往在经济上采取某种程度的让步,在政治上仍设法维持其统治,但到群众进行民主斗争时,顽固势力则拼死挣扎,千方百计的来顽抗,形成斗争最尖锐形势。"②由于地主的阻挠,华北抗日根据地的基层政权改革长期存在着不彻底的问题,这又会动摇、瓦解减租减息等民生改革成果。而减租运动则为党一体化推进民主民生改革提供了契机。

为了从政治上巩固斗争成果,各地在实践中具体采用了两种方式。一是改立新约。减租运动的直接目的是减少地主对农民的经济剥削。从过往经验看,地主表面上答应减租,事后或背地里反悔,甚至报复农民的例子屡见不鲜。而此时农民中也出现了不愿交租的声音。因此,从长远看,斗争中形成的情感认同并不牢靠,还必须形成刚性约束。于是,各地于斗争大会后,普遍开展了立约工作。有的地区明确将立约作为减租斗争的最后一步。③此外,农民参与是此次改立新约工作的一大特点,"经过全体佃雇讨论集中起来,成为正确的,制定成法令"④。

为了减租政策能得到长久落实,还必须改建基层民主政权。如前文所述,早在酝酿及开斗争会阶段,各地已经撤换了部分偏袒地主或腐化的基层干部,只不过当时为了稳固政权,将斗争矛头对准地主,干部改选被严格控制在较小的范围内,而将政治改革的重点放在批评教育干部以改进干部的整体工作作风上。以平顺县为例,"全体干部的80%是得到改造的"⑤。而待整个减租运动接近尾声时,各地立即调整了政治改革的重点,即从批评教育干部转向民主选举干部。民主选举的核心目标,就是要让在运动中表现积极的农民领

---

① 谢忠厚主编:《冀鲁豫边区群众运动资料选编》(上),河北人民出版社1991年版,第448页。
② 谢忠厚主编:《冀鲁豫边区群众运动资料选编》(上),河北人民出版社1991年版,第385—386页。
③ 参见谢忠厚主编:《冀鲁豫边区群众运动资料选编》(上),河北人民出版社1991年版,第534页。
④ 谢忠厚主编:《冀鲁豫边区群众运动资料选编》(上),河北人民出版社1991年版,第539页。
⑤ 山西省档案馆编:《太行党史资料汇编》(第七卷),山西人民出版社2000年版,第487页。

袖担任基层领导职务。如太岳区阳南县明确提出，"提拔农民做政权工作，村政权要多吸收农民积极分子参加，村政委员会农民应占多数"①。经过思想教育和激烈斗争，多数农民已经认识到他们同地主的阶级差别，并在政治上排斥地主。如各地斗争中普遍出现了人们申请加入农会的热潮，但农民拒绝了地主和富农的申请。在选举村干部时，农民更愿意将票投给积极分子，这使得大部分农民领袖被选为村长。

在通过政治改革巩固减租成果后，党立即领导农民将主要精力转移到生产建设上来。"第一个革命（减租减息）基本上结束之后，必须迅速转入第二个革命（大生产运动）。"②大生产运动除了强调发展经济外，更注重以"组织起来"的形式进行农业生产。而农民刚好在减租运动中认识到了团结起来的力量，这将有利于农民在生产中建立互助组织。互助组织的普遍建立，也能够进一步增强农民的团结意识，巩固减租成果。随着减租运动接近尾声，农民情感在形式上又复归于平静，但实质却发生了转变。一方面是地主声威削弱。"减租后佃农的政治地位大大地提高了，过去佃户在人格上是不能与地主平等的，佃户在地主面前是不敢讲什么道理的，现在有了农救会，佃户都敢于说话了，敢于和地主斗争了，这与过去封建残余统治下的农村是一个翻天覆地的变化。"③另一方面则是党的威信建立。群众在情感上更加信任与感激中国共产党、八路军。这突出表现在减租运动后，华北各根据地普遍掀起了拥军参军和积极生产的热潮。

今人看待减租运动，多将其视作一次中国共产党领导下的农村改革。然而，当年其改革的难度远超人们想象。当时华北抗日根据地刚创建不久，又频繁遭受日军侵扰，以党掌握的武力、财力资源，很难在华北地区树立强大政治威信，特别是很难快速得到基层民众的认同，而这将导致改革缺乏执行

---

① 刘裕民：《政权对群众运动扶植问题》，载《新华日报》（太岳版）1945年4月19日。
② 山西省档案馆编：《太行党史资料汇编》（第七卷），山西人民出版社2000年版，第487页。
③ 中共山东省委农村工作部、农村合作化史编写办公室编：《山东党史资料 抗日战争时期山东滨海区农村经济调查》，省委党史委印刷所1989年版，第54—55页。

力。站在政策制定者的角度，减租被视为一项温和政策，然而实践中，地主在居于优势地位的情况下，不愿让渡利益，并以收回佃农赖以为生的土地相要挟或报复。在当事人看来，减租运动同部队的战斗一样严肃，同样是生死斗争。上述原因决定了农民以个体形式按法规要求地主减租很难取得成效，甚至绝大多数农民根本不敢提出这一要求。在当时的政治环境下，农民唯有结成群体，才能获得同地主较量的资本。"减租必须是群众斗争的结果，不能是政府恩赐的。这是减租成败的关键。"[①]而情感动员恰是党将农民组织起来的主要手段之一。这条党在实践中得来的可靠经验，被广泛运用于解放战争及新中国成立初期的土改运动中。综观情感动员的整个过程，中国共产党细腻的动员技艺得到了淋漓尽致的展现，而这又是以党在组织、宣传及政治建设等方面的优势为支撑的。总而言之，解释中国共产党获得群众认同的因由，不仅要考察政策制定、组织建设等常规举措，还应充分关注情感动员等常常被忽视的独特工作方法，进而呈现出中国共产党领导群众运动的全景。

---

① 《毛泽东选集》（第四卷），人民出版社1991年版，第1173页。

第四章 抗日根据地的社会治理

抗战时期中国共产党在社会治理方面所采取的政策和措施的基本落脚点和出发点就是密切联系群众，坚决维护人民群众的根本利益。对此，毛泽东于1942年12月在《经济问题与财政问题》的报告中明确提出："一切空话都是无用的，必须给人民以看得见的物质福利"，"我们的第一个方面的工作并不是向人民要东西，而是给人民以东西"。他还说，要研究人民中间的生活问题、生产问题，并帮助人民具体地而不是讲空话地去解决这些问题，这"是每个在农村工作的共产党员的第一位工作"。

与之相应的是，抗日根据地的人民群众也给予了中国共产党大力支持，使之不断发展壮大，表现出蓬勃的生气和力量。对于这一点，不仅国内民众看得很清楚，一些在华外国人也看得十分明白。美国驻华外交官台维斯就认为，中国共产党具有"显著的生气和力量的原因，是简单而又基本的，即是群众的支持和群众的参加"。他断言："共产党将在中国存在下去。中国的命运不是蒋的命运，而是他们的命运。"

第一节　"解放区的天是明朗的天，解放区的人民好喜欢"

全民族抗战时期，中国共产党领导的抗日根据地在政治及社会建设方面成效显著。歌词"解放区的天是明朗的天，解放区的人民好喜欢"，是人民群众对抗日根据地社会新气象的生动描述，反映了他们对这种新社会的向往。人们之所以会对抗日根据地有这样的认识和好评，除了中国共产党长期坚持抗战外，还在于抗日根据地的社会民主公正、清正廉明。

这首先体现在中国共产党在根据地实行"三三制"的民主政治。所谓"三三制"，毛泽东在1940年3月的《抗日根据地的政权问题》中进行过说明。他认为抗日根据地政权在建立和建设过程中，"根据抗日民族统一战线政权的原则，在人员分配上，应规定为共产党员占三分之一，非党的左派进步分子占三分之一，不左不右的中间派占三分之一"[1]。为了确保中国共产党对抗日根据地政权的领导，毛泽东特别强调："必须保证共产党员在政权中占领导地位，因此，必须使占三分之一的共产党员在质量上具有优越的条件。只要有了这个条件，就可以保证党的领导权，不必有更多的人数。"[2]在他看来，所谓领导权，就是"以党的正确政策和自己的模范工作，说服和教育党外人士，使他们愿意接受我们的建议"[3]。

---

[1][2][3]　《毛泽东选集》（第二卷），人民出版社1991年版，第742页。

为了贯彻执行"三三制"和保证选举的民主公正，1939年1月陕甘宁边区第一届参议会通过的《陕甘宁边区选举条例》规定："凡居住边区境内之人民，年满十八岁者，无阶级、职业、男、女、宗教、民族、财产与文化程度之区别，经选举委员会登记，均有选举权与被选举权。"①1941年5月，《陕甘宁边区施政纲领》进一步规定："本党愿与各党各派及一切群众团体进行选举联盟，并在候选名单中确定共产党员只占三分之一，以便各党各派及无党无派人士均能参加边区民意机关之活动与边区行政之管理。"②

为了贯彻民主政治的原则，各抗日根据地依据实际情况采取了形式多样的民主选举方式，发明了"红绿票选法""豆选法""画圈法""画杠法""画点法""香烧洞法""投纸团法""背箱子"和"乍（举）胳臂"等选举方法。陕甘宁边区民众用民谣反映了他们对"豆选法"等民主选举方式的认可和赞同，唱道："金豆豆，银豆豆，豆豆不能随便投；选好人，办好事，投在好人碗里头。民主政治要实行，选举为了老百姓。咱们选举什么人，办事又好又公平。"

在抗日根据地各级政府的动员推动下，人民群众选举热情高涨，积极参与投票。例如，陕甘宁边区选民参选率达到75%—80%，绥德、清涧、延川等县达到90%以上；③晋察冀边区选民参选率达到70%以上，平山县第十五区高达99%，灵寿县第七区高达97%。④如此广泛而普遍的民主选举活动，在中国历史上是从来没有过的。这充分体现了抗日根据地政权的民主性质，推动了抗日根据地的民主政治建设进程。

根据"三三制"原则，各抗日根据地在建立和建设过程中，既体现了中

---

① 陕西省档案馆、陕西省社会科学院编：《陕甘宁边区政府文件选编》（第一辑），陕西人民教育出版社2013年版，第105页。
② 中共中央文献研究室、中央档案馆编：《建党以来重要文献选编（1921—1949）》（第十八册），中央文献出版社2011年版，第242页。
③ 参见中共陕西省委党史研究室：《中共中央在延安十三年史》（上），中央文献出版社2016年版，第528页。
④ 参见中共陕西省委党史研究室：《中共中央在延安十三年史》（上），中央文献出版社2016年版，第535页。

国共产党的领导地位和作用，也广泛吸纳了各党各派的力量。例如，陕甘宁边区参议会9位常驻委员中有共产党员3人、党外人士6人，边区政府18位委员中有共产党员6人，共产党员数均占总数的三分之一。再如1942年10月24日，晋西北（晋绥）临时参议会召开会议举行选举时，49名共产党员当选，超过了应占比例的三分之一，为此2名共产党员退出，实为47名共产党员参议员，不足三分之一。

通过贯彻实行"三三制"，很多党外人士不仅参加了抗日根据地政权，而且在其中担任了重要职务。如李鼎铭担任陕甘宁边区政府副主席，安文钦担任陕甘宁边区参议会副议长，国民党党员宋维周、邢肇棠任晋冀鲁豫边区参议会副议长，苏北名绅韩国钧任苏北参议会名誉议长、朱履先任副议长，爱国人士朱雨江、赵坚、刘子谷分任津浦路东、路西各县抗敌联防委员会办事处参议会副议长。鉴于陕甘宁边区在民主政权建设过程中发挥了模范作用，八路军留守兵团还专门给陕甘宁边区政府赠送了"民主典范"的匾额。

此外，为了在抗日根据地形成一种清正廉明的社会环境，抗日根据地民主政府严禁党员干部及政府工作人员贪污腐化、享受特权，倡导廉洁节俭生活。毛泽东明确指出："共产党员在政府工作中，应该是十分廉洁、不用私人、多做工作、少取报酬的模范。共产党员在民众运动中，应该是民众的朋友，而不是民众的上司，是诲人不倦的教师，而不是官僚主义的政客。共产党员无论何时何地都不应以个人利益放在第一位，而应以个人利益服从于民族的和人民群众的利益。因此，自私自利，消极怠工，贪污腐化，风头主义等等，是最可鄙的；而大公无私，积极努力，克己奉公，埋头苦干的精神，才是可尊敬的。"[①]为了节约财政开支、养成节俭风气，陕甘宁边区规定从基层的乡长到边区政府主席，"各级政府工作人员不发薪俸，实行津贴制度，收

---

① 《毛泽东选集》（第二卷），人民出版社1991年版，第522页。

入不得超过普通工人工资的水平"①。陕甘宁边区的行政长官"每月最高的津贴也只五元，各县县长每月津贴二点五元，每天粮食一斤四两，菜钱四分，县政府每月办公费平均在二十元至三十元之间"②。在晋察冀边区，"边区政府主席每月生活费只有十八元，各县行政工作人员生活费普通都在十元左右，一切个人的应酬、膳食、衣服且均为自备，而许多廉洁的县长还节约其生活费之一部捐助于抗战或群众团体"③。

为了严惩贪腐行为，1938年8月，《陕甘宁边区惩治贪污暂行条例》明确规定："（一）贪污数目在五百元以上者，处死刑或五年以上之有期徒刑；（二）贪污数目在三百元以上五百元以下者，处三年以上五年以下之有期徒刑；（三）贪污数目在一百元以上三百元以下者，处一年以上至三年以下之有期徒刑；（四）贪污数目在一百元以下者，处一年以下之有期徒刑或苦役。"④此外，还要求对上述罪犯"应追缴其贪污所得之财物，如属于私人者，视其性质，分别发还受害人全部或□部分，无法追缴时得没收犯罪人财产抵偿"⑤。1939年，《陕甘宁边区抗战时期施政纲领》提出，"发扬艰苦作风，厉行廉洁政治，肃清贪污腐化，铲除鸦片赌博"⑥。1941年5月，《陕甘宁边区施政纲领》又强调，"厉行廉洁政治，严惩公务人员之贪污行为，禁止任何公务人员假公济私之行为"⑦。与此同时，《陕甘宁边区政务人员公约》要求边

---

①② 中共中央文献研究室、中央档案馆编：《建党以来重要文献选编（1921—1949）》（第十六册），中央文献出版社2011年版，第63页。
③ 中共中央文献研究室、中央档案馆编：《建党以来重要文献选编（1921—1949）》（第十五册），中央文献出版社2011年版，第659页。
④ 中共中央文献研究室、中央档案馆编：《建党以来重要文献选编（1921—1949）》（第十五册），中央文献出版社2011年版，第538—539页。
⑤ 中共中央文献研究室、中央档案馆编：《建党以来重要文献选编（1921—1949）》（第十五册），中央文献出版社2011年版，第539页。
⑥ 中共中央文献研究室、中央档案馆编：《建党以来重要文献选编（1921—1949）》（第十六册），中央文献出版社2011年版，第159页。
⑦ 中共中央文献研究室、中央档案馆编：《建党以来重要文献选编（1921—1949）》（第十八册），中央文献出版社2011年版，第242页。

区政府工作人员"公正廉洁,奉公守法"①,"不滥用职权,不假公济私,不要私情,不贪污,不受贿,不赌博,不腐化,不堕落"②。

在颁布法令的基础上,各抗日根据地政府还采取严厉措施惩治腐败,如1941年枪决了肖玉璧。肖玉璧在任清涧县张家畔税务分局局长期间,克扣公款3050元,并携带款项逃跑。鉴于其性质恶劣,边区高等法院判处其死刑,并执行枪决。1942年1月5日,《解放日报》以《曾任张家畔税局长 肖玉璧判处死刑 贪污公款三千余元》为标题对该案进行了报道,并刊登评论指出:"肖玉璧判处死刑了,因为他贪污,开小差,为升官发财以至叛变了革命……我们要严重的注意!注意每一个反贪污的斗争,抓紧揭发每一个贪污事件,我们要做到:在'廉洁政治'的地面上,不容许有一个'肖玉璧'式的莠草生长!有了,就拔掉他!"这极大地遏制了贪腐案件的发生。据统计,仅1937年至1938年两年时间内,边区司法部门就依法处理了180起贪污腐化案件。由于惩贪措施有力,陕甘宁边区严肃处理了一批贪腐案件,如1939年处理360起,1940年处理644起,到1941年,仅有1人犯贪污罪。1942年整风运动开始后,党员干部贪污现象几乎销声匿迹。

这为根据地的社会建设营造了清正廉洁的良好社会风气和环境,从而同国民党统治区的社会黑暗、吏治腐败形成了鲜明对比。正因为如此,毛泽东在《论联合政府》中指出:"利用抗战发国难财,官吏即商人,贪污成风,廉耻扫地,这是国民党区域的特色之一。艰苦奋斗,以身作则,工作之外,还要生产,奖励廉洁,禁绝贪污,这是中国解放区的特色之一。"③的确,全民族抗战时期很多知识青年之所以不远千里、克服种种困难由大后方来到抗日根据地,在很大程度上不仅仅是为了抗日,还缘于对抗日根据地这种民主公正、清正廉明的新社会的追求和向往。

---

①② 陕西省档案馆、陕西省社会科学院编:《陕甘宁边区政府文件选编》(第七辑),陕西人民教育出版社2015年版,第152页。
③ 《毛泽东选集》(第三卷),人民出版社1991年版,第1048页。

第二节 "自己动手，丰衣足食"

抗日战争进入相持阶段后，由于日军的疯狂进攻和国民党顽固派的军事包围及封锁，陕甘宁边区和各抗日根据地的财政经济遭遇极端困难。当时，国民党顽固派对陕甘宁边区实行了包围和封锁，甚至提出"一斤棉花，一尺布也不许进边区"。当时边区的困难情形正如毛泽东所说："我们曾经弄到几乎没有衣穿，没有油吃，没有纸，没有菜，战士没有鞋袜，工作人员在冬天没有被盖。国民党用停发经费和经济封锁来对待我们，企图把我们困死，我们的困难真是大极了。"[①] 在这种严峻形势下，毛泽东于1939年2月向全党和根据地军民发出了"自己动手""丰衣足食"的号召。之后，党中央制定了"发展经济，保障供给"的财政经济工作总方针。1943年10月，毛泽东又提出："党委、政府和军队，必须于今年秋冬准备好明年在全根据地实行自己动手、克服困难（除陕甘宁边区外，暂不提丰衣足食口号）的大规模生产运动，包括公私农业、工业、手工业、运输业、畜牧业和商业，而以农业为主体。实行按家计划，劳动互助（陕北称变工队，过去江西红色区域称耕田队或劳动互助社），奖励劳动英雄，举行生产竞赛，发展为群众服务的合作社。县区党政工作人员在财政经济问题上，应以百分之九十的精力帮助农民增加生产，

---

① 《毛泽东选集》（第三卷），人民出版社1991年版，第892页。

然后以百分之十的精力从农民取得税收。对前者用了苦功，对后者便轻而易举。一切机关学校部队，必须于战争条件下厉行种菜、养猪、打柴、烧炭、发展手工业和部分种粮。"[1]

根据这一要求，抗日根据地兴起了轰轰烈烈的大生产运动。在大生产运动中，毛泽东、朱德、周恩来等党中央和抗日根据地政府的领导人以身作则，亲自参加生产劳动，发挥了表率模范作用。特别是1941年春天，王震带领八路军三五九旅开进南泥湾，实行屯垦。当时的南泥湾荒凉无比，被称作"烂泥湾"。这里荆棘丛生，渺无人烟，到处是"荒山臭水黑泥潭"。面对困难，三五九旅广大指战员风餐露宿，开展垦荒劳动竞赛，种植蔬菜和水稻，终于将南泥湾改造成陕北的"好江南"。据统计，到1941年底，三五九旅共开荒种地11200亩，收获粮食1200石，收获蔬菜164.8万斤，养猪2000头；到1942年，共垦荒种地26800亩，收获粮食3050石，收获蔬菜362万斤，养猪1983头；到1943年，共垦荒种地100000亩，收获粮食12000石，收获蔬菜595.5万斤，养猪8410头；到1944年，共垦荒种地261000亩，收获粮食37000石，养猪5624头。通过在南泥湾垦荒种植，三五九旅不仅实现了肉、油、菜、粮完全自给，而且还有大量结余。

经过大生产运动，陕甘宁边区的耕地面积迅速增加。据统计，1936年边区的耕地面积是843万亩，1939年是1044万亩，1943年达到1377万亩，而边区人口基本保持在135万人至140万人之间。同时，粮食产量由1938年的120万石，增加到了1944年的180万石；棉花产量由1941年的50万斤，猛增到1944年的300多万斤。到1945年，边区广大农民大部分做到了"耕三余一"（即耕种三年庄稼，除消耗外，可剩余一年吃的粮食），有的还做到了"耕一余一"。其中，三五九旅平均每人开荒18亩，除吃用全部实现自给外，还做到了"耕一余一"。与此同时，抗日根据地的工业和商业也呈现出一派繁荣兴旺的景象。例如抗战之前，延安仅有123家小店，到1943年已经拥有473家店

---

[1]《毛泽东选集》(第三卷)，人民出版社1991年版，第911页。

铺。对外贸易也迅速增长，著名的"陕北三宝"——食盐、皮毛、甜甘草，成为边区对外贸易的主要商品。

除了陕甘宁边区，晋察冀、晋冀鲁豫、晋绥、山东等抗日根据地的耕地面积和粮食生产都有了很大增长。1943年，仅晋绥、北岳、太行、太岳、胶东、皖中六个根据地，就扩大耕地面积600万亩以上，部队和机关生产的粮食基本上能做到每年两到三个月的自给，蔬菜做到全年自给。

在开展大生产运动的同时，各抗日根据地普遍兴起了减租减息运动。1942年1月28日，中共中央政治局通过《中共中央关于抗日根据地土地政策的决定》，明确规定根据地的土地政策就是"一方面减租减息一方面交租交息的土地政策"[1]。通过实行减租减息政策，抗日根据地农民的负担明显减轻，生活有所改善。据统计，晋绥区1943年后享受减租减息的农民有56175户，减少租粮50977石，清理旧债户10590户，获粮185515石、法币250081元、白洋152020元，赎地406828垧，买地165259亩。[2]这使得农民的抗战热情和生产积极性得到了提高，正如王稼祥所说，这种政策可以说是边区农村经济发展的最基本的原动力。凡是减了租的地方，广大人民的抗战与生产积极性都大大增加了。[3]

不仅如此，为了使党政军民融洽协调从而推动抗战和生产，中共中央还大力倡导"拥政爱民"和"拥军优抗"，在陕甘宁边区首先开展"双拥"运动。1942年10月，中共中央西北局决定在1943年春节期间，由边区政府和留守兵团共同发起开展"拥军拥政运动月"。1943年1月15日，陕甘宁边区政府发布《关于拥护军队的决定》，并决定每年春节前后要通过各种形式慰问驻军。1月25日，八路军留守兵团司令部、政治部发布《关于拥护政府爱护人

---

[1] 中共中央文献研究室、中央档案馆编：《建党以来重要文献选编（1921—1949）》（第十九册），中央文献出版社2011年版，第19页。
[2] 参见中共陕西省委党史研究室：《中共中央在延安十三年史》（上），中央文献出版社2016年版，第602页。
[3] 参见中共陕西省委党史研究室：《中共中央在延安十三年史》（上），中央文献出版社2016年版，第603页。

民的决定》和《拥政爱民运动月的指示》。10月1日，毛泽东在《开展根据地的减租、生产和拥政爱民运动》中提出："为了使党政军和人民打成一片，以利于开展明年的对敌斗争和生产运动，各根据地党委和军政领导机关，应准备于明年阴历正月普遍地、无例外地举行一次拥政爱民和拥军优抗的广大规模的群众运动。"[①]10月14日，在中共中央西北局高级干部会议上，毛泽东再次强调要开展拥政爱民运动，指出："要把军队同人民打成一片的作风传开来、传下去，这是无产阶级军队同资产阶级军队的根本区别。我们拥护人民，为人民打敌人，对人民讲王道，采取自我批评态度，反对军阀主义倾向。"[②]他认为"一切问题的中心是老百姓问题，武装的人民（军队）与非武装的人民要打成一片，必须要有政策才能实现，只要军队能拥政爱民，政府和人民是会爱护军队的"[③]。根据这些指示和要求，边区各级政府、各部队都开展了广泛的拥军优抗运动和拥政爱民运动，使得党政军民关系越来越密切。

[①]《毛泽东选集》（第三卷），人民出版社1991年版，第913页。
[②][③] 中共中央文献研究室编：《毛泽东文集》（第三卷），人民出版社1996年版，第69页。

第三节 实行精兵简政,加强法治建设

全民族抗战初期,陕甘宁边区党政军中脱离生产的人员一度很多。之后,为了防备国民党军队的反共摩擦,中共中央被迫从前线调回军队,保卫边区,致使边区脱产人员急剧增长。据李维汉回忆,1937年陕甘宁边区成立时,党政军脱产人员有1.4万人,1938年为1.6万人,1939年为4.9万人,1940年为6.1万人,1941年为7.3万人。与此同时,边区财政收入锐减,人民负担逐年增加。以边区农民负担的公粮为例,1937年征收公粮1.4万石(1石为300斤),占边区粮食总产量的1.28%;1938年征收公粮1.5万石,1939年征收公粮6万石,1940年征收公粮10万石,1941年激增至20万石,占总产量的13.8%,增加了10倍多。[1]在这种情况下,为了减轻农民负担,1941年11月,民主人士李鼎铭在陕甘宁边区第二届参议会上提出精兵简政建议。12月,中共中央采纳这一建议,并发出精兵简政相关指示,要求切实整顿党政军各级组织机构,精简机关,充实连队,加强基层,提高效能,节约人力物力。1942年8月4日,毛泽东在《对华中精兵简政的意见》中明确指出,"明年必是非常困难的一年,其困难程度为目前许多人所不能想像,高级领导机关必须预为计及。内战时还可以有长征,现在则绝不能有长征。如使根据地民力

---

[1] 参见李维汉:《回忆与研究》(下),中共党史出版社2013年版,第385页。

财力迅速枯竭，弄到民困军愁，便有坐毙危险。现在华北、山东须下绝大决心实行彻底的精兵简政，否则到了明年必不能维持。华中情形虽略有不同，但总方向是相同的"①。8月19日，在给时任西北局副书记、陕甘宁边区参议会副议长谢觉哉和时任西北局组织部部长陈正人的信中，他又说："今天所谈二届参议会应以准备精兵简政为中心，在开会以前应实行精简，开会以后应检查（点验）精简，而精简包括精少、效能、统一诸方面"，"此事应在整风学习完后来一个如像整风这样的大举，方能普遍、深入与切实见效，过去还只是耳边风"。②9月7日，毛泽东在为延安《解放日报》写的社论《一个极其重要的政策》中再次强调，"今后的物质困难必然更甚于目前，我们必须克服这个困难，我们的重要的办法之一就是精兵简政"③，"党中央提出的精兵简政的政策，是一个极其重要的政策"④。他认为，实行精兵简政，不仅有利于克服"鱼大水小的矛盾"，而且是打败日本侵略者的重要途径和方法。他还指出："我们八路军新四军是孙行者和小老虎，是很有办法对付这个日本妖精或日本驴子的。目前我们须得变一变，把我们的身体变得小些，但是变得更加扎实些，我们就会变成无敌的了。"⑤

根据中共中央和毛泽东的指示，自1941年至1943年，各抗日根据地进行了三次精兵简政。通过精兵简政，政府人员大幅削减，人民的负担也随之下降。例如陕甘宁边区1945年征收的公粮，从1941年的20万石减少到12万石；延安县1941年征用民力6万余人，1942年减少到2.8万余人，降幅52.4%；绥德县1941年征用民力7.5万余人，1942年减少到900人。⑥这极大地提高了根据地民主政府的办公效率和威望。

抗日根据地边区政府在精兵简政的同时，还十分注重法治建设，强调

---

① 中共中央文献研究室编：《毛泽东文集》（第二卷），人民出版社1993年版，第437页。
② 中共中央文献研究室编：《毛泽东文集》（第二卷），人民出版社1993年版，第439页。
③ 《毛泽东选集》（第三卷），人民出版社1991年版，第881页。
④ 《毛泽东选集》（第三卷），人民出版社1991年版，第882页。
⑤ 《毛泽东选集》（第三卷），人民出版社1991年版，第883页。
⑥ 参见房成祥、黄兆安主编：《陕甘宁边区革命史》，陕西师范大学出版社1991年版，第212页。

"建立便利人民的司法制度，保障人民有检举与告发任何工作人员的罪行之自由"①，从而从法律层面保障了人民各项权利。1940年12月，毛泽东在《抗日根据地应实行的各项政策》中提出，"一方面保证工农小资产阶级人权、政权、财权及言论集会结社之自由，另方面也应保证除汉奸以外一切资本家地主的人权、政权、财权及言论集会结社之自由"②。1941年5月，《陕甘宁边区施政纲领》第6条明确规定："保证一切抗日人民（地主、资本家、农民、工人等）的人权，政权，财权及言论、出版、集会、结社、信仰、居住、迁徙之自由权。除司法系统及公安机关依法执行其职务外，任何机关、部队、团体不得对任何人加以逮捕、审问或处罚，而人民则有用无论何种方式控告任何公务人员非法行为之权利。"③第7条又要求"改进司法制度，坚决废止肉刑，重证据不重口供"④。11月，毛泽东在陕甘宁边区参议会演说时再次强调"全国人民都要有人身自由的权利，参与政治的权利和保护财产的权利"⑤。

为了保障人权，各抗日根据地民主政府都制定了名称不一的人权保障法律和条例。例如，1940年11月，山东抗日根据地制定《人权保障条例》；1941年11月，陕甘宁边区制定《保障人权财权条例》；1942年11月，晋西北边区制定《保障人权条例》；1943年，渤海区制定《人权保障条例执行细则》。这为根据地人民人权的保障提供了法律依据。

为了使边区党员干部严格遵守边区法律，陕甘宁边区政府还依法严肃处理了黄克功开枪杀人案。黄克功，1911年出生于江西南康，1927年参加革命，1930年入党，曾经参加过井冈山斗争、中央苏区五次反"围剿"战争，并在长征中参加了娄山关战役。中央红军到达陕北后，他担任红四师第十一团政委，并到抗日军政大学学习，后留校担任学员队队长。在抗大期间，他同进步青年刘茜相识、相恋。相处一段时间后，因两人性格不合，刘茜委婉拒绝

---

① 中共中央文献研究室、中央档案馆编：《建党以来重要文献选编（1921—1949）》（第十六册），中央文献出版社2011年版，第159页。
② 中共中央文献研究室编：《毛泽东文集》（第二卷），人民出版社1993年版，第321页。
③④ 中共中央文献研究室编：《毛泽东文集》（第二卷），人民出版社1993年版，第335页。
⑤ 《毛泽东选集》（第三卷），人民出版社1991年版，第808页。

第四章 抗日根据地的社会治理

与其继续交往。黄克功恼羞成怒于1937年10月5日傍晚拔枪杀害了刘茜。案发后，边区政府和群众十分震惊。国民党《中央日报》也趁机大肆造谣，污蔑边区政府"封建割据""无法无天""蹂躏人权"。考虑到黄克功案案情残忍、影响恶劣，当时大多数人都主张严惩黄克功，也有人因黄克功立有战功而为他说情，希望减轻惩处力度。在这种情况下，陕甘宁边区政府组成了以高等法院代理院长雷经天为审判长的合议庭，专门审判黄克功案。经过调查审讯，决定判处黄克功死刑。鉴于该案影响较大，并且黄克功向中央军委写了申诉信，表示愿意戴罪立功，故法院将该案呈报边区政府审核后，转报中央审批。同时，雷经天还代表边区法院专门向毛泽东写信，报告案情经过及处理意见。收到信后，毛泽东于1937年10月10日回信，明确表示应该对黄克功施以极刑。在信中，他说："黄克功过去斗争历史是光荣的，今天处以极刑，我及党中央的同志都是为之惋惜的。但他犯了不容赦免的大罪，以一个共产党员红军干部而有如此卑鄙的，残忍的，失掉党的立场的，失掉革命立场的，失掉人的立场的行为，如为赦免，便无以教育党，无以教育红军，无以教育革命者，并无以教育做一个普通的人。因此中央与军委便不得不根据他的罪恶行为，根据党与红军的纪律，处他以极刑。"[1]为了教育广大党员干部和红军指战员，他特别强调："正因为黄克功不同于一个普通人，正因为他是一个多年的共产党员，是一个多年的红军，所以不能不这样办。共产党与红军，对于自己的党员与红军成员不能不执行比较一般平民更加严格的纪律。当此国家危急革命紧张之时，黄克功卑鄙无耻残忍自私至如此程度，他之处死，是他的自己行为决定的。一切共产党员，一切红军指战员，一切革命分子，都要以黄克功为前车之戒。"[2]为了发挥以儆效尤的警示作用，他还特别叮嘱："请你在公审会上，当着黄克功及到会群众，除宣布法庭判决外，并宣布我这封信。对刘茜同志之家属，应给以安慰与抚恤。"[3]随后，陕甘宁边区政府根据法院判决及毛泽东的指示意见，对黄克功进行了公审并处以极刑。

---

[1][2][3] 中共中央文献研究室编：《毛泽东书信选集》，中央文献出版社2003年版，第100页。

这在当时产生了极大的反响，表明了中国共产党及边区政府严格执行党的纪律和边区法律的决心。为了进一步严明纪律，引导党员干部成为严格遵守法律的模范，1941年5月，《陕甘宁边区施政纲领》第八条还规定，"共产党员有犯法者从重治罪"[1]。

为了保障妇女权益和改革封建婚姻家庭制度，1939年4月，《陕甘宁边区抗战时期施政纲领》明确规定："实行男女平等，提高妇女在政治上、经济上、社会上的地位，实行自愿的婚姻制度，禁止买卖婚姻与童养媳。"[2]《陕甘宁边区施政纲领》又强调"保护女工、产妇、儿童，坚持自愿的一夫一妻婚姻制"[3]。同时，各边区政府陆续颁布了一些婚姻条例、命令和决定，包括《陕甘宁边区婚姻条例》（1939年）、《晋察冀边区婚姻条例草案》（1941年）、《晋绥边区婚姻暂行条例》（1941年）、《晋冀鲁豫边区婚姻暂行条例》（1942年）、《修正陕甘宁边区婚姻暂行条例》（1944年）、《山东省婚姻暂行条例》（1945年）等。同时，为了保护抗日军人的婚姻权益，又制定了《陕甘宁边区抗属离婚处理办法》（1943年）、《山东省保护抗日军人婚姻暂行条例》（1943年）、《修正淮海区抗日军人配偶及婚约保障条例》[4]等。这些条例强调婚姻自由、一夫一妻制，明确"男女双方自愿"的订婚原则，反对买卖婚姻，规范解除婚约条件，保护抗日军人婚姻，有力推动了抗日根据地的婚姻制度改革。

总的来说，在中国共产党的领导和边区政府的推动下，抗日根据地的法制建设取得了显著成效。例如，在陕甘宁边区存在的13年间，制定法律近60种，达到260件，其中仅抗战中期就有156件。同一时期，山东抗日根据地制定的法律也有54件之多。这有力推动了抗日根据地的法制建设。

---

[1] 中共中央文献研究室编：《毛泽东文集》（第二卷），人民出版社1993年版，第335页。
[2] 中共中央文献研究室、中央档案馆编：《建党以来重要文献选编（1921—1949）》（第十六册），中央文献出版社2011年版，第159页。
[3] 中共中央文献研究室编：《毛泽东文集》（第二卷），人民出版社1993年版，第336页。
[4] 《修正淮海区抗日军人配偶及婚约保障条例》原件未注明公布年月。

第四节 改造二流子和巫神，加强社会救助

在抗日根据地，一方面涌现出了很多劳动模范，催人奋进；另一方面也存在着许多流民，包括为数不少的二流子和巫神。据统计，陕甘宁边区有150万左右人口，其中二流子有6500多人、巫神有2000多人。这些二流子和巫神，大都好吃懒做、游手好闲，终日无所事事，甚至装神弄鬼，不仅浪费、消耗了大量社会资源，还造成社会动荡，导致社会风气污浊、封建迷信猖獗，可谓根据地社会治理的顽症痼疾。

针对游荡于乡间的二流子，1943年11月，毛泽东在招待陕甘宁边区劳动英雄大会上所做的《组织起来》中要求："所有二流子都要受到改造，参加生产，变成好人。"[①]为了改造二流子，根据地政府普遍采取组织二流子参加集体劳动的方法，来督促其参加劳动，帮助其提高生产技能。其中，定边县为了改造二流子，专门成立了生产训练班，要求参加改造的二流子白天生产、早晨上课、晚上开讨论会。对于转变快的，将其编入各生产组，作为将来长城工业生产联合社的组成部分；对于转变慢的，让其留班考验；对于顽固不改的，则另编入二流子队（后改为生产队）。为了让参加培训的二流子能有一技之长，培训班又让他们参加了土木工程队、铁工合作小组、皮工合

[①]《毛泽东选集》（第三卷），人民出版社1991年版，第932页。

作小组、毛工合作小组、毡工合作小组、鞋工合作小组、油刷糊裱工合作小组等各类生产组织。这使得二流子的生产积极性和生产效率明显增强："统计第二三个月所进行的各种生产,共值二百五十余万元。每个小工除伙食费外,每天实得四百八十六元。因组织二流子从事生产,三个月共节省社会消费三百万元。"因改造效果显著,培训班人数由最初的86人增加到103人,其中有47人是自愿报名参加生产训练的。①延川县主要采取集体劳动方式改造二流子,最初有239个二流子,到1945年已经改造了125人,其中有81人参加了变工、扎工,在集体劳动中,一方面有经常的督促检查,另一方面可以提高二流子的生产技术。②有的地方,还通过闹秧歌等娱乐方式加强对二流子的思想教育和改造。通过对二流子的改造,各地不仅稳定了社会秩序,而且使乡风出现了新的面貌。这也为根据地政府积累了社会改造与社会治理的经验。

针对巫神盛行的情况,为了破除农民的封建迷信观念,抗日根据地政府十分注重对农民进行科学知识教育,通过讲演、办报刊、壁报、展览,以及出版通俗科普读物等方式,传播自然科学知识和医疗卫生知识。据统计,在抗战期间,陕甘宁边区政府共组织开展了500多次各类卫生常识宣讲会,参会的人员达到30000多人次;《解放日报》专门开辟了科普专栏,共办了62期,刊登科普类文章200余篇;1942年至1944年,各根据地出版发行的反封建迷信、宣传科学常识的科普读物和材料达80000余册;1944年7月,陕甘宁边区还在杨家岭大礼堂举办了延安卫生展览会。

为了使广大人民群众养成讲卫生的良好习惯,太行抗日根据地的医护工作者还创作了《讲卫生歌》："咱们全村讲卫生,旮里旮旯打扫净。家里头,要齐整,街上不要乱堆粪,人人都注意,才少生病。伤寒霍乱和疟病,还有疥疮不能动。这些病,肯沾人,病人的东西不乱用,和他们隔离最为要紧。

---

① 参见《定边改造二流子,设立生产训练班》,载《解放日报》1944年10月1日。
② 参见延国民:《改造二流子是长期经常工作》,载《解放日报》1945年2月4日。

得病应该请医生，千万不要讲迷信，不烧香，不摆供，不请巫婆来下神，吃药打针才是正经。"[1]通过这些宣传，根据地的封建迷信活动得到了遏制。在定边等一些地方甚至出现农民自发烧毁家中神像的现象。据《解放日报》报道："分区开展破除迷信运动，从黄儿庄烧神像以后，最近又连续获得很大的成绩，黄儿庄的另外八家也完全烧毁了神像，做到全庄完全打破迷信。在它附近的叶儿庄，乡支书张银山宣传了三家又烧了神像，红柳沟的王生信也烧了神像……各家烧神像的消息在黑板报上登出来以后，立刻影响了整个庄子，算起来在五天中，就有廿八家烧了神像。"[2]人们的社会生活习惯也得到了改变，更加趋于健康科学。这对推动抗日根据地的移风易俗进程发挥了重要作用。

在抗日根据地流民中，除了二流子、巫神之外，还有相当一部分人是难民、灾民。当时的抗日根据地，自然灾害频发。例如，1942年陕甘宁边区遭遇了严重的水患，损失惨重，各县共有灾民54500余人，死亡618人，伤者252人，无下落者352人，被冲毁房屋共约7000栋又2200间，被淹耕地共500880亩，农业损失约1.322亿元，死伤牲畜约1000头，其他财产损失约3000万元。[3]面对自然灾害对生产造成的危害，以及大量难民无以为生的境况，陕甘宁边区政府规定："抚恤老弱孤寡，救济难民灾民，不使流离失所。"[4]同时，为安置难民，各边区政府实行以工代赈，兴办工厂，兴修水利，吸收难民到工厂做工，参加水利建设。另外，边区政府拨给难民贷款、土地、种子、食粮，为他们恢复生产、重建家园创造了条件。有些地方还建立了合作社，促使农民互相协作，共同发展生产。这些政策和措施都有效改善了难

---

[1] 太行革命根据地史总编委会：《太行革命根据地史料丛书之八·文化事业》，山西人民出版社1989年版，第658页。
[2]《三边破除迷信运动深入展开 定边梁圈等村群众 纷纷烧毁神像》，载《解放日报》1944年10月1日。
[3] 参见李文海、林敦奎、程歗、宫明：《近代中国灾荒纪年续编（1919—1949）》，湖南教育出版社1993年版，第568页。
[4] 中共中央文献研究室、中央档案馆编：《建党以来重要文献选编（1921—1949）》（第十六册），中央文献出版社2011年版，第160页。

民、灾民的困难境遇，增强了他们对抗日根据地民主政府的信任，提高了他们对根据地政府的认同。这对稳定抗日根据地社会秩序、推动社会生产发挥了积极作用。

第五节 严禁种食鸦片,净化社会风气

为了净化社会风气,保障根据地军民的身心健康,边区政府严禁烟、毒的种植和吸食。近代以来,烟毒泛滥严重侵害了中国人民的身心,是影响中国社会健康发展的顽症痼疾。日军入侵华北之后,为了达到毒化中国军民的目的,更是通过诱惑或胁迫手段,强制将山西的太原、平定、清源、榆次、平遥、介休等26县确定为种烟区,强迫人民大量种植鸦片。据统计,1939年,晋北地区种植鸦片面积为10000余亩,鸦片产量为170500两;1940年,大同、阳高、天镇、怀仁、山阴、朔县等12县共种植鸦片160000亩,生产鸦片129655两;1941年,晋北地区种植鸦片的面积进一步扩大,鸦片产量达2369400两。①在河南,种植鸦片的耕地面积甚至达到了总耕地面积的3%。②在鸦片的毒害下,很多家庭家破人亡,民众身体虚弱,形似枯槁。有的地方甚至出现公务人员吸食鸦片现象。如灵丘县第二区区长王之其,"到任以来,区务即全交给助理员办理,伊则常往魁城儿街刘某家中耍赌吸食鸦片"③。

为了杜绝鸦片在抗日根据地的种植和吸食,陕甘宁边区政府明确规定

---

① 参见王宏斌:《鸦片:日本侵华毒品政策五十年(1895—1945)》,上海社会科学院出版社2016年版,第155—156页。
② 参见《敌在河南强迫人民种鸦片》,载《解放日报》1945年2月13日。
③ 《"饱食终日,无所用心",区长、参谋、检验吏耍赌被抓》,载《抗敌报》1938年9月8日。

"铲除鸦片赌博"①。各抗日根据地也通过立法等各种措施对烟毒祸害进行了治理和禁止。例如，仅晋察冀边区政府就先后出台了《晋察冀边区行政委员会查禁种烟令》《晋察冀边区行政委员会关于开展灭毒运动的命令》《关于贸管局卡及检查站稽查与处理违禁物品的决定》《晋察冀边区鸦片缉私暂行办法》《晋察冀边区戒烟暂时办法》等近20种法令，禁止鸦片的种植和吸食，并采取措施强制吸食者戒烟。其他抗日根据地也制定和颁布了类似的法律条例。这些措施从根本上禁绝了鸦片在抗日根据地的泛滥和吸食，保护了根据地民众的身心健康，改变了因吸食鸦片而偷盗犯罪的社会风气。

在中国共产党和人民群众的共同努力下，抗日根据地的社会面貌焕然一新，这同国民党在大后方的统治形成了鲜明对比。对此，毛泽东在1940年2月1日的延安民众讨汪大会上发表演讲时，将根据地的社会面貌总结为"十不"。他说，"陕甘宁边区是全国最进步的地方，这里是民主的抗日根据地。这里一没有贪官污吏，二没有土豪劣绅，三没有赌博，四没有娼妓，五没有小老婆，六没有叫化子，七没有结党营私之徒，八没有萎靡不振之气，九没有人吃磨擦饭，十没有人发国难财"②。1944年秋，美国记者爱泼斯坦在赴晋绥边区进行实地调查访问时，对抗日根据地的经济发展和社会治理给予了高度评价，他指出："边区的政府官员和部队从事垦荒、纺织、织布，把他们的技术知识凑在一起，从乌有之中建立工业。他们将农民组织在合作社中，以节省劳力，增加生产力，获取抗战的人力。"③

---

① 中共中央文献研究室、中央档案馆编：《建党以来重要文献选编（1921—1949）》（第十六册），中央文献出版社2011年版，第159页。
② 《毛泽东选集》（第二卷），人民出版社1991年版，第718页。
③ 晋绥边区财政经济史编写组、山西省档案馆：《晋绥边区财政经济史资料选编（工业编）》，山西人民出版社1986年版，第396页。

第五章 抗日战争时期中共的社会救助工作

抗日战争时期，陕甘宁边区和敌后抗日根据地面临着自然灾害和战争破坏的双重压力。这些地区既遭受着严重的水、旱、虫、疫等自然灾害的侵扰，又遭受着日军和国民党军队的重重军事包围和层层经济封锁。在生存环境恶劣、灾民数量长期居高不下、受灾范围较广的恶劣条件下，陕甘宁边区和敌后抗日根据地的范围不仅没有缩小，反而越来越大。其中一个缘由就是党领导的社会救助在这一时期成熟发展起来。社会救助与军队建设、政权建设、党的建设相互配合，成为抗日战争时期革命根据地得以存在和发展的主要根基之一。

第一节 陕甘宁边区的社会救助工作

陕甘宁边区地处西北高原,气候条件较为恶劣。在这一地区,每年几乎都有地方受到旱、雹、水、冻、霜、虫等自然灾害的破坏。自然灾害的频繁导致当地农业连年歉收,人民生活极端贫困。抗日战争进入相持阶段后,陕甘宁边区面临的形势更加严峻。据不完全统计,1939年至1945年,边区农田受灾面积达2500多万亩,损失粮食高达120多万石,受灾人口超过百万人次。

灾害的频发严重影响了边区民众的生活质量。例如,1941年春,位于陕甘宁边区的陇东分区爆发了严重旱灾,粮食歉收。在这一情况下,当地居民每天仅可以吃两顿饭,食物大多以苦菜、蒿头子、榆树皮等杂食为主,少量掺入一些五谷面等主食。此外,灾害频发带来的社会问题也造成了严重的政治问题,对边区政权的稳固发展产生了不利影响。1939年春季,环县地区发生了严重旱灾,粮食产量低下。国民党顽固派军队和赵老五等政治土匪利用灾荒以及征粮过程中出现的问题,趁机煽动群众的不满情绪,引发了"环县事变"。1942年,安塞县、志丹县由于粮食短缺,部分地区出现了抢夺公粮的骚乱事件。

一系列的灾害及造成的后果使得中国共产党认识到社会救助已经成为抗日战争时期维护边区稳定发展的一项重要任务。基于此,陕甘宁边区政府开展了一系列社会救助实践,涵盖了救济贫民难民、优待军属、保障妇幼等多个方面的措施。这一系列措施既缓解了灾害对生产生活造成的破坏，同时也赢得了广泛的民心，为根据地生产、军队后勤补给工作的开展奠定了基础。

一、以政府救助为主，并发挥社会组织的救助功能

社会救助的主要目的是保障人民的基本生活，以此来消除社会存在的风险隐患。在陕甘宁边区，社会救助主要是在边区政府的主导下开展。在具体实践中，陕甘宁边区政府主要从制度建设、财政支持、组织救助等多个方面发挥好社会救助的实际效果。

（一）以立法形式保障救助运动的开展

社会救助的开展离不开相应的法律规范。陕甘宁边区政府通过立法规定了保障人民基本生活的有关问题，维护了因为灾荒而受难的群众的利益。早在全民族抗战初期，中国共产党就在洛川会议上制定并通过了《抗日救国十大纲领》，以纲领的形式阐述自己的政治主张。在《抗日救国十大纲领》中，中国共产党呼吁要改良工人、农民、职员、教员及抗日军人的待遇，对抗日军人家属采取优待帮扶的政策。

1939年4月4日，陕甘宁边区政府颁布了《陕甘宁边区抗战时期施政纲领》，对边区社会救助工作作出进一步规范。《陕甘宁边区抗战时期施政纲领》涉及民生主义的内容有11条，其中有5条与社会保障工作相关。边区政府将"救济难民灾民""优待抗日军人与工作人员之家属"等社会救助工作作为主要的施政任务来开展。《陕甘宁边区抗战时期施政纲领》为中国共产党在抗日战争进入相持阶段后开展社会救助工作提供了原则指导。

针对社会救助实践中出现的具体问题，陕甘宁边区政府颁布了具体的条例。例如，为了鼓励民众参军、保护军属的利益，陕甘宁边区政府相继出台了《抗日军人优待条例》《陕甘宁边区抚恤暂行办法》等文件。《抗日军人优待条例》详细规定抗日将士在服役期间应该享受的优待及伤残、死亡后的待

遇。《陕甘宁边区抚恤暂行办法》规定了将士牺牲后的抚恤事宜及将士伤残等级标准、抚恤标准。这些文件的出台，在陕甘宁边区掀起保家卫国、报效国家的参军浪潮。为救济外来难民和贫民，1940年，陕甘宁边区政府发布《陕甘宁边区政府优待外来难民和贫民之决定》，公布对外来难民、贫民的优待办法，对外来难民和贫民进行规范管理。《决定》既维护了陕甘宁边区本地群众的利益，同时也为难民、贫民提供了基本生活保障。此外，陕甘宁边区政府还与党委联合作出《关于赈济工作的决定》，解决赈济工作中的具体问题。这一系列措施成为陕甘宁边区政府开展社会救助的基本依据。

（二）建立专门开展社会救助的组织机构

为了更有效地落实社会救助的各项政策，陕甘宁边区政府根据全民族抗战爆发后的新形势，调整和完善了相应的组织机构。1937年10月，中国共产党将西北办事处司法内务部改为民政厅。民政厅主要负责拥军优抗、安置抚恤，以及民事调解、赈灾备荒、社会救济、儿童保育、疾病防疫等社会保障事项。在民政厅下属设立了民政、社会保障、卫生三个科室，负责具体的工作。

在民政厅的主导下，1937年11月，陕甘宁边区政府决定，由民政厅专门建立一家难民收容所，负责难民救济的各项工作。1938年1月，陕甘宁边区又成立抗敌后援会，管理工会、农民协会、青救会、妇女联合会等群众组织。1940年5月，陕甘宁边区政府命令延安市政府会同该市工会组织成立职业介绍所，以方便外来难民、贫民寻找工作，缓解其受难压力。1941年，陕甘宁边区相继成立抗敌互济委员会、抚恤委员会，具体工作由民政厅第二科代办。

在陕甘宁边区各县，中国共产党建立了赈济委员会负责领导当地的赈济工作。1938年9月2日，陕甘宁边区政府成立赈济委员会。1940年3月，陕甘宁边区党委和政府进一步规范了赈济委员会的相关工作，要求边区各县组织赈济委员会，委员会下设委员五至七人，由县委书记、县长、县互济会主任、后援会主任、保安队队长及当地驻军长官构成。县委书记或县长担任赈济委员会的主任委员，负责领导与推动赈济工作的开展。在陕甘宁边区党委和政府的领导下，边区各县陆续成立了赈济委员会，负责灾荒救助工作。这些组织、机构的进一步调整和完善，有效地保证了各项政策的顺利实施。

（三）鼓励群众参与互助救济工作

陕甘宁边区政府和下辖的各类机关除开展社会救助工作外，还强调积极发挥群众在互助救济方面的特殊作用。在抗日战争时期，陕甘宁边区政府积极鼓励群众开展互助互济。群众之间开展互助救济，既能在一定程度上舒缓政府赈灾救济的财政压力，又能够调动群众参与边区事务的积极性。

在陕甘宁边区的指导下，边区政府采取了一系列群众互济措施。例如，边区政府积极鼓励各地成立变工队、扎工队等群众互助组织，在灾荒中开展种旱田、修水利、开荒地以及抢种、补种等工作。这一措施用增加生产的方式解决灾荒问题，更胜于政府的直接干预。

当时开展的救济工作主要包括以下内容。

组织群众开展变工互助运动。变工互助运动始于1938年。1942年以前的陕甘宁边区，除延安等个别地区以外，农民的互助合作运动处于一种自发状态。从1942年开始，变工、扎工等民间的劳动互助活动有组织地发展起来。到1943年，陕甘宁边区组织起来的劳动力有81128个，占全边区劳动力的24%，比过去增加了四五倍以至于20倍。[①] 为此，这种互助组织被称为"生产制度上的革命，这是第二个革命"。在赈济工作中，陕甘宁边区的受灾群众不仅依靠政府拨发粮款，而且主要通过群众之间互相调剂解决受灾问题。政府尤其注意发动灾民、难民参加生产，并给他们介绍工作，如打盐、挖药材、打窑洞、做雇工等。确实无法从事生产的，由政府给予救济。

组织群众开展捐粮备荒运动。募捐义粮时，边区政府广泛地宣传与动员，促使群众自愿捐粮。募捐过程中反对摊派，有粮者自愿多捐，粮少者少捐，

---

① 参见王贵宸编著：《中国农村合作经济史》，山西经济出版社2006年版，第186页。

两升、三升均可，但必须保证完成规定的粮数。在募捐过程中，陕甘宁边区推选地方上有威望、积极公正、热心公益事业的人出来主持这项工作。当时，为了顺利开展募粮运动，推动群众的募捐，主持者、干部和劳动英雄带头捐出一定数量的粮食。募粮以谷子、黑豆为标准粮，种谷子的地区可募糜子，但均须晒干扬净，以能长期存放、不易霉坏为准则。募粮工作在每年公粮征收之后进行，旧历正月底前，粮食全部入义仓。募集时由县政府统一印发二联单据，收据发给捐粮者，存根放在义委会存查。

此外，边区政府还积极动员富裕户拿出存粮救济周围的灾民。1941年2月，靖边县政府就动员当地富户出粮394石，帮助灾民度荒，缓解了饥荒带来的压力。这些群众间的互济措施，不仅维护了群众的利益，而且符合陕甘宁边区的实际，从而保证了救灾的时效。同时，这一系列措施也在保障难民、贫民的生活，促进生产，增强抗战力量等方面发挥了积极作用。

二、因地制宜制定开展社会救助的具体措施

抗日战争时期，来到陕甘宁边区的难民总数达两万人左右，再加上本区的一万多贫民，受灾难民达到了三万余人。解决难民问题，已经不单单是一项救济工作，而且成为关乎抗战前途的重要问题。救助受难群众既是对陕甘宁边区各级政府执政能力的检验，又是构建抗日民族统一战线的需要。在抗日战争时期，陕甘宁边区政府在如何处理救助与生产的关系上，因地制宜，采取了一系列赈济灾民、恢复生产的社会救助措施。

（一）拨粮拨款，发放急赈

在陕甘宁边区，政府最直接的救助措施就是拨粮拨款。在救济方式上，根据实际情形，分为急赈和缓赈两种。如系急赈，当地群众又无法调剂者，应及时予以救济，无须等待调查、统计、群众讨论等手续，以免错过救济的时效。1938年，陕甘宁边区政府根据中共中央的指示，与赈济委员会特派员

商议，决定以7万元用于发展生产，以3万元用于急赈散放。1940年，陕甘宁边区发生春荒，为保证春耕生产，边区拨出现款40425元、小米880石，以对三边分区、关中分区、安塞、神府、延川、安定等进行赈济。同年六七月，边区发生雹灾后，边区政府又拨款8万元、粮900石进行急赈。

边区政府拨粮筹款、赈济灾民的措施也具有相应的原则性。在开展急赈的过程中，边区政府明确指出"凡是无法生活的即需给予救济"，但不胡乱开展救济工作。为了做好赈济工作，1940年3月30日，陕甘宁边区党委、政府强调，要注意防范一般化、平均分配的救济方式，防止少数干部的私情观念，真正做到赈济的公平与合理。在调查统计的基础上，按人数多寡及需要救济的程度分别给予适当的救济。通过赈济，应受救济的贫苦人民都得到了实惠。

此外，政府在拨粮筹款的过程中也明确了救助程序。首先，政府选派得力干部到灾区深入调查，了解受灾的实际情况。接着，根据灾情程度、难民多寡分配赈济粮款。在具体发放时，发动群众讨论，以避免平均救济和干部徇私舞弊等现象出现。在调查过程中，经确认确实需要救济者，须经过群众讨论、相关部门审查核准后，确定赈灾救济数额。

（二）以工代赈，恢复生产

社会救助的目的是更好地开展生产运动。陕甘宁边区政府在社会救助的过程中，主动引导受难群众开展生产，实行以工代赈的救助模式。在陕甘宁边区，边区政府兴办工厂、兴修水利，吸收难民到工厂做工，参加水利建设、开垦荒地等活动，以保证难民生活。

以工代赈的一个重要依托是民间劳动互助组织。民间劳动互助组织是在边区政府指导下形成的群团组织，采取生产互助合作、救济互助合作的方式，最大程度地削减灾难对生产发展造成的破坏。从1942年到1943年，变工、扎工等民间劳动互助组织有组织地发展起来。到1943年，边区组织起来的劳动力有81128个，占全边区劳动力的24%。此外，边区还组织了延安南区合作社等。这些劳动互助组织的工作没有局限于农村，而是扩展到拥军优抗、自卫动员、文化卫生等领域，在帮弱救贫、优待抚恤抗日军人及其家属生活方面，做出了积极贡献。

发放农贷款给贫农、难民是以工代赈的另一表现形式。陕甘宁边区政府主动给受难贫民发放农贷款，用于帮助农民购买耕牛、农具、种子等基本生产资料，以解来年生产之忧。针对优待移民、难民问题，陕甘宁边区政府坚持以人为本，妥善安置受灾难民群众。据统计，从1937年至1945年，边区各级政府共安置移民和难民63850户、266619人。这些移民、难民经政府安置后，大部分参加了农业生产，还有部分成为手工业者。在安置移民、难民中，政府拨给贷款、土地、食粮、种子，并广泛组织群众调剂帮助，为边区农业、手工业发展提供了劳动力支撑。

（三）备灾防灾，防患于未然

由于灾荒频发，为防患于未然，陕甘宁边区各级政府积极劝导人民创建义仓、积蓄余粮，这是依靠群众力量解决自己问题的一个基本办法。1937年，中共陕甘宁边区委员会在民主政府施政纲领中，就提出过"充实义仓、保障民食"。这是预防灾荒的重要举措。

陕甘宁边区政府领导人民创办的义仓，是一项公益事业，也是一种广泛动员群众的有效形式。义仓这一举措即在丰收之年存粮，积谷备荒，以备歉收或荒年时调剂，并解决群众的粮荒问题。在组织管理上，义仓由县政府直接领导，由仓窑所在的区、乡政府监督管理。从义仓所辖区域中，推选出5至7人组成义仓管理委员会，简称"义委会"，设主任委员一人，委员须公正无私、积极负责、被群众广泛认可。由委员义务负责募粮、入仓、查仓、放粮、领导生产等事宜。在粮食入仓环节，由义委会加盖仓印，再具领县政府的封条封仓，由区长在场监封，还须将义粮的实收数呈报县政府备案、公布。在粮食保管环节，为防止粮食霉坏，就借陈收新，用仓中的旧粮去调换新粮。陕甘宁边区的机关、团体、学校及人民均有捐义粮的义务。同时，在有荒地的区域，实行开义田、积义粮。

为了做好备荒工作，陕甘宁边区除了办义仓之外，还在一些地方创办了粮食信用合作社。粮食信用合作社兼具义仓与信用社两种功能，具有储粮备荒与互济的双重作用。对于入股者来说，不仅保存了粮食实物原数，而且有利可图。当逢灾荒时，粮食信用合作社开展救济，贫困者亦可以低利贷粮。同时，麦米倒换累积粮食的办法，既可增加数量，又可以陈换新，减少损失。因此，至1944年，米脂等地已办了40多家粮食信用合作社，为备荒工作提供了一定的帮助。

（四）强化社会保障，维护弱势群体利益

为保障工人职工的基本利益，陕甘宁边区加强劳动领域的立法建设，制定和贯彻了正确的劳动政策，维护了职工群众的切实利益，主要体现在建立社会保险制度、订立劳动合同等方面。

一方面，陕甘宁边区建立了社会保险制度，保障年老、疾病、待业以及发生其他生活困难的社会成员的基本权益。陕甘宁边区工厂的社会保险，覆盖面较为广泛，不仅有工伤保险，还有专门针对妇女建立的女工生育保险。按照规定，妇女劳动者在生育子女期间暂时丧失劳动能力的情况下，应获得必要的休养和物质帮助，平时工作中应适当予以照顾。1940年前后，陕甘宁边区对保护女工及女工生育期间的待遇进行了专门规定。规定涵盖了"凡边区工作人员中之孕妇，在产前一个月发产费35元，小产者发休养费15元""产妇可在产前休息一个月，产后休息一个半月，孕妇小产后休息一个月，身体有病者经医生批准酌量增加"等保护孕妇措施。这些规定有效保障了妇幼阶层的权益。

另一方面，陕甘宁边区在订立劳动合同时，把劳资双方的条件写在合同中，要求双方严格遵守，保障工人的基本权益。按照劳资双方的合同，工人不能脱离合同随便提出要求，雇主也不能对工人进行压迫和剥削。这样，既对工人与雇主的权利作了明确限制，又兼顾了双方的利益。通过调节劳资关系，陕甘宁边区工人和雇主的关系有了显著改善：雇主不能像过去那样随便

打骂工人和克扣工人的工资,工人的生活有了保障;工人不能随意怠工,雇主的正常生产也有了保障。

另外,陕甘宁边区政府十分关心工人的安全和工作条件。当时,陕北子长县安定镇和其他一些地方已开了许多煤窑。由于用土法采煤,工人的劳动强度很大。基于此,刘少奇特别强调要重视煤炭工人的安全和福利问题。陕甘宁边区政府采取措施保护工人的利益,使工人的工作环境得到了极大的改善。工人的社会地位提高了,劳动态度也发生了积极的转变。

三、以军人抚恤为重心的社会救助体系

军人抚恤是抗日战争时期边区政府社会救助的重要组成部分。在抗日战争时期,陕甘宁边区政府相继颁布了《政务人员公约》《陕甘宁边区拥军公约》等文件,号召边区群众做好优待抗属工作,帮助退伍残疾军人成家立业,助力军人抚恤工作的开展。

(一)开展多种形式的拥军优属工作

为安慰死者、激励将士,中国共产党采取多种形式开展拥军优属活动。1939年7月,在纪念全民族抗战爆发两周年时,中国共产党发表宣言,表达对战斗在抗战第一线将士的敬意和对牺牲的民族英雄的慰问、缅怀。1942年6月,中共中央通过《关于纪念"七七"抗战五周年的决定》,指出我们纪念"七七"五周年,应该要对抗战死难将士举行追悼大会,以告慰死难者,增加抗日战士的士气。

1940年,陕甘宁边区政府颁布了《陕甘宁边区抚恤暂行办法》,详细规定了抗日将士牺牲后的抚恤事宜及抗日将士伤残等级标准、抚恤标准,涵盖了抗属的优待条件、抗属的社会地位、抗属生活的保障等内容,以确保抗属生活不低于当地一般人民生活。这些规定不仅在物质上给予了抗属相应的帮扶,还在精神上给予安慰,予以抗属相应的社会地位。此外,在享受优待的基础

上，边区政府也十分注意对抗属进行教育，鼓励他们自力更生。

（二）以让荣誉军人得实惠为目的

抗日军人在战斗中牺牲或在服务中病故、致残者，享受边区政府抚恤。陕甘宁边区政府规定，在战场上牺牲的将士由该主管部门首长填具详细证明表，对其家属一次性发给抚恤金大洋20元，其家属依照优待规定继续享受相关待遇。对于致残者，则根据边区政府规定的不同残疾标准，发给残疾证书和抚恤金。1944年，边区为避免边币贬值影响，重新确定抚恤金标准，以当地小米市价发给。

在救助伤残军人方面，对负过伤、经治疗已大体恢复的残疾军人，根据其意愿，或继续在部队服务，或转入后方机关、学校工作学习。对于那些失掉全部劳动能力或大部分劳动能力的重残疾军人及部分中等残疾军人，则送入荣誉军人教养院长期休养，对一部分想过农村生活的重残疾军人则安置他们在农村，由当地政府安排食宿，保障他们生活。对于年满45岁的军人及抗日工作者，由政府发给老年优待证，每年发优待金两次。对于友军的老弱残疾来边区者，其安置办法与八路军相同，即征得本人意见，愿意在边区农村居住者，安置在农村；愿意出边区回家者，发给路费，护送出边区，让其回家。

（三）妥善安置退伍退职人员

在安置退伍军人问题上，陕甘宁边区制定的措施既以人为本，又区别对待。针对边区以内有家可归，但家境贫困、无法维持生活者，由政府介绍回家，视具体情形，责成当地政府补助其3至5个月粮食，发动群众调剂生产资料。对边区内外均无家可归者，由政府划定屯垦区或设各种手工业作坊，采取集体合作性生产方式进行生产。边区内外均无家可归，具有劳动能力而不愿从事集体生产者，由政府发给两月米金，安置在指定地区，听其自谋生计。

对于无劳动能力的退伍退职人员，边区政府有更具体的安置规定。对于家住边区、经济有基础者（中农以上），由边区政府介绍回家，生活费用由家中负责，但当地政府要酌量减免其各种义务负担。对于家住边区、经济贫困者（贫雇佃农等），发给路费，介绍回家，生活费用由当地政府动员群众代耕解决。边区内外均无家可归者，由政府设法安置，生活费用由政府负责供给。除按上述规定安置外，边区政府还在分配公地、劳役纳税、投资、医疗等方面对退伍退职人员给予优待，确保其维持基本生活。

这些政策措施的推行，在一定程度上确保了复员人员基本的生产和生活条件。抗战期间，边区政府共安置退伍军人1.5万余人，优待抗日军烈属10万余人。这一系列措施既增强了抗日军民的战斗士气，也推动了陕甘宁边区的稳步发展，为边区社会救助事业的发展提供了经验借鉴。

第二节 敌后抗日根据地的社会救助工作

1937年至1945年全民族抗战期间,中共领导的抗日武装紧紧依靠广大人民群众,在华北、华中、华南和西北等地先后建立19个敌后抗日根据地。在敌后抗日根据地,中国共产党在领导根据地军民开展军事斗争的同时,也一直与自然灾害进行艰苦斗争,根据各地发展的具体情况,开展符合当地情形的社会救助工作。

一、华北抗日根据地的社会救助工作

八路军活动的一个重要区域是华北地区,在这里建立了一系列敌后抗日根据地。华北的抗日根据地主要分为晋察冀边区、晋冀鲁豫边区、冀鲁豫边区、晋绥边区。中共中央太行分局领导的华北社会救助工作,在华北抗日根据地取得了较好的效果。

(一)完善社会救助工作的组织建设

华北抗日根据地的社会救助工作在当地党组织和政府的指导下开展。为了加强对华北抗日根据地的统一领导,1940年4月,中共中央北方局在山西省黎城县召开高级干部会议,成立了由邓小平担任书记的太行军政委员会,

统一领导太行、太岳、冀南三个区的工作。同年8月，中共中央北方局制定了《中共晋察冀边委目前施政纲领》，阐述了依托专门机关开展社会救助的基本理念。《施政纲领》明确提出要在华北地区设立专门机关，负责落实救灾治水的工作。此外，还要求根据地军民"发挥高尚的民族友爱的互助精神，以县区或村为单位，建立大众互助的储蓄互相救济组织"[①]。在地方党政机关的指导下，军民开展提倡清洁运动，以及改良公共卫生、预防疾病灾害等工作。

1942年之后，日伪军的疯狂"扫荡"和自然灾害的频繁发生，严重威胁着华北抗日根据地军民的生产和生活。伴随自然灾害的发生，日伪军趁火打劫和造谣破坏层出不穷，灾区部分干部和灾民的情绪极其低落与悲观。在敌后抗日根据地，抛家舍业逃荒的人增多，乞丐、强盗增加，贫苦家庭卖儿卖女的现象也不少。这些现象的出现造成了抗日根据地人心不安和社会不稳定。此外，也直接影响到了根据地的财政收入。华北抗日根据地进入极端困难的时期。

面对如此严峻的形势，作为八路军第一二九师政委、中共中央太行分局书记的邓小平，深知要稳定抗日根据地的人心，就必须首先解决军民的生产和生活问题，于是救灾工作成为与抗日救亡同等重要的大事。基于此，邓小平和刘伯承带领中共中央北方局、太行分局及八路军前方总部、第一二九师师部等党政军领导机关，贯彻执行中共中央一系列关于救灾的指示，提出了一整套符合实际情况、切实可行的救灾办法，开展生产自救运动，带领军民共渡难关。邓小平向毛泽东和彭德怀作了专门报告，指出太行区的经济已接近枯竭点，为此必须注意生产、讲究积蓄，不仅要在群众当中提倡"耕三余一"，军政方面也要注意积蓄粮食等物资。1942年10月，太行区成立了专门的救灾机构——太行区旱灾救济委员会。1943年7月间，中共中央北方局和晋察冀边区政府又连续发出救灾工作指示，号召全区军民紧急动员，集中力

[①] 中共中央文献研究室、中央档案馆编：《建党以来重要文献选编（1921—1949）》（第十七册），中央文献出版社2011年版，第501页。

量克服灾荒威胁。

(二) 拨款赈济，减免粮款

为了动员人力、物力、财力渡过灾荒，支持抗战，华北抗日根据地一面拨款赈济，一面减免灾区应征的粮款，实行大规模的社会救济。针对受灾比较严重的地区，华北抗日根据地政府采取直接赈济粮款的方式开展社会救助。例如，1941年，晋察冀边区行政委员会为救济反"扫荡"中受灾的灾民，拨款3万元（冀钞，下同）实行急赈。这些拨款赈灾措施为灾民安置提供了相应的经济保障。

此外，为了进一步减轻抗战时期广大人民的负担，抗日根据地按照"有钱出钱，钱多多出，钱少少出"的原则，建立了新的合理的税制。1939年1月，冀中行署制定新的负担办法以取代旧的负担办法，在村级首先废除旧的摊派制度，公粮、村款一律按合理负担征收。为了使征收更加合理，1940年1月，冀中区颁布了土地分等与动产合理负担两种办法，把土地分为上、中、下三等，按土地等级征收。

(三) 实行以工代赈，组织生产自救

受限于抗日根据地自身的经济条件以及为了防止边区政府持续拨款救灾会使一些人逐渐养成依赖心理，在华北抗日根据地，中国共产党积极引导地方政府组织群众实行以工代赈的群众生产自救模式。

在晋冀鲁豫边区，政府以贷款的形式组织生产自救，包括纺织、运输、整修滩地、开荒等多种形式。1942年10月10日，晋冀鲁豫边区政府公布了旱灾救济贷款办法，暂定救济贷款金额为10万元，以集中使用、救济为原则，无利息，并调剂耕牛，贷给种子与农具，特别是分配公地。1943年，在救灾过程中，晋冀鲁豫边区政府先后向灾区贷款、贷粮总计超6000万元，扶植大批小工矿生产，并组织纺织、修蓄水池、开渠等。1944年3月，晋冀鲁豫边区贷款40万元，成立晋冀鲁豫边区公营工厂失业工人合作社，进行生产救济。

1944年4月1日，晋冀鲁豫边区规定了集体单位和个人生产的节约奖励与分红原则。对集体生产和节约所得实行"二八分红"，提倡劳动，奖励劳动，将太行区的生产劳动推向高潮。除了投入粮、款赈济灾民外，晋冀鲁豫边区还大力组织灾民从事运输、兴修水利，实行以工代赈，把生产与救灾密切结合起来，并大力扶持农村家庭副业和手工业生产，开展生产自救运动。

在冀南区，政府组织灾民运粮，发放粮食以代替工钱。为保证灾民能够通过运输赚钱，冀南区政府还颁布命令，要求保证每人每天赚1斤米。1943年至1944年的两年间，冀南区各地利用这一机会，组织9万多人，运输了20万石粮食和1500万斤山货。这些参加运输的农民，共得到小米3.5万石。在晋察冀边区，边区政府领导人民一边与日伪战斗，一边兴修水利，开滩、修渠，在水利建设上取得了不错的成绩。华北抗日根据地以工代赈的救助实践，极大缓解了敌后的灾荒情况，有效地减轻了水旱灾对生产生活的影响。

（四）厉行节约，推广募捐

在救灾度荒的过程中，抗日根据地的机关、部队普遍节衣缩食。鉴于太行区灾荒继续蔓延的形势，1942年9月，八路军第一二九师发布进一步开展生产节约运动的训令，要求所属各部继续开展生产节约运动，广为采集代食品，节约度荒，减轻地方政府与群众的负担。在厉行节约、渡过灾荒的号召下，冀中区军政机关以身作则，上下一致，实行节衣缩食。所有用粮的部门，无论机关、部队、团体，由过去的每天三餐一律改为每天两餐，每人每天的粮食定量由2斤减为1斤6两，后再减为1斤2两，甚至某些地区的机关和部队吃野菜、谷糠、麻糁。为了削减不必要的粮食消耗，在村里普遍开展打狗、杀鸽、挖鼠、罗雀运动，使节约粮食的号召很快变成广泛的群众性行动。工作人员更是主动、自愿降低零用钱，取消烤火钱。八路军坚持节约，处处精打细算，吃小米，穿破衣，与敌人和灾荒做顽强斗争。领导干部发挥模范作用，在政治动员上起到了良好的效果。全区党政军与人民同甘苦、共患难，以这样互助友爱的模范精神，推动着节约运动如火如荼地开展起来。

晋冀鲁豫边区工商总局指示所属各单位紧缩机构、节省开支、加强生产。晋冀鲁豫边区政府发出限制副食品出口的通知，决定猪肉、羊肉、山药、蛋、豆腐、粉条、干粉、瓜条、干豆角、榆皮、地榆皮、糠、炒面、各种植物油饼、大麻子、芝麻子等一律禁止出口。

（五）全民动员，集中打蝗

抗日战争时期，华北地区爆发了严重的蝗灾。1943年5月9日，太行区的《新华日报》发表题为《开展春耕检查和剿蝗运动》的社论，要求各地领导对蝗虫提高警惕，建立指挥机构，领导防灾斗争，把蝗虫消灭在卵蛹阶段。1944年5月，中共太行区委和太行军区政治部联合发出《关于联合扑灭蝗蝻的紧急命令》，要求组织各方力量集中灭蝗。紧接着，晋冀鲁豫边区政府颁布《太行区扑灭蝗虫暂行奖励办法》，规定了奖励标准、奖励对象和奖金（粮食）等事宜。到了秋后，基本上消灭了蝗灾。在1944年的灭蝗运动中，太行区各地创造了许多经验，包括坚持长期、持续又带突击性的斗争，进行广泛的动员和周密的组织，充分发动群众，使之成为一个大规模的群众运动等。灭蝗运动开始后，蝗灾最严重的第五、第六、第七专区，建立了除蝗委员会或灭蝗指挥部，开展了大规模的灭蝗运动，这些经验为日后的灾害治理提供了一定的参考。

（六）整顿财政，合理征收

由于日伪"扫荡"频繁、灾荒严重，人民生活困难，收入减少。同时，随着抗日根据地工作的迅速开展，尤其是地方武装的健全与壮大，各县财政入不敷出，以致发生随便挪用款项、财政混淆难分的现象。有的县的地方款不够开支，就临时征派，在财政上出现了一些不合理的问题。在救济费的使用上，村级财政出现了浪费与混乱现象，尤以1939年最为严重。村级财政上的混乱与浪费，直接侵蚀着抗日根据地的财政基础。如果不能及时纠正和克服，就会从根本上动摇抗日根据地的财政根基。

为了克服困难、渡过灾荒、为抗战服务，抗日根据地除了适当动员财力、物力外，还厉行节约，通过整理各级地方财政，紧缩一切开支，克服混乱和浪费现象。整理财政主要从生产自给和厘定征收两方面进行。在整理村财政方面，主要有以下三个步骤。第一步，停止一切不应有的开支，颁布村财政公约，实行财政公开。第二步，规定应开支的科目与数字，建立村概算。办公费、临时费按村庄大小分为五等，最多的50元，最少的20元。第三步，重新厘定开支科目，金额较以前一律减少20%。

经过整理财政，村款开支大大减少，相对提高了人民的生产与再生产能力，并使之成为支持抗战的强大的基本力量，巩固了抗日民族统一战线和村政权的基础。通过财政整顿工作，尤其是以合理负担的征收制代替了不合理的苛捐杂税与摊派制度，削弱了封建经济对人民的剥削，减轻了劳苦群众的负担，使农村的土地从集中走向分散，奠定了新民主主义社会财政建设的基础。抗日根据地的救灾措施与经济建设有密切关联。空前的灾荒虽然给抗日根据地的财政造成极大困难，但在全体党政军民一致节约、艰苦度日、高度团结与爱护抗日根据地的精神鼓舞下，在合理执行以"有钱出钱，有粮出粮"为原则的财政政策下，克服了困难与缺点，渡过了难关。

（七）积极组织群众开展生产自救

为了积极组织群众开展生产自救，各级党委和政府的工作人员深入群众调查研究，解决农民的生产与生活困难。他们动员群众计算家庭的收支状况，研究增收节支的办法，制定"按家计划"，使每个农户的生产自救落到实处。他们大力组织和扶持农民凿井挖池、开渠修滩、突击抢种、改种补种、锄苗保墒、扩大种植面积，力求不荒一亩地，弥补旱灾所造成的损失。这种大规模的生产度荒运动，把那种灰心丧气、坐以待毙的阴暗心理及悲观、失望情绪一扫而光。它鼓舞了群众生产和战斗的热情，激发了他们的积极性、创造精神以及战胜困难、自救救人的信心和勇气，也增强了军民之间的团结。

随着抗日根据地的扩大、抗日武装的壮大，根据地军民对粮食等物资的需求增多。军食与军费的供给问题愈加突出,经济上一度遇到严重的困难。冀中平原土地肥沃,粮食、棉花的出产颇丰,手工业、商业也比华北其他地区发达。冀中地区比较富庶,人民饶有积蓄,在经济上有着雄厚的潜力,这是持久抗战可资依靠的一个基本力量,但怎样把这种力量很好的动员出来,这在当时确是一个艰巨的工作。这一工作的成败,对抗日根据地的安危,是起着决定作用的。在中国共产党领导下,抗日根据地人民开辟了广阔的生产门路。1943年,秋菜获得丰收,仅太行区第五专区便收获1.4亿斤,对于度过灾荒起了很大作用。在蝗灾严重的1944年,抗日根据地人民同样争得了夏、秋两季丰收,基本克服了历年灾荒带来的严重困难。

此外,华北抗日根据地还普遍开展了救国献金及赈灾献金运动。以冀中地区为例,在1939年5月和9月,先后普遍发动了这两大运动。由当地党政机关组织各级征献动员委员会,经过广泛、深入的政治动员,掀起了献金热潮。各级党政干部把自己一个月或几个月的零闲费全部献出来,工人、雇工把工资拿出来献给抗日根据地,儿童、妇女捐钱献首饰,灾区群众也主动响应。尤其是日占区大城市的人民,秘密地送出成千成万的现金。1939年6月至9月,救国献金达102万余元,赈灾献金达61万余元。

在军民的共同努力下,抗日根据地度过了抗日战争年代最困难的时期,也积累了丰富的抗灾救灾经验。正是这些行动,进一步加深了中国共产党、人民军队与人民之间的感情。抗日根据地的党政军民齐动手,是战胜灾荒的最重要原因。中国共产党领导的抗灾救荒工作,极大地密切了共产党、抗日政府与人民群众的关系。如1943年至1944年间,八路军、抗日政府在豫北地区开展救灾度荒工作,挽救了危难关头濒临死亡的老百姓,从而在这片新解放的土地上扎下了根。

二、华中敌后抗日根据地的社会救助工作

新四军创建后,主要在华中地区开展抗日斗争,创建了苏南、苏中、苏

北、淮南、淮北、鄂豫皖边、豫鄂、浙东等抗日根据地，跨苏、皖、豫、鄂、浙五省。这里以安徽地区为例，说明华中抗日根据地是如何抗灾救灾的。

1943年春，华中敌后抗日根据地特别是边缘区域出现春荒。为此，各县的参议会、群众团体发动富户借粮互助，政府也拨粮36万斤，按照"救急不救贫"的原则进行急赈，只有"锅底不热、锅盖不揭"的人才能领取急赈粮。不论大、小口，每人每天一律4两；贫苦抗属发半斤；外来灾民与本地灾民一律赈济。同时一面调查，一面急赈，真正做到了所有受到急赈的地方没有饿死一个人。

为了平抑粮价，制止投机商人和囤积户操纵粮价，淮北抗日根据地下拨1.5万石公粮，进行平粜。起初，双沟的粮价曾涨至一斗195元的高价；通过平粜，几天之内，便下落到一斗115元。此外，还组织内销运输、禁粮出口，这些举措对于稳定粮食市场起了很大作用。抗日根据地政府的赈粮、平粜及贷粮分配政策，都是按各县灾情轻重规定的，如泗五灵凤县的民众就得到600万元的粮款帮助。除了平粜、急赈之外，淮北行署还发放各种贷款，既解决了群众的口粮问题，也推动了生产。淮北抗日根据地以生产来解决救荒问题的救济原则，以及秉持生产是今后克服灾荒、改善民生的基本办法的理念，为开展一系列社会救助工作积累了经验。

一是储粮备荒。1943年5月，淮北行署要求各乡在夏收后积谷，以每户午季收获量的1%为准，政府、军队及任何机关、团体和个人不得动用。[①] 1944年10月，皖中行署颁布《储粮备荒办法》，指出"为防备灾荒，安定社会，提倡有无相通救灾恤邻之民族友爱的实际行动，特订定本办法"[②]。该办法规定："每村或每保储存米粮，以五十担为原则，由米粮较多之户认储（殷实保与较次保，得斟酌增多或减少，大致最少不得超过四十担，最多不得超过六十担，以乡为单位平衡计算之）"[③]。该办法还规定："认储之粮，保存

[①] 参见安徽省财政厅、安徽省档案馆编：《安徽革命根据地财经史料选》（二），安徽人民出版社1983年版，第119页。
[②③] 安徽省财政厅、安徽省档案馆编：《安徽革命根据地财经史料选》（二），安徽人民出版社1983年版，第538页。

原主家中，其所有稻仍为储户所有"①，"由县级政府制定储粮证，分为两联，一联存县府，一联发给认存之户，并填明认存数量"②，"认储之米粮，非经县级政府之许可，不得自行出卖。但到次年秋收后，无粮荒之虞时，经政府通告，得自由出卖"③，"青黄不接有米荒现象，贫民无处购米，区政府认为需要调剂时，即行申请县级政府，领取储粮证上联，交购米者向储户买米，储户应保存储粮证，以备检查"④，"买卖储粮，一律依照时价，不得减低或抬高。现存储粮，将来卖粮，其价额多少，全归储户所有，他人不得从中抽取分文"⑤，"此种储粮，除调剂其本县区乡以外，必要时并得由行政公署按照各地粮荒情形，指定县级政府，根据储粮数量，互相调剂之"⑥，"此项储粮工作，由乡粮赋委员会负主要责任，会同乡政府配合农抗，召开殷富会议，切实动员说服，务求无稍误会，在自动自愿情况下完成任务"⑦。

二是拨款借贷。1942年6月，淮北行署制定的《淮北苏皖边区救济灾荒借贷付息还本暂行办法》规定：民间借贷，借粗还粗，借细还细，加利两成；借粗还细，一斗还一斗。以款代粮者，按借粮办理。借钱或储粮折钱者，依原订契约付息还本。若有纠纷，由政府调处。借粮、借钱无力归还者，由双方协议以工折还，按当时市价折合粮钱计算。无力偿还且无劳力以工折还者，查明属实，由当地政府会同群众团体设法解决。

三是以工代赈。1943年，淮北抗日根据地各级政府领导群众挖塘、筑堤、浚河。计开大、小河105条，筑堤坝10条，总长25万多丈，挖河土125万多方。坝工最大的是泗阳成子湖大堤、洪泽湖大堤（淮泗、淮宝）、泗五灵凤的内堤、泗南大柳巷围堤、盱凤嘉的淮堤，河工最大的是溧河、安河、柳沟湖。1943年的各县水利工程在夏季都发挥了作用，秋前功效最显著的属洪泽湖大堤和大柳巷围堤。秋天，"黄淮交汇泛涨，洪泽湖大堤久废不修，岌岌可危，

---

①②⑤⑥⑦ 安徽省财政厅、安徽省档案馆编：《安徽革命根据地财经史料选》（二），安徽人民出版社1983年版，第538页。
③④ 安徽省财政厅、安徽省档案馆编：《安徽革命根据地财经史料选》（二），安徽人民出版社1983年版，第538—539页。

一旦溃决，关系苏北十数县民众生命"[1]，遂由抗日民主政府拨款120万元，由淮北行署建设处处长督工，地方党政各方协力，不到一个月就修竣完工。

四是改善民生。淮北抗日根据地颁布了一系列法令以改善民生，这也是该抗日根据地救灾工作取得成效的一个关键因素。为了改善民生，更好地保障各阶层人民的利益，根据参议会的决定，1943年夏，淮北抗日根据地对减租减息、增加工资的办法作了必要补充，颁布了土地租佃条例。除减租率照旧外，特别规定原减租法令颁布后未减租的一律退租、新地区减租不得少于两成、确保佃权等。此外，对还债减息、增加工资也作了新的规定。

五是组织生产。1943年6月，刘少奇在给陈毅、饶漱石的电报《对华中工作的意见》中提出，"不再增加负担，增产完全归农民自己所有"[2]。除减轻农民负担外，军民团结抗灾也是关键。在1943年春的救荒工作中，各阶层人民之间与军民之间有许多团结救荒的范例，如各地群众团体发动的贫富互助、新四军第四师及各旅负责同志亲率部队到湖里捕蝗等，感动了广大群众。

在救荒工作紧急之际，1942年冬的蝗虫散子未挖，导致种春禾时，小蝗虫到处生长，大都散布在麦区附近。开始时，群众谣传"蝗虫是神虫不能打"。但经过正确的科普，党政军民紧急动员起来，新四军动手捕蝗，政府人员带老百姓捕蝗。不到两周时间，大部分蝗虫被捕捉干净，这才挽救了全地区的麦子。实践证明，经过群众的集体努力，是可以战胜自然灾害的。军民团结、互相救济、开展生产，是淮北抗日根据地救灾工作取得成效的主要原因。

淮北抗日根据地正是通过改善民生来开展社会救助工作的。根据地党政军机关将民生问题与社会救济相结合，既有利于军民团结，也有利于组织广大群众的生产。同时，广泛利用民主政权这一特殊形式，使得抗日根据地政权系统中的绝大多数同志都能积极参与这些工作。在此基础上，通过调节各方利益，调动了群众的积极性，增进了人民和政府之间的信任与团结。

---

[1] 中共安徽省委党史工作委员会编：《淮北抗日根据地》，中共党史出版社1991年版，第247页。
[2] 中共中央文献研究室、中央档案馆编：《建党以来重要文献选编（1921—1949）》（第二十册），中央文献出版社2011年版，第347页。

第三节 中共领导社会救助的重要特点

在抗日战争时期,中国共产党将社会救助与军队建设、政权建设、党的建设相互配合,使之成为抗日根据地得以存在和发展的主要根基之一。在战乱与灾荒的环境下,与人民群众切身利益相关的社会救助工作之所以能取得成效,与党的各级组织的正确领导、良好的群众基础与动员机制、阶级解放和民族解放的目标相结合、紧扣时代特点的宣传动员工作紧密相关,这无疑是这一时期中国救助体系的几个重要特点。

一、党的组织领导是社会救助取得成效的关键

首先,组织起来,从全党动员到全民动员。在陕甘宁边区和敌后抗日根据地,党领导成立了农、工、兵、青、妇、少等群众团体组织,这些群众团体参与了动员群众的救助工作。为了更有效地保障人民基本生活,落实各项政策,各根据地还组织了专门的救助机构,直接负责救助工作的落实。这些机构成立的目的,就是集中一切力量实施救助,并把潜在力量充分释放出来。在接踵而至的灾荒面前,中国共产党建立起广泛的社会动员机制,把革命根据地的党政军民,不分男女老少,都紧急动员起来、组织起来,一起动手,同心协力,与灾荒展开了斗争,把救灾、生产、优抚、军事等融为一体,取

得了不小的成绩。

那么，为什么抗日根据地能在大灾之下取得这些成绩呢？一是经过调整，大多数贫农、雇农有了土地，有的上升为中农，他们负担很轻或没有负担，生活得到了相当程度的保障和改善，从而提高了抗日积极性，坚定了坚持抗战和战胜灾荒的信心，并在抗战与救灾中发挥了突出作用。二是经过调整，土地从集中走向分散。有的中农上升为富农，但一般的中农、富农变化不大。地主失去大量土地，生产积极性降低，但他们毕竟有积蓄，仍过着富裕的生活。小商人和自由职业者不纳税，小商业一时的活跃和家庭副业的大量发展，削弱了地主封建经济，促进了小商品经济的发展，成为新民主主义的经济基础。

其次，明确干部责任，发挥实实在在的模范表率作用。中国共产党在领导革命斗争的过程中，将劳动人民的民生问题置于突出地位，切实解决群众实际困难，代表人民群众的根本利益。毛泽东、周恩来、朱德、张闻天、刘少奇、陈云等领导人都十分重视救助。他们以求实精神深入基层，进行调查研究，深入了解第一手情况。毛泽东提出干部党员在灾荒和困难面前要以身作则，在救助中要发挥模范作用。在遇到天灾、疫情、难民涌来等诸多困难的情况下，党的领导人与广大群众、战士同甘共苦，发挥了表率作用。当然，并非每次救灾都必定有成效，它与救灾能力之高低、救灾是否到位、干部能否去除官僚主义等因素有直接关联。其中，干部的作用尤为突出，要带领群众一起往前冲。

在劳动互助工作中，淮北抗日根据地也存在社会救助执行不得力或组织不到位的情况。对此，淮北抗日根据地采取监督、检查等办法加以纠正，加上群众团体的努力，使救灾工作取得了明显的成绩。1943年，淮北抗日根据地改善民生的工作比1942年之工作更为普遍且彻底。1942年，只有196个乡实行减租，1943年则达到392个乡；1942年，获得减租的佃户只有19240户，1943年则达到46332户；1942年，减退租粮31366石，1943年仅夏季就达到60000石。淮北抗日根据地推行新的减租法令，给高利贷以沉重打击，效果在新扩张地区尤其显著。通过减息，淮北抗日根据地的农民有了必要的生产资金。通过增加工资，每个工人平均多得1石粮食。

虽然全民救灾，人人有责，但群众对干部在救灾中的表现尤其关注，群众是通过干部的表现来观察政治气象的。各根据地成立专门机关或团体负责具体的社会救助工作，充分体现并发挥了政府救助的功能，其与民间救助相互配合，发挥出独到作用。

二、在社会救助中把阶级解放与民族解放结合起来

社会救助是人类社会发展到一定历史阶段的一种基本需要。在不同的历史时期，它的内容在不断充实、完善。抗日战争时期，中国共产党将社会救助同阶级解放和民族解放结合起来，将社会救助与无产阶级解放的政治任务紧密结合，为社会救助工作注入了新的内涵。

（一）善于把治标性救助提升到治本层面，以提高群众战胜天灾人祸的自觉性

社会救助根本的一条是：社会救助与阶级社会紧密相连，不同的革命者甚至执政者出于生存或发展的考虑，均颁布相应的救助措施。面对一次次战乱与灾荒，党的各级组织如不予以重视或重视不够，不采取有效措施加以解决，或采取了措施但不注重落实，那么灾区的广大人民必然陷于饥饿直至死亡，继而党组织因脱离群众而陷入孤立，恐怕连在农村的生存都无从谈起，又谈何阶级解放与民族解放？只有尽一切可能解决群众的生存问题，通过有效途径消除群众的疑虑与不满，才有可能团结群众，依靠广大群众打败日本侵略者。

党领导广大人民群众度过一个个饥荒之年，受饥荒影响相对较小，许多地区获得了较好的收成。"解放区的天是明朗的天"，充分显示出党领导根据地的优越性。对于这一事实，深入根据地采访的美国记者埃德加·斯诺有过一段深刻、生动的记述："当我们想起红军游击队在这区域作战时进时退已达

五年;想起它的经济始终保持得住;想起苏维埃没有饥荒;当我想起这些时,我们觉得这完全是一个中国的奇迹!事实上,这不能只靠财政来说明,只有从社会的和政治的基础上着眼,才能理解的。"[1]

(二)善于把阶级解放与民族解放结合起来,以提高群众战胜天灾人祸的使命感

中国共产党领导根据地军民开展生产自救,尽一切可能提高生产力,增加社会财富。在这一过程中,将政府救助与社会、人民、军队的救助融为一体,开展双拥运动,集中各方力量,军民共同救灾。尤为重要的是,在这一过程中,把自身解放与阶级解放结合起来,把民族解放与政治解放结合起来,赋予了救灾更高的历史使命。

在抗日战争时期,中国共产党要求地主减租减息、农民交租交息,从经济上减轻群众负担,从政治上团结更多的人抗日救国,从而扩大了革命队伍。毛泽东在延安看到知识分子的秧歌队与老百姓的秧歌队扭到了一起,笔杆子与泥腿子走到了一起,发出感叹——"从此天下太平矣!"[2]在革命战争环境下,中国共产党不断革新社会救助制度,注意阶级解放和民族解放的结合,并自觉维护长期斗争的成果。党颁布了相关社会救助法律,对于破坏法令者,由根据地政府予以裁决和处置。通过与地主阶级、国民党顽固派开展斗争,逐步改变带有封建性质的政治关系。

党在领导开展社会救助的过程中,把人民的义愤正当地集中于困难的制造者——日本侵略者和国民党顽固派,把人民战胜困难的自觉性发动起来,把战胜天灾人祸的组织程度提高起来,实现了生存和发展的结合。正是做到了救助与民族主义、爱国主义的结合,实现了阶级解放与民族解放的结合,才体现出革命救助的真正价值所在。

---

[1] [美]埃德加·斯诺:《西行漫记》,三联书店1979年版,第282—283页。
[2] 中共中央文献研究室、中央档案馆编:《建党以来重要文献选编(1921—1949)》(第二十册),中央文献出版社2011年版,第512页。

三、把社会救助工作与乡村治理相结合

社会救助事业除了赈灾济贫之外，还涉及社会优抚、社会福利等多方面的内容。被救助人群以社会弱势群体为主，包括优待军属、安置移民难民等。可以看出，社会愈发展，救助的内涵愈丰富，其社会功能也愈完善。中国共产党领导的社会救助工作，不仅涉及经济问题，也涉及乡村社会的治理问题。

（一）因时制宜、因地制宜、因人制宜，制定了相应的救助法令政策

在遵循革命原则的前提下，不同历史时期的各革命根据地在救助过程中，因时制宜、因地制宜、因人制宜，制定了相应的救助法令及政策，发挥了独特的作用。

首先，中国共产党密切关注全国时局的变化，及时调整法令与措施，以使救助工作因时制宜。抗日救亡高潮到来后，党注意到阶级矛盾与民族矛盾的发展变化，汲取历史上的经验教训，及时修改完善法令措施。根据对实际情况的调查，制订出一系列救助法令，如《共耕条例》《劳动法》《陕甘宁边区战时工厂集体合同暂行准则》等，以调整乡村社会中地主与农民的关系以及劳资之间的关系。

其次，党颁布的救助法令及措施，注意结合地方情况以因地制宜。抗日战争时期的劳动互助组织，主要有变工队、扎工队等。这些劳动互助组织采取了灵活多样的帮扶形式，包括人工换人工、人工换牛工、牛工换人工、牛工换牛工、集体养牲口等，在一定程度上解决了农民缺乏人力、畜力、农具的困难，提高了劳动生产率。这些劳动互助组织的工作范围并不局限于生产救灾，还扩展到拥军优抚等领域，在帮弱救贫、优待军人及军属等方面作出了独特贡献。

最后，党在救助过程中还尽可能做到因人制宜。根据地颁布了一系列提高妇女地位、改善工人待遇、优抚伤残军人的救助措施，解决工人、农民、军人的实际困难。根据地颁布的一系列财政经济政策，解决了根据地的财政

危机，使根据地度过了一次次严重的灾荒。

从另一个角度来看，以上三个"制宜"，做到了原则性和灵活性的结合、生活保障与生产保障的结合、物质救助与精神救助的结合、政府救助和群众互助的结合，并在各级党组织的正确领导和正确政治路线的指导下，从组织上、思想上保证了各项救助政策符合根据地的具体实际。

（二）乡村救助体系的形成

抗日战争时期，中国共产党将以乡村社会稳定为主要目标的传统救助体系内涵与外延进行扩展与升华。古代社会演绎了灾荒与乡村革命相伴的历史，灾荒易滋生民变，民变易影响政权稳定。到了新民主主义革命时期，妥善处理天灾与人祸的矛盾、乡村内部的矛盾、乡村内部与乡村外部的矛盾、国内与国际的矛盾等，赋予了救助以新的丰富的革命内涵。与之相应的是，救灾成效也直接影响着社会的走向与分野。

晋冀鲁豫边区政府大力帮助与扶持家庭副业、手工业，促进了手工纺织业的发展。1942年11月，抗日民主政府拨款资助灾区妇女发展纺织业，一方面解决抗日根据地军民的穿衣问题；另一方面，灾民可以得到一笔工钱用以度荒。为救济灾荒，晋冀鲁豫边区工商总局提出太行区第一、第五、第六专区的纺织救灾方案。从1943年1月开始，太行区开展大规模的纺织救灾运动，每斤棉花纺织成线后给小米2斤，织成布后再发给小米1斤。到1943年6月，仅第五专区就组织了2万多名妇女参加纺织，共纺棉花1.66亿斤，换到小米38.63亿斤。到1944年，全区有20万名妇女参加纺织，换到小麦340万斤，推动了乡村生产秩序的恢复。

（三）开展宣传动员，引导舆论导向

在开展乡村社会救济和推进社会治理的过程中，中国共产党主动开展宣传动员。这些宣传的共同特点是语言浅显易懂，易记易用，通过宣传工作的大众化覆盖不同的受众对象，以适应革命救助工作的需要。华中抗日根据地

的互助合作运动发展迅速。1944年5月25日,《解放日报》发表《津浦路东劳动互助的经验》,介绍了当地劳动互助工作的情况及经验,即互助组成员人事关系要好、小组长要好、公平、民主、要有规矩。只要具备这五个条件,互助合作就能搞得好,就能长久。

在开展乡村互助的过程中,中国共产党通过改善农业雇工的生活来提高他们的劳动热忱,从而增加生产。例如,中共中央山东分局提出"减租减息,改善雇工待遇"的宣传口号,发动群众运动,保护雇主、雇工双方的利益。

乡村地区社会救济工作的开展促进了大生产运动,反过来,大生产运动也推动了劳动互助合作运动的深入发展,使广大农民群众逐渐认识到互助合作的优越性,从而进一步促进了敌后抗日根据地的生产运动发展。

四、历史与逻辑、传统与文化的结合

中国共产党对社会救助予以足够的重视,既有自身生存和发展的需要,也有革命发展和成功的需要。党重视社会救助事业,是因为其直接关系到革命根据地和解放区的发展程度,直接关系到新民主主义革命的成功与否。党领导各级政府开展社会救助,密切了党同根据地和解放区人民的血肉联系,提高了中国共产党和人民军队在人民群众中的威信,从而广泛动员社会各阶层参加革命,有力地支援了前线。

中国共产党领导的社会救助工作,不仅是一项项具体的工作,更是一个凝聚革命传统、传播革命文化的有效途径。革命根据地开展的社会救助,不但符合物质保障和精神保障相结合的原则,也成为革命精神在现实生活中的具体体现。党通过实施一系列救助措施,发扬了团结互助、阶级友爱的革命精神,进一步丰富了革命精神的内涵,使革命精神在革命实践中不断升华。

在革命战争年代,中国共产党在抗灾救灾的过程中积累了救助经验,建立起革命救助体系。尽管这一救助体系具有革命年代的特点,但仍具有重要的历史借鉴价值。

第六章 抗日根据地的开明士绅

开明士绅（亦称"开明绅士"），是抗战时期中国共产党领导的根据地"三三制"民主政权中属于中间势力的一部分。就其阶级属性来说，开明士绅是地主阶级的左翼。毛泽东指出，"许多中小地主出身的开明绅士"，"有抗日的积极性"，"需要团结他们一道抗日"。中国共产党认识到开明士绅的"抗日积极性"并"团结他们一道抗日"，不是一蹴而就的，而是经历了一个不断深化的认识过程。

第一节 "不使一个爱国的中国人，不参加到反日的战线上去"

从1935年8月八一宣言的发表到1937年底八路军奔赴华北开辟抗日根据地，是中国共产党对开明士绅的认识与政策的萌芽阶段。

九一八事变后，中日民族矛盾逐步上升为主要矛盾。1935年，日本帝国主义制造了华北事变，中日民族矛盾更加尖锐。在这种情况下，8月1日，中共中央发表了《中国苏维埃政府、中国共产党中央为抗日救国告全体同胞书》，即八一宣言。八一宣言一改中共过去提出的统一战线只局限于下层统一战线和工农兵学商（小商人）联合的政策，将统一战线扩大为愿意抗日的各党各派各界各军的民族大联合。这就有可能把抗日的地主士绅包括在内。1935年10月，红军到达陕北，建立了新的立足点。这使中共有条件根据形势的发展改变其一些不适合新情况的政策。同月，《中共中央为目前反日讨蒋的秘密指示信》指出，"目前中国革命的社会基础大大的扩展了"[1]，在抗日反蒋的斗争中，"甚至国民党中上级军官、中委、政客银行家及一部地主资产阶级参加"[2]，"要和一切抗日反蒋的团体和个人联合起来"[3]。

---

[1][2] 中共中央文献研究室、中央档案馆编：《建党以来重要文献选编（1921—1949）》（第十二册），中央文献出版社2011年版，第431页。
[3] 中共中央文献研究室、中央档案馆编：《建党以来重要文献选编（1921—1949）》（第十二册），中央文献出版社2011年版，第432页。

作为落实相关指示的一个步骤，中共中央于1935年12月在《关于改变对付富农策略的决定》中指出，"我们应该联合整个农民，造成广泛的农民统一战线。故意排斥富农（甚至一部分小地主）参加革命斗争是错误的"[①]。这意味着中共在理论上已有限度地让地主中的一部分加入抗日的部分斗争活动。但从总体上看，由于蒋介石的"围剿"政策并未改变，全民族抗战还未爆发，中共政策虽在变化但尚未根本调整。中共仍称大部分地主士绅为"豪绅地主"，并将其列为反动的、被打击的对象。

随着形势的发展，为反对"华北自治"，中共领导了"一二·九"学生运动，再次掀起抗日救亡运动高潮。不但民族资产阶级和其他中间力量更多地转到抗日方面来，而且地主买办和国民党内部也开始分化为主张投降的亲日派和一定程度上倾向抗日的英美派。针对这种变化的时局，在1935年12月的瓦窑堡会议上，中共中央提出了建立最广泛的抗日民族统一战线的任务，"我们的任务，是在不但要团结一切可能的反日的基本力量，而且要团结一切可能的反日同盟者，是在使全国人民有力出力，有钱出钱，有枪出枪，有知识出知识，不使一个爱国的中国人，不参加到反日的战线上去"[②]。为了使抗日民族统一战线的基础更加坚实、广泛，瓦窑堡会议决议把苏维埃工农共和国改为苏维埃人民共和国，并相应地改变了许多过时的政策。苏维埃人民共和国"这个政府的成分将扩大到广泛的范围"[③]，"那些只对民族革命有兴趣而对土地革命没有兴趣的人，可以参加"[④]。苏维埃人民共和国政策的一个重要转变是富农政策的改变，规定"富农的财产不没收，富农的土地，除封建剥削之部分外，不问自耕的与雇人耕的，均不没收。乡村中实行平分一切土地时，富农有与贫农中农分得同等土地之权"[⑤]，但"不能让他们参加政

[①] 中共中央文献研究室、中央档案馆编：《建党以来重要文献选编（1921—1949）》（第十二册），中央文献出版社2011年版，第501页。
[②] 中共中央文献研究室、中央档案馆编：《建党以来重要文献选编（1921—1949）》（第十二册），中央文献出版社2011年版，第536页。
[③④] 《毛泽东选集》（第一卷），人民出版社1991年版，第156页。
[⑤] 中共中央文献研究室、中央档案馆编：《建党以来重要文献选编（1921—1949）》（第十二册），中央文献出版社2011年版，第542页。

权"①。既然富农不能参加政权,那么地主士绅就更无此权利了。富农政策的转变,预示着中共对地主士绅的认识和政策将随着时局的发展变得更灵活。

从总体上看,瓦窑堡会议实现的转变和主要解决的是要不要民族资产阶级加入抗日民族统一战线。在蒋介石等英美派大地主大资产阶级可能参加抗日,并可以对之既联合又斗争的情况下,中共中央预见到地主阶级也会发生分化,特别是中小地主可能会加入抗日阵营。

1935年至1936年国内形势的发展,特别是国民党五大的召开、上海全国各界救国联合会的成立、七君子事件及两广事变,以及中共对阎锡山统战工作的开展等重大事件的发展,使中共中央和毛泽东对时局和相关工作的认识又有了进一步的深化。1936年7月,毛泽东指出:"反对日本帝国主义的战争,不能只限于任何一个阶级的参加,也不可能在一个单独的战线上进行。一些资本家,一些银行家,甚至许多地主和许多国民党军队中的军官们,已经表示了他们为民族解放而战的志愿,我们不能拒绝他们在这个斗争中担负一种职务。甚至蒋介石,如果他一旦决定参加反日的抗战,我们也会欢迎他参加的。"②这表明,地主阶级在抗战中究竟起什么作用已经成为毛泽东思考的一个问题,并很快在政策中得到了体现。

1936年7月,中共中央发出《关于土地政策的指示》,其目的是"要使土地政策的实施能够实现清算封建残余与尽可能的建立广大的人民抗日统一战线"③,使党的土地政策"具有明确的人民性质与深刻的民族性质"④。文件提出,要改变以前"地主不分田"的过"左"政策,"对地主阶级的土地、粮食、房屋、财产,一律没收,没收之后仍分给以耕种份地,及必需的生产工具和生活资料"⑤。文件同时规定:"一切抗日军人及献身于抗日事业者的土

---

① 中共中央文献研究室、中央档案馆编:《建党以来重要文献选编(1921—1949)》(第十二册),中央文献出版社2011年版,第508页。
② 中共中央文献研究室编:《毛泽东年谱(一八九三—一九四九)(修订本)》(上卷),中央文献出版社2013年版,第559页。
③④⑤ 中共中央文献研究室、中央档案馆编:《建党以来重要文献选编(1921—1949)》(第十三册),中央文献出版社2011年版,第204页。

地，不在没收之列。"①"献身于抗日事业者"的土地不被没收，显然主要是指参加抗日的地主的土地。这一规定肯定并保障了参加抗日活动的地主的利益，有利于鼓动更多的地主加入抗日行列。"献身于抗日事业者"，可以说是中共对开明士绅的最初称呼之一。这一指示是中共从土地革命到抗战的一个重要的决策转变，是以对地主阶级认识的深化为前提的。

1936年12月西安事变的发生，加快了国共合作和抗日民族统一战线建立的步伐。为促使国民党政策的转变，早日建立抗日民族统一战线，中共中央在致国民党五届三中全会电中，提出了五项要求和四项保证。四项保证之一是"停止没收地主土地之政策，坚决执行抗日民族统一战线之共同纲领"②。这充分表明了中共抗日的诚意。与此同时，中共中央也开始认识到地主士绅在抗日民族统一战线中的作用，认为"为着要使某种抗日宣传，或救国会议等能够取得合法的地位，我们可以邀请同情抗日的公正的绅士作发起人"③。

全民族抗战爆发后，日军长驱直入，国民党军队纷纷溃退。1937年11月，上海、太原失陷后，中共领导的八路军开始深入敌后，开辟敌后抗日根据地。在八路军开辟华北抗日根据地前夕，刘少奇指出，虽然有些地主对减租减息等政策不赞成，"但是为使农民吃饱饭好去救国，只好牺牲他们一点"④，"开明的人应该赞成"⑤。"开明的人"，即指开明的地主士绅。

在这一阶段，中共的力量主要集中在陕北地区，华北抗日根据地尚未建立，地主阶级的抗日态度尚不明显。中共未雨绸缪，对地主阶级进行了分析，将政策加以改变。"献身于抗日事业者""开明的人"及"公正的绅士"等，是中共对地主阶级中抗日进步分子的最初称呼，可以将其看作中共对开明士绅的认识与政策的萌芽。

---

① 中共中央文献研究室、中央档案馆编：《建党以来重要文献选编（1921—1949）》（第十三册），中央文献出版社2011年版，第205页。
② 中共中央文献研究室、中央档案馆编：《建党以来重要文献选编（1921—1949）》（第十四册），中央文献出版社2011年版，第39页。
③《李维汉选集》，人民出版社1987年版，第64页。
④⑤《中共党史教学参考资料》（二），人民出版社1957年版，第115页。

第二节 "可以吸收开明的有威信的坚持抗战的士绅参加县政会"

从1937年底八路军奔赴华北开辟抗日根据地到1939年底国民党五届六中全会对中国共产党的政策发生转向并掀起第一次反共高潮，随着形势的发展，"开明士绅"的称谓呼之欲出，中共对开明士绅的政策也渐趋成型。

1937年底至1938年，在中共领导下，八路军先后建立了晋察冀、晋西北、晋冀豫、冀鲁豫、山东等抗日根据地。这些根据地所处的华北农村，民族资本主义发展比较微弱，四大家族势力的渗透相对有限，土地集中现象不太严重，中小地主在地主阶级中占优势。这些中小地主为保存经济实力、身家性命，大都反对日军的烧杀淫掠。这正如彭真所说，地主阶级因为是土地之主，所以不喜欢革命，甚至有些顽固，"但是地主的土地是座落在乡村的。在敌占城市、我占乡村的形势下，地主阶级的土地上树立着我们的抗日根据地和抗日民主政权。自然任何地主有逃往到敌占城市去的自由，但是他却搬不走他的土地；他也有充当汉奸的自由，但是这样一来，他的土地或地租立刻便有根本丧失的危险，而土地和地租又是地主的生命。加以地主逃亡敌占区之后，要缴纳敌人以捐税，要遭受敌人的勒索，甚至妻女被奸淫，人格被侮辱"[①]。在这种情况下，他们中的许多人赞助中国共产党、八路军抗日，希

---

① 彭真：《关于晋察冀边区党的工作和具体政策报告》，中共中央党校出版社1997年版，第9页。

望在解决民族矛盾的过程中，达到维护自己政治、经济利益的目的。这些中小地主，就是开明士绅这一群体的主体。

在土地革命时期，地主士绅是被打击的对象，但在抗战时期，却要团结抗日的地主士绅。这是中共群众工作中遇到的一个新课题。正如杨成武所说："做群众工作，是我军三大任务之一。在中央苏区自不必说，长征路上做了一路，可以说人人都会做。可是现在群众工作的内容变了，要讲统一战线。工农群众当然还是我们统一战线中的基本群众，是我们依靠的力量，减租减息是我们政策的重要内容。然而抗日的地主、绅士也要团结好。"[①]于是，"士绅座谈会"这种遇事商量的特殊工作形式便应运而生，成为中共协调与士绅关系的好方法。在与地主士绅接触过程中，中共依据其政治倾向、抗日积极性及对中共各项政策的拥护情况，提出了"公正绅士""抗日绅士""进步绅士"等（1938年至1940年，中共中央和各根据地文件中，这类称谓特别多）概念，用以表述地主中的积极分子。可见，中共对地主士绅中积极分子的抗日行动给予了充分肯定。

抗日战争进入相持阶段后，日军的诱降、对长期抗战的畏难情绪，使地主士绅的动摇性增强。同时，华北抗日根据地在日军的进攻下，所受压力很大。针对这种情况，中共六届六中全会提出了"巩固华北"的任务。鉴于自身在华北的力量尚不强大，中共对动摇的地主士绅也采取了比较慎重的态度。如1938年11月，中共中央在对冀南工作的指示中指出，统一战线问题，我们认为"对地主资本家采取中立孤立麻痹的政策"[②]，"士绅座谈会的方式是有用的，但应防止其成为团结士绅的机关，亦不宜在乡村一级采用"[③]。

在中共对地主士绅总体上采取"中立孤立麻痹"政策之时，国民党政府为了与中共争夺群众基础，破坏抗日民族统一战线，对地主士绅采取主动拉拢利用的政策。1939年1月19日，在国民党召开五届五中全会及其政策转向

---

① 《杨成武回忆录》，解放军出版社1987年版，第408页。
②③ 中共中央文献研究室、中央档案馆编：《建党以来重要文献选编（1921—1949）》（第十五册），中央文献出版社2011年版，第788页。

反共前夕，蒋介石发表文书，倡议全国士绅"应协助政府，推行兵役，以充实抗战急需之兵源"，"应积极开发地方经济，以充实长期抗战之资源"，"以辅政令之不济，以促事功之速成"。

国民党的这种动向，引起了中共中央的注意。1月31日，王稼祥在延安高级干部会议上指出："蒋特别发表告绅士书，是有意义的。"[①]他指出，八路军主要依靠的是广大人民群众的支持，把抗日政权与武装放在自己手中，而在国民党军队几乎不存在的华北敌后地区，国民党则是尽量依靠地主阶级的武装来限制八路军不得干政、不得搞民运、不得扩大武装。在这种情况下，中共"对地主政策之变化应看整个抗战形势与农民组织觉悟程度来决定"[②]。王稼祥认为，"地主阶级某些部分，在抗战过程中的动摇叛变，虽不可避免"[③]，但对一般地主"还是要争取与推动他抗日"[④]，"可以吸收开明的有威信的坚持抗战的士绅参加县政会"[⑤]。但在争取地主抗日时，"不是要帮助地主阶级组织起来，而是要看清他的动摇性与反动性，要麻痹他，勿令团结一致"[⑥]，"勿使县政领导落在地主阶级手中"[⑦]。对于士绅座谈会，王稼祥指出，必须使之处在中共领导之下，主要是为了解决部队给养问题或解释某项政策而召开，不应使士绅自动召集而"形成一种团结力量"[⑧]。王稼祥的讲话，在很大程度上代表了中共中央的认识。这是中共第一次公开表明开明的士绅可以参加县政会和参与政府事务。"开明的有威信的坚持抗战的士绅"，可以说是"开明士绅"称谓的雏形。但同时讲话又表示要"麻痹"地主阶级，使其不能团结成反共的力量，对士绅座谈会的职能范围要严格限制。这种情况与中共在抗日根据地的力量不够强大有关。争取开明士绅等中间势力的第一个前提条件是"我们有充足的力量"[⑨]。如果没有足够的力量，就不能控制局势、采取主动，争取开明士绅的行动就会流变成一种妥协退让的行为。中

[①]《王稼祥选集》，人民出版社1989年版，第172页。
[②][③][④][⑥]《王稼祥选集》，人民出版社1989年版，第173页。
[⑤][⑦][⑧]《王稼祥选集》，人民出版社1989年版，第175页。
[⑨]《毛泽东选集》（第二卷），人民出版社1991年版，第747页。

共从来都把发动农民群众的力量看作是最基本的一项工作，这是不变的；但对地主阶级的政策是不断变化的。

从1939年春开始，国民党顽固派在华北不断制造反共军事摩擦活动，并希望华北广大地区的地主士绅能配合其反共活动。1939年8月中旬，蒋介石再次发表文告，对全国士绅又提出两点"希望"："希望领导当地同胞，实行精神总动员，誓践公民公约"，"希望协助地方政府，整理地方财政，奠立自治基础"。[①]但此时，在华北抗日根据地，国民党各级旧政权已经瓦解，农民群众已经发动起来，农村中地主阶级的统治已被推翻，力量分散的地主士绅无力配合国民党反共活动。就中共政权建设来说，这时华北抗日根据地政权正处于民众化阶段，已有了能击退顽固派军事摩擦运动的坚实基础。但统一化、规范化、制度化的民主建设尚未开始，对于采取何种形式建设民主政权，开明、公正的士绅在民主政权中的地位如何、怎样联合等问题，中共还处于探索阶段。中共在政权民众化过程中认为，"凡一切阻碍民众运动发展的人首先是地主阶级，必须在群众拥护的基础上，有步骤的排除于各级政府机关之外，而采取孤立他们的政策"[②]。但同时，"使政权民众化，并不妨碍我们与一切公正士绅及还能帮助抗日的地主商人进行一定程度的统一战线，例如鼓励他们捐钱捐粮捐枪帮助抗日及和他们保持必要的连络等"[③]。很明显，中共对待地主阶级的态度实际上是：除其中的一些进步的士绅可以进行统一战线工作外，其他的则用"孤立麻痹"的削弱政策。

由国民党顽固派发起的日益加剧的反共军事摩擦，使抗日民族统一战线面临着严重危机。针对这种情况，中共中央指示华北各抗日根据地，在反摩

---

① 蒋介石：《再告全国各地及教育界同胞书》，载《东方杂志》1939年第36卷第8号。
② 中共中央文献研究室、中央档案馆编：《建党以来重要文献选编（1921—1949）》（第十六册），中央文献出版社2011年版，第737—738页。
③ 中共中央文献研究室、中央档案馆编：《建党以来重要文献选编（1921—1949）》（第十六册），中央文献出版社2011年版，第738页。

擦活动中，应"打击最坏的，孤立次坏的，争取较好的"①，"对中间分子如老同盟会及公正士绅等，应联合之，并发动其积极性"②。

怎样"联合公正士绅"，与之保持必要的联络及发动其积极性？"联合公正士绅"如果程度有限，只是让其捐钱、捐粮、捐枪、减租减息，在经济上一味地付出，又没有在政治上给予其参政议政的权利，他们就会认为中共的"联合"是空谈，是权宜之计，其积极性也就难以发动。这是不利于巩固抗日根据地的。形势的发展，使中共认识到开明士绅这一中间力量是国共两党都可争取的一部分，必须团结、争取这一部分力量，不能使其倒向敌顽一边。形势发展的外部影响与抗日根据地民主政权建设的内部客观要求的双重作用，使中共对开明士绅的认识大大深化，团结、争取开明士绅的政策也渐趋成型。

---

①② 中共中央文献研究室、中央档案馆编：《建党以来重要文献选编（1921—1949）》（第十六册），中央文献出版社2011年版，第772页。

第三节 "一个具有一般战略意义的工作"

从1939年11月国民党五届六中全会决定由以政治反共为主转向以军事反共为主并发动第一次反共高潮,至1940年3月第一次反共高潮被打退,是中共提出开明士绅称谓并最终形成相关政策的阶段。在反对国民党军事摩擦斗争中,在统战工作的实践和抗日根据地民主政权建设的探索中,中共进一步认识到开明士绅和其他中间力量的作用,确定了"开明士绅"的称谓,并最终形成了团结开明士绅及将他们纳入"三三制"民主政权的政策。

1939年11月,国民党五届六中全会制定了以军事限共为主、政治限共为辅的方针。12月,阎锡山在山西制造了"十二月事变",第一次反共摩擦达到高潮。此时,代表中间势力的资产阶级各党派及各地士绅名流正为宪政运动所鼓舞,期望能在政局中有所作为,他们对国共摩擦对抗的行动表示关注。这样,中间势力在国共摩擦中一定程度上处于调停人的地位,其作用凸现了出来。他们不赞成摩擦而主张团结抗日,成为中共统战工作可以团结、争取的一部分。针对这种新情况,中共中央连续向各抗日根据地发出指示,政策较前期有明显改变,将进步的公正士绅划为中间阶层和团结的对象。1939年12月1日,中共中央发出《关于组织进步力量争取时局好转的指示》。《指示》指出:"一切站在国共之间主张坚持抗战团结进步的所谓中间力量(从救国会朋友直到各地公正士绅、名流学者及地方实力派等)最近期间表现出政治积极性日益增长，成为推动时局好转的极重要因素。因此，我们应用极大努力帮助他们用各种方式组织起来。"①中共对公正士绅的政治积极性表示关注，指示各抗日根据地"极力发展统一战线工作，力争中间阶层"②。这与中共前期对公正士绅"进行一定程度的统一战线"指示有明显的变化。

面对形势的发展，1939年12月，毛泽东在《中国革命和中国共产党》一文中正式提出了"开明绅士"的称谓。他说，"许多中小地主出身的开明绅士即带有若干资本主义色彩的地主们，还有抗日的积极性，还需要团结他们一道抗日"③。"开明绅士"这一称谓的出现，蕴涵着丰富的历史内容，它是在抗日战争新的历史条件下，中共统一战线工作在地主阶级中取得的创新成果，体现着历史与逻辑的统一。

根据中共中央和毛泽东的指示，各抗日根据地立即将发展统一战线作为工作的重点。如在山东抗日根据地，1940年1月，八路军山东纵队政委黎玉指出，当前具体工作任务的第一项就是"争取中间阶层，团结公正士绅"④。中共中央的这一做法，正如美国学者所言："与国民党关系的恶化以及日本强化治安所造成的后果只能使中共更重视——而不是相反——统一战线的工作"，"在危机时期，统战工作不只是一个策略手段，而是一个具有一般战略意义的工作"。⑤

显然，如果只采取"中立孤立麻痹"政策"进行一定程度的统一战线"，就起不到团结公正士绅、扩大统一战线的作用。为争取时局好转，避免中间势力投降危险，中共提出了争取团结进步的十大任务，其中一项是"建设完

---

① 中共中央文献研究室、中央档案馆编：《建党以来重要文献选编（1921—1949）》（第十六册），中央文献出版社2011年版，第766页。
② 中共中央文献研究室、中央档案馆编：《建党以来重要文献选编（1921—1949）》（第十六册），中央文献出版社2011年版，第800页。
③《毛泽东选集》（第二卷），人民出版社1991年版，第638—639页。
④ 山东省档案馆、山东社会科学院历史研究所编：《山东革命历史档案资料选编》（第四辑），山东人民出版社1982年版，第115页。
⑤ [美]费正清主编：《剑桥中华民国史》（第二部），章建刚等译，上海人民出版社1992年版，第756页。

全民选的没有任何投降反共分子参加的抗日民主政权"①，并解释："这种政权不是工农小资产阶级的政权，而是一切赞成抗日又赞成民主的人的政权，是几个革命阶级联合的民主专政。"②1940年2月1日，中共中央书记处发出《关于抗日民主政权的阶级实质问题的指示》，指出"抗日民主政权应当在政策上和阶级实质上，都是抗日统一战线的政权，即一切拥护抗日统一战线、不投降、不反共、不倒退的人都应当吸收其代表加入政权，但绝不是大地主大资本家工农小资产阶级的联合政权，而是以工农小资产阶级为主，同时又不拒绝进步的中产阶级分子及进步士绅参加的政权"③。这就明确了抗日民主政权的实质，为根据地政权建设提供了目标。2月10日，毛泽东起草的《中共中央、中央军委关于目前形势和任务的指示》强调，"政权机关中不要排斥进步的中产阶级与进步士绅"④。

1940年2月20日，毛泽东在延安各界宪政促进会成立大会的演讲中指出，抗日和民主是目前中国的头等大事，而民主这件事"现在还没有做"⑤。毛泽东指出，"我们中国需要的民主政治"⑥，"是合乎现在中国国情的新民主主义"⑦。中共在建立根据地之始，就注重对民主政权的探求。在国民党发动反共摩擦，在宪政运动高涨的条件下，发扬民主、团结争取开明士绅等中间派并将其纳入抗日民主政权建设中去，是中共打退顽固派进攻的有效武器，同时也是实践民主的一个良机。参与是民主问题的核心。⑧中共要建立抗日民主政权，要体现民主，必须让一切抗日阶层都能参与政治活动，在政权下体现

---

① 中共中央文献研究室、中央档案馆编：《建党以来重要文献选编（1921—1949）》（第十七册），中央文献出版社2011年版，第104页。
② 中共中央文献研究室、中央档案馆编：《建党以来重要文献选编（1921—1949）》（第十七册），中央文献出版社2011年版，第104页。
③ 中共中央文献研究室、中央档案馆编：《建党以来重要文献选编（1921—1949）》（第十七册），中央文献出版社2011年版，第118—119页。
④ 中共中央文献研究室、中央档案馆编：《建党以来重要文献选编（1921—1949）》（第十七册），中央文献出版社2011年版，第130页。
⑤《毛泽东选集》（第二卷），人民出版社1991年版，第731页。
⑥⑦《毛泽东选集》（第二卷），人民出版社1991年版，第733页。
⑧ 参见 [美] 科恩：《论民主》，聂崇信、朱秀贤译，商务印书馆1988年版，第32页。

出平等，真正实现毛泽东所说的让他们"担负一种职务"的构想。中共在此前曾有"吸收进步士绅参加县政会"的提法，但在抗日根据地并未真正成为一种制度。在新的形势下再次提出这一任务，可见中共对这一问题已非常重视，抗日民主政权模式逐渐酝酿成熟。

1940年3月6日，毛泽东在为中共中央起草的指示中，将"开明绅士"的称谓固定化。他指出，目前是中共可能在各根据地建立抗日民主政权而国民党顽固派反对建立这种政权的时候，这种斗争"带着推动全国建立统一战线政权的性质，为全国观感之所系"①，要谨慎地处理这个问题。他指出，目前中共存在的严重问题是"忽视争取中等资产阶级和开明绅士的'左'的倾向"②。他认为对开明绅士和中等资产阶级，"目前我们决不能不顾到这些阶层的力量，我们必须谨慎地对待他们"③。这是毛泽东随着形势的发展，在总结统一战线工作的经验、正确处理民族矛盾和阶级矛盾的基础上，提出来的正确策略与政策。这正如毛泽东所说，他在写《中国革命和中国共产党》时，"民族资产阶级与开明绅士的态度是否与大资产阶级大地主有区别，还不能明显地看出来，到今年三月就可以看出来了"④。在此基础上，毛泽东提出了建立"三三制"抗日民主政权的要求，"这种政权，是一切赞成抗日又赞成民主的人们的政权，是几个革命阶级联合起来对于汉奸和反动派的民主专政"⑤。他指出："根据抗日民族统一战线政权的原则，在人员分配上，应规定为共产党员占三分之一，非党的左派进步分子占三分之一，不左不右的中间派占三分之一。"⑥

开明士绅政策是"三三制"政策的一个组成部分。其实质是开明士绅作为抗战的一分子，在抗日根据地民主政权中有参政议政的权利；开明士绅等中间派在政权中的人员分配上占三分之一。从形式上看，"三三制"政策将开明士绅政策涵盖在内，开明士绅成为"三三制"政权中不可缺少的一部分。

---

①⑤《毛泽东选集》（第二卷），人民出版社1991年版，第741页。
②③⑥《毛泽东选集》（第二卷），人民出版社1991年版，第742页。
④ 中共中央文献研究室编：《毛泽东书信选集》，中央文献出版社2003年版，第147页。

谈"三三制",要涉及开明士绅;研究开明士绅,要将其放在"三三制"政权之下。但从形成和发展路径上看,"开明士绅(绅士)"的提法及相关政策不是与"三三制"同时提出来的。抛开"三三制"政权是中共敌后抗日根据地民主政权合乎规律的发展这一必然性不说,仅从"开明士绅(绅士)"与"三三制"提出的先后关系来看,可以说,开明士绅等中间力量在国共摩擦中的作用的显现,对中共将抗日民主政权模式明确为"三三制"具有某种直接的启示作用。正如毛泽东所说:"给中间派以三分之一的位置,目的在于争取中等资产阶级和开明绅士。这些阶层的争取,是孤立顽固派的一个重要的步骤。"[1]

中国共产党对开明士绅的认识及政策的演变过程,体现了党的统战工作在地主阶级中取得了显著成效,是毛泽东思想中政策和策略思想的有机重要组成部分。开明士绅政策的最终形成,为巩固和发展"三三制"民主政权,引导开明士绅并通过其动员整个地主阶级参与全民族抗战和抗日根据地建设,创造了有利条件。

---

[1] 《毛泽东选集》(第二卷),人民出版社1991年版,第742页。

第七章 抗战时期中共的华侨工作

抗战时期，中共注重运用抗日民族统一战线政策和策略，加强了与海外华侨华人的交往联系。在美洲，中共将对洪门致公堂的统战工作视为其开展海外统战、争取华侨华人的重要内容。

学界现有抗战时期中共对美洲洪门致公堂的统战工作研究，多以1935年中共发表八一宣言表示愿意与致公堂建立抗日民族统一战线为起点，以"皖南事变"后毛泽东与司徒美堂的函电往来、1941年周恩来与归国的司徒美堂联络等高层往来为主要内容。总的来说，现有研究重在政策分析，集中描述中共主要领导人与美洲洪门致公堂领袖司徒美堂的互动。但是，抗战不同阶段中共对美洲洪门致公堂统战工作的具体面向和基本特点，以及旅美中共党员联络、争取美洲洪门致公堂的实际活动，还有待深入考察。

事实上，在中共发表八一宣言将致公堂划归为愿意参加抗日救国事业的各团体前，美共中国局已经在实际工作中践行对美洲洪门致公堂的统一战线工作。全民族抗战爆发后，中共愈加重视海外华侨华人工作，与美共中国局内外相应，将对美洲洪门致公堂及其领袖司徒美堂的统战工作逐步推进。本章利用海外档案及刊物，考察抗战不同阶段中共对美洲洪门致公堂所做统战工作的主要内容和基本特点，并以此为例，探讨抗战时期中共的海外统战工作及华侨工作。

第一节 借助"衣联会"争取美洲洪门致公堂

初到美洲的华侨华人，面对语言不通、举目无亲的窘境与殖民主义者的欺凌，亟须加入组织以寻求庇护。美洲洪门对其成员提供生活上的保护，作为华侨华人的互助性团体而公开活动，又因其吸收成员不受地域、血缘等限制，故"华侨中十之八九皆系洪门成员"[①]。

全民族抗战爆发前，中共在美洲的华侨华人工作主要通过一批在美国加入共产党的中国留学生自觉地组织推进。1924年至1925年，清华大学施滉、徐永煐、冀朝鼎，北京女子师范学生罗静宜等，先后赴美留学。[②]在清华期间，施滉、徐永煐、冀朝鼎就通过五四运动走在一起，创办了"以求人类底真幸福"的唯真学会。为寻求"政治救国"之道，施滉、徐永煐还代表唯真学会拜见过孙中山、李大钊。[③]抵美后，施滉等因声援国内五卅运动、北伐战争，开展反帝爱国活动而为美国共产党所关注。1927年大革命失败前后，施滉、徐永煐、冀朝鼎声讨蒋介石，陆续加入美国共产党。1927年5至6月，在美国共产党的指导下，施滉、徐永煐、冀朝鼎等在旧金山创建了隶属于美共

---

① 秦宝琦：《洪门真史》，福建人民出版社2000年版，第358页。
② 参见徐庆来编著：《徐永煐纪年》，中央文献出版社2011年版，第63页。
③ 参见清华大学校史组编：《人物志》（第一辑），清华大学出版社1983年版，第71页。

中央委员会的中国局。①施滉任书记，徐永煐、冀朝鼎等五人为委员，罗静宜为妇女组织员。②

中共最初的美洲华侨华人工作，是由美共中国局这批具有共同理想的先进知识分子具体承担的。美共中国局成立时，施滉在斯坦福大学攻读东方史③，徐永煐在斯坦福大学读经济④，冀朝鼎在芝加哥大学读历史⑤，他们在留美学生中开展政治活动。1927年夏，美国西部的留学生在斯坦福大学召开一年一度的夏令营集会，施滉、徐永煐、冀朝鼎均有参加，他们向留美学生们介绍了四一二反革命政变的真相，并同支持国民党右派的留学生展开激烈辩论。同为清华1924级学生的周培源回忆道："我的政治启蒙教育是从那年夏天开始的。"⑥值得注意的是，美共中国局在美是秘密活动的，其党员对外不暴露政治身份。⑦1927年下半年，美共中国局创建"美洲拥护中国工农革命大同盟"，其为外围组织，在留美学生及华侨华人中开展活动。⑧这一期间，徐永煐中断了在校学习，开始专职从事革命工作。

1928年秋，美共中国局转移到华侨华人和留学生较为集中的纽约。⑨同年，美共中国局书记施滉被美共中央派往古巴，徐永煐成为美共中国局的实际负责人。自此至1946年10月徐永煐离美，近二十年间，徐永煐主要住在纽约。⑩美国联邦调查局曾对中国在美国的共产主义活动进行长期追踪，认为徐永煐即为中国在美共产主义者中的最高领导者。迁至纽约后，"美洲拥护中国工农革命大同盟"改组为"美洲华侨反帝大同盟"，其机关报《先锋报》亦在

---

① 参见徐庆来编著：《徐永煐纪年》，中央文献出版社2011年版，第75页。
② 参见中共云南省委党史资料征集委员会编：《施滉》，云南民族出版社1987年版，第60页。
③ 参见中共云南省委党史资料征集委员会编：《施滉》，云南民族出版社1987年版，第89页。
④ 参见徐庆来编著：《徐永煐纪年》，中央文献出版社2011年版，第74页。
⑤ 参见宋立志编著：《名校精英：清华大学、北京大学》，京华出版社2010年版，第26页。
⑥ 庄丽君主编：《世纪清华》，光明日报出版社1998年版，第341页。
⑦ 参见何立波：《中共海外组织美共中央中国局》，载《党史博览》2016年第7期。
⑧ 参见张报：《二、三十年代在美国的中国共产党人》，载《国际共运史研究资料》1982年第4期。
⑨ 参见中共云南省委党史资料征集委员会编：《施滉》，云南民族出版社1987年版，第181页。
⑩ 参见徐庆来编著：《徐永煐纪年》，中央文献出版社2011年版，第82页。

美国进步大主教的资助下，由油印改为铅印，每周公开出版八版。①徐永煐领导下的美共中国局依托"美洲华侨反帝大同盟"及《先锋报》在纽约的华侨社会中活动。

九一八事变后，美共中国局的主要议题由"反帝"改为"抗日"。自1931年10月起，《先锋报》每期都刊载呼吁华侨华人参加反日运动的文章，"美洲华侨反帝大同盟"亦试图联络各团体。但碍于美共中国局在华侨社会的影响力，收效甚微。1933年徐永煐当选美共中国局书记，他在《先锋报》上发表了一系列文章，反思美共中国局搞"关门主义"②"隔绝群众的清高主义"，决议调整政策以接近和组织华侨华人中可以联合的力量。

1934年4月，徐永煐判断，"现在纽约的小衣馆业者，是劳苦的份子，是无产阶级的友军"③。于是，美共中国局以华侨华人同业工会——纽约华侨衣馆联合会（简称"衣联会"）为突破口，率先对其进行联络。"衣联会"是1933年4月30日，由纽约从事洗衣行业的草根民众建立的组织，其根本诉求在于"联络感情，集中力量，内谋维护同业之利益，外求取消限制华侨洗衣馆一切苛例"④。

此处特别需要厘清美共中国局与"衣联会"之间的关系。有学者认为，"衣联会"是由美共中国局建立的团体。其主要依据是，曾参加过美共中国局的张报回忆，美共中国局根据旅美华侨华人多从事洗衣业的情况，成立了洗衣业工会。⑤何立波研究美共中国局不同阶段工作内容时也指出，1933年美共中国局纠正了此前"左"的倾向，通过发动华侨华人建立包括"衣联会"在内的团体，保障华侨华人权益，从事左翼运动。⑥总的来说，研究美共中国局

---

① 参见《华侨华人百科全书·新闻出版卷》编辑委员会编：《华侨华人百科全书·新闻出版卷》，中国华侨出版社1999年版，第379页。
② 《冲破华侨群众斗争发展上的难关》，载《先锋报》1933年2月15日。
③ 《纽约衣联会和共产党》，载《先锋报》1934年4月15日。
④ 于仁秋：《救国自救 纽约华侨衣馆联合会简史（1933—1950's）》，三联书店（香港）有限公司1992年版，第54页。
⑤ 参见张报：《二、三十年代在美国的中国共产党人》，载《国际共运史研究资料》1982年第4期。
⑥ 参见何立波：《中共海外组织美共中央中国局》，载《党史博览》2016年第7期。

的学者多认为,"衣联会"是由美共中国局所建立的。

一些学者则认为,"衣联会"在接受美共中国局帮助的同时,是对美共中国局保有距离、否认接受其领导和控制的独立团体。"衣联会"研究者于仁秋将美共中国局的党员统称为华人左派,详细论述了华人左派与"衣联会"之间错综复杂的关系,即华人左派帮助和支持"衣联会","衣联会"在接受华人左派支持的同时,并不接受华人左派的政治领导及政治主张。[1]麦礼谦的观点与于仁秋相一致,认为"衣联会"领导者对美共中国局持谨慎、警惕的态度,但是面对纽约中华公所的敌对,"衣联会"已经没有选择,其中较为激进的力量与美共中国局结成联盟。

在上述两种观点中,笔者较为倾向于仁秋、麦礼谦二人的观点,即"衣联会"是包含不同政治观点的职业性群众团体,而非美共中国局的下属组织,二者不存在组织上的隶属关系。[2]

但同时可以肯定的是,美共中国局已在支持"衣联会"的过程中实现了对其的领导。一方面,美共中国局为"衣联会"的斗争活动提供了支援和指导,使得"衣联会"对旅美中共党员产生了需要和依赖。加之双方在政治目标、利益等方面的共同点,两者逐渐采取了一致行动。另一方面,基于"衣联会""不分党派、性别"[3]的特点,美共中国局的旅美中共党员得以秘密加入"衣联会",并在其中从事工作。

为了争取更多华侨华人为抗日贡献力量,美共中国局开始借助"衣联会",争取美洲洪门致公堂。笔者认为,美共中国局在华侨华人社会众多保守力量中选择了致公堂,是基于以下因素考虑的。

从政治主张上看,美洲洪门致公堂历来坚持民族主义,对蒋介石的不抵

---

[1] 参见于仁秋:《救国自救 纽约华侨衣馆联合会简史(1933—1950's)》,三联书店(香港)有限公司1992年版,第74页。
[2] 参见于仁秋:《救国自救 纽约华侨衣馆联合会简史(1933—1950's)》,三联书店(香港)有限公司1992年版,第86页。
[3] 全国政协文史资料委员会编:《中华文史资料文库》(第十九卷),中国文史出版社1996年版,第827页。

抗政策极为不满。致公堂早年曾联络华侨华人支援孙中山辛亥革命，其内部堂员多为民族主义者。"福建事变"后，司徒美堂所领导的洪门致公总堂以"中国致公总部"的名义发表通电拥护"福建事变"中成立的人民革命政府。[①]蔡廷锴组织福建人民政府失败后，于1934年8月到达美国，司徒美堂亲自保障其安全，陪蔡廷锴遍访了美国十余座城市，并不顾中国国民党当局的阻拦陪同蔡廷锴出席了"衣联会"的宴会。甚至，有材料表明美洲洪门致公堂欲选蔡廷锴为该堂总理。上述活动均显示了致公堂抗日反蒋的基本立场，相同的政治立场是争取与其联合的前提。

从组织构成上看，美洲洪门致公堂是传统华侨华人社团中最不稳定且最具独立性的组织，为美共中国局联络致公堂提供了机会。不同于中华公所等团体较多依附于中国国民党，美洲洪门致公堂始终保持其独立性。美洲洪门致公堂与中国国民党美洲支部存在竞争关系，对中国国民党在华埠的跋扈颇为不满。而致公堂内部既有对华人左派持怀疑态度的保守势力，也有激进的民族主义者。特别是致公堂的一些堂员加入了"衣联会"，使致公堂与"衣联会"始终维持着关系，为"衣联会"对致公堂的联合提供了组织上的基础。

基于上述条件，旅美中共党员借助"衣联会"展开了对致公堂的争取工作。1934年，"衣联会"作为主导，联合"美洲华侨反帝大同盟"、《先锋报》等组织成立了"纽约华侨抗日救国会"。[②]"纽约华侨抗日救国会"实际受美共中国局控制，决议吸纳工人、妇女、学生、当地报纸的工作人员，甚至各堂的成员。他们请抗日反蒋且具有洪门背景的蔡廷锴劝说致公堂参加抗日救国会，蔡廷锴也表示会极力说服致公堂。[③]

1935年，中共驻共产国际代表团草拟了八一宣言，并于10月1日以中华苏维埃共和国中央政府和中共中央委员会的名义正式发表。八一宣言将致公

[①] 参见薛谋成、郑全备选编：《"福建事变"资料选编》，江西人民出版社1984年版，第183页。
[②] 参见[美]邝治中：《纽约唐人街——劳工和政治（1930—1950年）》，杨万译，上海译文出版社1982年版，第114页。
[③] 参见于仁秋：《救国自救 纽约华侨衣馆联合会简史（1933—1950's）》，三联书店（香港）有限公司1992年版，第106页。

堂划归为一切愿意参加抗日救国事业的各团体中的一部分，作为苏维埃政府和共产党愿意争取与联合的对象。[①]可以说，美共中国局在八一宣言发布前，已经在实际开展了美洲洪门致公堂的统一战线工作。相较于中共中央在政策层面建立抗日民族统一战线的号召，美共中国局则在现实层面开展着对美洲洪门致公堂及华侨华人的统战工作。

经过数月的讨论及辩论，致公堂虽然对共产革命仍持保留态度，但同意加入抗日救国运动。随后，致公堂帮助"衣联会"动员笃亲公所、龙岗公所等众多团体先后加入抗日救国运动。在动员中华公所加入抗日爱国统一战线的过程中，司徒美堂曾在会上斥责保守派，"大有声泪俱下之势"，宣布反对"民族卖国贼"。[②]1936年1月19日，"衣联会"与致公堂共同促成发起"纽约全体华侨抗日救国会"。"纽约全体华侨抗日救国会"以"不分党派，联合海内外民众，实行武装自卫，反对一党专政，促进国防政府，积极抗日，扫除一切汉奸"为根本宗旨，形成了联合绝大多数华侨华人社团的统一战线组织，开始进行支援国内抗战的各项活动。[③]

总的来说，全民族抗战爆发前，中共对美洲洪门致公堂的统战工作具体是由美共中国局实施的。虽然中共中央未能给予美共中国局以直接指导，但美共中国局的行动与中共八一宣言所确立的方针相一致。美共中国局将致公堂看作联络美国华侨华人社团的关键所在，其统战工作借助华侨华人同业工会——"衣联会"具体施行。这一阶段，美共中国局对致公堂的统战工作，侧重于借由致公堂的势力，敦请华侨华人保守派社团参加爱国运动，共同促成华侨华人的抗日民族统一战线。其联络致公堂的具体方针、策略则较为笼统，尚不涉及致公堂内部的具体事务。

---

① 参见中央统战部、中央档案馆编：《中共中央抗日民族统一战线文件选编》（中），档案出版社1985年版，第16页。
② 参见于仁秋：《救国自救 纽约华侨衣馆联合会简史（1933—1950's）》，三联书店（香港）有限公司1992年版，第107页。
③ 参见潮龙起主编：《历史丰碑——海外华侨与抗日战争》，暨南大学出版社2015年版，第66页。

第二节 以《美洲华侨日报》为中心推进统战工作

全民族抗战爆发后,中国共产党更加广泛地关注海外华侨华人的抗日动员工作。1938年3月18日,毛泽东在辜俊英纪念手册上题词:"全体华侨同志应该好好团结起来,援助祖国,战胜日寇。共产党是关心海外侨胞的,愿意与全体侨胞建立抗日统一战线。"[①]为动员华侨华人,中共分两个方面派出党员:一方面是在延安的中共中央直接派人到侨居地开展工作;另一方面是通过周恩来于1939年1月在国统区创立的中共中央南方局派人到海外华侨华人中开展工作。[②]

与中共派出党员相配合,这一时期从侨居地回国的党员为中共了解华侨华人实际情况、制定相应政策提供了信息来源。1939年10月,承担美共中国局重要工作的饶漱石离美返国。1940年2月28日,饶漱石向中共中央书记处报告了华侨工作情况。在听取报告后,中共中央决议成立专门的华侨工作委员会(1941年12月并入海外工作委员会),以加强党对华侨工作的领导,其具体任务包括准备团结各地华侨的行动纲领,研究在华侨中工作的策略,给

---

① 中共中央文献研究室编:《毛泽东年谱(一八九三——一九四九)(修订本)》(中卷),中央文献出版社2013年版,第58—59页。
② 参见任贵祥:《华侨与中国新民主主义革命——兼论民主革命时期华侨与中国共产党的关系》,中国华侨出版社2006年版,第256页。

各地华侨工作的人员以具体的指示，等等。①

中共对争取海外华侨华人、开展海外统战工作的重视，使其将对美洲洪门致公堂及其领袖司徒美堂的统战工作作为重要议题。这既是出于八一宣言对致公堂为愿意参加抗日救国事业的团体之判断，更在于中共接收到的致公堂支援国内抗战的信息。1939年10月6日，中共中央机关报《新中华报》刊发了美洲洪门致公堂来信《全美洲洪门恳亲大会宣言》，记叙了1939年6月15日美洲洪门致公堂为"统一内部之指挥，齐一战时之步骤，增加一切力量，以此力量与我全国四万万五千万兄、弟、姊、妹同一集合"，组织10多个国家200余处分支机构的代表，在墨西哥城召开洪门恳亲大会，决议成立"全美洲洪门总干部"，由司徒美堂负责，任总监督。

1940年6月，南洋华侨领袖陈嘉庚访问延安，使中共更加重视华侨华人工作。据陈嘉庚回忆，"毛泽东主席来余寓所数次，或同午饭，或同晚餐"，"因自抗战以来外国未有借我现金，政府所倚赖全数华侨外汇"。②以陈嘉庚到访延安为契机，《新中华报》1940年6月4日发表社论《华侨在抗战中的作用》，称赞华侨为抗战"提供人力物力献给祖国"③。该社论还提到，华侨"在美洲的，成立美洲华侨抗日统一战线"④，可见中共对美共中国局在华侨社会中的活动有相当了解。

1940年7月，美共中国局借助"衣联会"筹募资金，在纽约创办《美洲华侨日报》，唐明照任社长，冀贡泉为总编辑。⑤毛泽东为《美洲华侨日报》创刊题词："起来，为中华民族的独立自由而奋斗到底。"⑥《美洲华侨日报》创办后，成为美共中国局在华侨华人中开展活动的重要阵地，而毛泽东的题词

---

① 参见中共中央组织部、中共中央党史研究室、中央档案馆编：《中国共产党组织史资料（第三卷）》（上），中共党史出版社2000年版，第51页。
② 陈嘉庚：《南侨回忆录》，上海三联书店2014年版，第165页。
③④《华侨在抗战中的作用》，载《新中华报》1940年6月4日。
⑤ 参见中国华侨历史博物馆编：《中国华侨历史博物馆藏品图录（开馆专辑）》，文物出版社2014年版，第68页。
⑥ 中共中央文献研究室编：《毛泽东年谱（一八九三——一九四九）（修订本）》（中卷），中央文献出版社2013年版，第202页。

也表明，中共将增强对美共中国局的指导。国民党的情报部门指出，"《美洲华侨日报》不特足为中共在美有力之宣传机关，抑且为中共在美之活动中心"。

一方面，《美洲华侨日报》为在美中共党员开展统战工作提供了合理的职业身份，美共中国局建构了以《美洲华侨日报》为中心的隐秘社会网络。负责美洲洪门致公堂统战工作的唐明照、冀贡泉，依托《美洲华侨日报》，分别以社长、总编辑的身份在美国活动，为自身开展统战工作提供便利和掩护。

唐明照是1933年经中共安排派赴美国旧金山的。唐明照在九一八事变后开始投身反对日本帝国主义侵略东北的群众运动，之后被吸收为中共党员。1932年起，任中共北平市委组织部部长，曾在学生运动中被中国国民党当局逮捕，因其持有美国护照被释放。1933年，中共党组织考虑到唐明照对美国较熟悉且了解华侨华人社会，便安排他再赴美国旧金山。唐明照中断在清华大学政治系的学习，进入加州大学伯克利分校，并由中共转入美共，担任美共加州大学党组织负责人。[1]唐明照1937年起任"衣联会"干事，在很多场合以"衣联会"代表身份出现[2]，并通过"衣联会"筹资办报。1939年底，唐明照任美共中国局书记，但此政治身份对外并不公开。[3]他对外的身份是美洲华侨日报社社长。

冀贡泉是1939年2月被周恩来派往美国的。[4]冀贡泉本人并非中共党员，而是爱国民主人士。他是最早加入美共的冀朝鼎的父亲，也与徐永煐有私交。冀贡泉担任山西法政专门学校校长时，徐永煐任英文教员兼校长英文秘书[5]。据《清华周刊》记载："徐君在太原与冀朝鼎之父冀育堂（贡泉）先生，相

---

[1] 参见政协恩平市委员会学习和文史委员会编：《唐明照与女儿唐闻生》，政协恩平市委员会学习和文史委员会2009年内部印行，第8页。

[2] 参见于仁秋：《救国自救 纽约华侨衣馆联合会简史（1933—1950's）》，三联书店（香港）有限公司1992年版，第118页。

[3] 参见中国福利会编：《宋庆龄致陈翰笙书信（1971—1981）》，东方出版中心2013年版，第40页。

[4] 参见《华侨华人百科全书·人物卷》编辑委员会编：《华侨华人百科全书·人物卷》，中国华侨出版社2001年版，第242页。

[5] 参见徐庆来编著：《徐永煐纪年》，中央文献出版社2011年版，第63页。

处甚得。暇常习法律于冀先生，而已教冀先生英语，真可谓教学相长矣。"①1938年6月，冀朝鼎受美国洛克菲勒基金会资助回中国做经济调查期间，向周恩来做了秘密报告。周恩来在重庆见了冀朝鼎及其父亲冀贡泉，表示虽然中共和中国国民党已经一致抗日，然而美国将他们所有的援助都给蒋介石及中国国民党，中共仍需要国外朋友及购买武器和装备的资金。冀朝鼎直接受周恩来指导，按指示带父母弟妹全家赴美，筹集资金并且秘密关注中共事业，在中共的海外统战中发挥作用。冀贡泉曾在日本留学六年，可以流利使用中、英、日三种语言，抵达纽约后便开始参与《美洲华侨日报》的筹备工作。

徐永煐也参加了《美洲华侨日报》的筹备和编辑工作。据罗静宜回忆："为了做好统战工作，使《华侨日报》的文章更适合于华侨群众，于是就请冀朝鼎同志的父亲冀贡泉先生当主编，徐永煐同志坐在冀老伯的对面当副编，有事共同商量，把报办得更好。"②

在旅美中共党员积极活动的同时，周恩来负责的中共中央南方局也推进着华侨工作，继续派党员赴美国活动。中共中央南方局专门设有统一战线工作委员会、国际问题研究室和华侨工作组。③1941年7月3日，周恩来致电毛泽东，分析了目前太平洋的局势和国内近况，认为在海外要加强党的领导，以开展对英美人士、华侨的统一战线工作，同时提出了向海外派人的问题。④1941年9月，张淑义、龚普生奉中共中央南方局安排，同船赴美国留学。⑤张淑义和龚普生是燕大校友，抵美后在纽约的哥伦比亚大学读书。

以《美洲华侨日报》为中心，旅美中共党员形成了秘密的社会网络。如，美共中国局书记、报社社长唐明照与报社会计张希先为夫妻，美共中国局委

---

① 徐庆来编著：《徐永煐纪年》，中央文献出版社2011年版，第67页。
② 中共云南省委党史资料征集委员会编：《施滉》，云南民族出版社1987年版，第195页。
③ 参见中共中央文献研究室编：《周恩来年谱（1898—1949）》（下卷），中央文献出版社2007年版，第479页。
④ 参见南方局党史资料征集小组编：《南方局党史资料　大事记》，重庆出版社1986年版，第170页。
⑤ 参见中共上海市委党史研究室编：《上海党史资料汇编　第二编　土地革命战争时期（下）》，上海书店出版社2018年版，第839页。

员兼副编辑徐永煐曾任报社总编辑冀贡泉的英文秘书，冀贡泉与冀朝鼎为父子。1941年到达美国的张淑义后与徐永煐结为夫妻，她的燕大校友龚普生则与南方局外事组的龚澎为姐妹。陈翰笙回忆："我在纽约有些朋友，当我要知道什么消息，只消出去转一圈，通几个电话，就可以达到目的了。"①除此之外，龚普生与龚澎的书信往来，成为美共中国局与南方局即旅美中共党员同周恩来进行联络的重要渠道之一。可以说，旅美中共党员中有父子、夫妻、校友、同学等社会关系，为统战工作提供了重要基础。

另一方面，《美洲华侨日报》在美洲洪门致公堂所关注的号召华侨华人、宣传抗日等方面发挥了重要作用，同时对致公堂的各项活动也加以宣传，获得了美洲洪门致公堂领袖司徒美堂的肯定。不同于1938年至1939年间饶漱石在纽约办的《救国时报》，《美洲华侨日报》所展现出来的政治立场更加温和、中立，吸引了遍及美洲的读者，成为20世纪40年代纽约发行量最大的中文报纸。从内容上看，《美洲华侨日报》聚焦于时事政治新闻及华侨华人动态两方面。在论及时事政治时，《美洲华侨日报》对二战期间各国作战攻势及国际关系进行了详细介绍，也对中国国内抗战形势进行了报告。

《美洲华侨日报》创刊之初，在报道国内抗战形势及政治、经济等情况时，对中国国民党及中共两方面的情况表现出较为中立的政治立场，并未直接表达其政治倾向。比如对"皖南事变"进行详细报道时，采取了"呼吁团结"②"消除摩擦"③的立场，还原国民党挑起事端的经过，同时借斯诺等记者的稿件力图以旁观者的角度为中共争取同情④。正如冀贡泉之子冀朝铸在回忆中指出，《美洲华侨日报》的秘密议程是助力中国和中共的事业，并且与美国左翼组织形成联盟——但同时不公开显现其政治立场。《美洲华侨日报》温和的政治态度，为其争取了包括致公堂在内的读者受众，也避免了反对力量

---

① 陈翰笙：《四个时代的我：陈翰笙回忆录》，中国文史出版社2012年版，第63页。
② 《加紧呼吁团结》，载《美洲华侨日报》1941年1月20日。
③ 《周恩来谈消除国共摩擦》，载《美洲华侨日报》1941年1月20日。
④ 参见《国共分裂加深有决裂之虑》，载《美洲华侨日报》1941年1月9日。

的过分关注，为日后系统宣传中共的方针、政策，进行海外统战奠定了基础。

《美洲华侨日报》对华侨华人活动状况的详细报道，特别是对美洲洪门致公堂的密切关注，拉近了其与美洲洪门致公堂的关系。

首先，《美洲华侨日报》对纽约筹饷总会为国内抗战筹款的情况进行了追踪。筹饷总会是致公总堂发起成立的为国内抗战筹款的机构。七七事变后，致公总堂发表宣言"集中我五洲洪门全体义士，一心一德与我全国海内外爱国同胞一致合力抵抗日寇，共救中国"①，并号召致公堂各地分支堂口"从速发起筹饷，以助军糈，军势急迫，不容稍缓"②。司徒美堂随之辞去其他职务，以纽约筹饷总会主席的身份，专职负责筹饷工作。

唐明照等以"衣联会"成员的身份响应纽约筹饷总会，携"衣联会"积极参与筹饷，并利用《美洲华侨日报》的平台，对筹饷总会的工作进行报道。《筹饷总会会议纪要》《筹饷总会常会会议通告》成为日报的固定栏目，辑录了历次筹饷会议的报告事项、讨论事项，对筹饷总会募集资金的数额、去向均做了详细记录。

其次，《美洲华侨日报》对美洲洪门致公堂及司徒美堂个人的活动情况进行了追踪报道。相关报告不仅涵盖致公堂接纳新成员③、筹款购买校舍④等常规活动，也对洪门致公堂作为华侨华人社团，为华侨华人利益而奔走的各项活动进行了宣传，如报道了致公堂请求国民政府增加侨汇津贴⑤、请求救济侨眷等⑥。这一时期"衣联会"和美洲洪门致公堂互动频繁，在支援抗战的活动中积极合作，《美洲华侨日报》也均对其进行了报道。可以说，《美洲华侨日报》已成为华侨华人社会不同团体沟通、联络的媒介。

---

① 《洪门人士抗日救国之郑重宣言》，载《大汉公报》1937年7月30日。
② 《美国致公堂总部筹款救国宣言》，载《大汉公报》1937年8月27日。
③ 参见《致公总堂新职员》，载《美洲华侨日报》1944年12月19日。
④ 参见《安良堂拨款五万元　为稚大购买校舍》，载《美洲华侨日报》1945年1月9日。
⑤ 参见《美洲洪门代表大会关心侨汇》，载《美洲华侨日报》1945年3月19日。
⑥ 参见《司徒参政美堂见蒋梦麟　会商救济沦陷区侨眷办法》，载《美洲华侨日报》1945年3月27日。

《美洲华侨日报》办报水平甚高,一度得到国民党情报部门的肯定,称其采访消息及写作社评,均见实力。《美洲华侨日报》获得了司徒美堂的关注与肯定,而同属先进知识分子的唐明照、冀贡泉等人也因展现出丰厚的知识储备及社会活动能力,颇为司徒美堂所赏识。司徒美堂邀请他们加入致公堂,并依据堂规成了他们的"舅父"。司徒美堂还应邀参加了"衣联会"举办的向华侨华人宣传抗日的大会。①据唐明照回忆:"那时我们的《美洲华侨日报》同致公堂的《纽约公报》合作得很好。"②

与在美中共党员的活动相对应,中共中央对美洲洪门致公堂由过去政策性的表示联合发展转为实质上的接触、联络。中共在明确提出"团结全体华侨,团结其各阶层各党派"方针前,即已对司徒美堂进行了联络。皖南事变后,毛泽东收到司徒美堂敦促国共双方团结抗战的电文,于1941年3月14日复电司徒美堂,表示对美洲华侨华人"关怀祖国,呼吁团结,敬佩无已"③。随后,毛泽东一方面重申中共坚持抗日民族统一战线的立场,表示"中国共产党始终以民族利益为重,坚持抗日民族统一战线政策迄未稍变"④,另一方面将国共冲突的原因归咎于中国国民党,指出"当此民族存亡千钧一发之时,亲日派分子如不被驱逐,反共派分子如不放弃其两个战争的计划,一党专政如不取消,民主政治如不实行,三民主义如不兑现,总理遗嘱如不服从,中华民族之前途,必须葬送于此辈之手"⑤,并由此向司徒美堂表达了中共取消一党专政、实行民主政治的立场,争取其对中共的支持。

1942年司徒美堂担任国民政府行政院参议员回国之际,从香港经东江、韶关、桂林等地辗转到达重庆。周恩来偕邓颖超到酒店看望,代表中共向司徒美堂表示问候,并派人送去《新华日报》。⑥此后,周恩来、邓颖超、董必武在八路军驻重庆办事处接待了司徒美堂,并就国事各方面问题进行了交

---

① 参见中国致公党中央研究室编:《司徒美堂》,中国致公出版社2001年版,第204页。
② 中国致公党中央研究室编:《司徒美堂》,中国致公出版社2001年版,第203页。
③④⑤ 中国致公党中央文史委员会编:《中国致公党文件选编》(上),中国致公出版社1995年版,第1页。
⑥ 参见中国致公党中央研究室编:《司徒美堂》,中国致公出版社2001年版,第180页。

谈。①周恩来向司徒美堂详细阐述了皖南事变中中国国民党军队攻击新四军的经过，描述了中共领导的抗日力量是如何抵抗日本侵略的。②同时，口头转达了毛泽东"欢迎美堂先生在方便的时候访问延安"的邀请，赠送了延安生产的羊毛毯子、陕北小米、河南小枣，司徒美堂也复函向毛泽东表达了谢意和敬意。③对于中共的邀约，司徒美堂一度犹豫不决，虽然他对蒋介石中伤中共的宣传表示质疑，但此时他对中共的方针、政策仍然不够了解，持保留态度。④这就给美共中国局的统战工作以深入的空间。

---

① 参见中共中央文献研究室编：《周恩来年谱（1898—1949）》（下卷），中央文献出版社2007年版，第537页。
②④ 参见中国致公党中央研究室编：《司徒美堂》，中国致公出版社2001年版，第112页。
③ 参见张健人、黄继烨：《司徒美堂》，广东人民出版社2007年版，第50页。

第三节 参与美洲洪门致公堂组建政党的核心工作

抗战后期，司徒美堂对美洲洪门致公堂的整合与发展，使致公堂逐渐具备政党的特征。美洲洪门致公堂基于其在抗战中捐款输将的重大贡献，加之常年在海外受西方政党政治的影响，参与国内政治的意愿愈加强烈。

《美洲华侨日报》在华侨华人中的统战工作日见成效。抗战胜利前夕，旅美中共党员借助《美洲华侨日报》向致公堂宣传的联合政府主张，使致公堂愈加坚定以政党身份参与国内政治的理念。1945年2月10日，美洲洪门致公堂的七家报纸[1]、中国宪政党的两家报纸[2]响应中共《美洲华侨日报》，共同发表《美洲华侨报界对国事主张》，号召中国国民党结束一党专政，成立民主政府。致公堂对中共联合政府的支持，一度引发中国国民党当局的高度重视和美国情报部门的追踪调查。[3]然而，中国国民党将致公堂政治立场的集中表达视为中共"嗾使"，未能审视自身政治体制之不足。

---

[1] 美洲洪门致公堂的七家报纸具体包括：纽约的《五洲公报》(Chinese Republic News)，加拿大温哥华的《大汉公报》(Chinese Times, Tai Hon Kung Po)、多伦多的《洪钟时报》(Chinese Times, Hung Chung Shih Po)，古巴的《开明公报》(Hoi Min Kung Po)、《民声日报》(La Patria)，秘鲁的《公言报》(La Voz De La Colonia China)，墨西哥的《公报》(Kong Po)。
[2] 中国宪政党的两家报纸具体包括：《新中华日报》(New China Daily Press)、《世界日报》(Chinese World)。
[3] 参见石瑶：《抗战后期美洲洪门致公堂的政治参与——以"美洲〈十报宣言〉事件"为中心的考察》，载《华侨华人历史研究》2020年第1期。

不久，中国国民党于1945年3月1日宣布"定期于今年11月12日，召开国民大会，制定宪法，成立宪法政府，至宪法通过后，所有政党，均取得合法及平等之地位"。致公堂由此看到回国参政的现实可能性[①]，将改组政党列入议程。

司徒美堂及美洲洪门人士议定在纽约召开全美洲洪门恳亲大会，商讨致公堂"改堂为党"，组织华侨华人政党的事宜。1945年3月11日至22日，全美洲洪门代表恳亲大会在纽约召开，决定以美洲洪门致公堂为基础改组"中国洪门致公党"。这次恳亲大会可以看作是中国洪门致公党的成立大会。会议共有54名代表，实际出席47名。值得注意的是，受司徒美堂之邀加入美洲洪门致公堂的美共中国局委员唐明照、爱国民主人士冀贡泉，作为纽约的洪门代表参加了全美洲洪门代表恳亲大会。

梳理恳亲大会的主要议程，不难发现唐明照、冀贡泉在此次大会中均被委以重要的工作。在组织政党方面，3月12日召开的预备会议主要对会议期间的分工进行了安排，推选出司徒美堂等十人为大会主席团，并推选出文书股五人、审查股五人。唐明照作为文书股成员之一，参与负责大会的文书工作。在会议正式召开阶段，大会讨论通过全加拿大致公堂总干部提出的《洪门致公堂应改组政党案》，将组织政党的工作推进至实际操作阶段，公推吕超然、杨天孚、朱今石、陈月湖、冀贡泉五人为改组政党章程起草委员。政党章程的起草涉及致公党对自身性质、指导思想、政治纲领、组织结构、组织制度，以及党员权利与义务等内容的定义，是致公党赖以建立和活动的法规体系基础。冀贡泉作为党章起草委员，实际参与了组织政党的关键环节。

筹备办报是全美洲洪门代表恳亲大会的另一重要议题。美洲洪门各代表认为洪门七家报社分属不同堂口，"未曾组织统一舆论，统一报道之总机关报，故新闻消息来源，不是译自西报或听自播音电台，即是来自祖国之别党

[①] 参见《对全美洲洪门恳亲大会贡一言》（二），载《大汉公报》1945年3月10日。

别派通讯社之稿件"①。大会遂决定以《纽约公报》为基础开设新的报馆，"集中开办五洲公报，统一舆论"②。参会代表集资认股以购置楼宇、配备机器，唐明照积极认购股份，出资五十元，并捐资为《纽约公报》解决现实需要。③

在救济侨眷的议题下，唐明照提出的《应请中国红十字会求国际红十字会设法救济侨眷案》在美洲洪门恳亲大会上获得通过。此后，司徒美堂以中国洪门致公党驻美洲总部正主席的名义，赴纽约市大使馆会见时任中国红十字会会长蒋梦麟，商洽救济侨眷办法，唐明照作为四名代表之一陪同前往。④由此可见，在全美洲洪门代表恳亲大会组党、办报、救侨的核心议题中，旅美中共党员均参与其中，发挥着重要作用。

唐明照、冀贡泉对美洲洪门致公堂统战工作的突破，为中共中央领导层对美洲洪门致公堂的统战工作打开了局面。中共中央南方局副书记董必武参加旧金山会议期间，与美洲洪门致公堂进行了更为直接、深层的联络。1945年4月至11月，董必武以中共代表身份参加联合国制宪会议中国代表团，这是中共高层领导第一次以公开身份在美国活动。⑤董必武利用在美参会的机会开展国际统战工作，积极争取和联络美洲洪门致公堂及在美华侨华人。

一方面，董必武积极地向包括美洲洪门致公堂在内的华侨华人宣传中共的政策主张。在美共中国局党员的帮助下，董必武于5月18日在旧金山用英文发表了《中国解放区实录》，使海外华侨华人得以了解中国共产党领导下的抗日根据地各方面的发展状况及中共在整个抗日战争中的作用和影响。5月24日，董必武和代表团部分团员一同访问旧金山市华侨华人居住区，先后参观

---

① 《代表古、秘、巴三国洪门机关出席全美洲洪门恳亲大会朱家兆同志公毕回湾在欢迎大会之演》（五），载《大汉公报》1945年5月26日。
② 《代表古、秘、巴三国洪门机关出席全美洲洪门恳亲大会朱家兆同志公毕回湾在欢迎大会之演》（四），载《大汉公报》1945年5月25日。
③ 参见《（特载）洪门代表大会消息》（二），载《大汉公报》1945年3月31日。
④ 参见《司徒参政美堂见蒋梦麟　会商救济沦陷区侨眷办法》，载《大汉公报》1945年4月2日。
⑤ 参见何立波：《中共海外组织美共中央中国局》，载《党史博览》2016年第7期。

了中华会馆、中华学校、东华医院等，并在中华学校向学生发表了讲话。5月27日，董必武和代表团全体团员共同出席了旧金山中华总会馆为代表团举行的宴会。6月3日，董必武出席了旧金山救国总会举行的侨众宣传大会并发表演说，指出"海外侨胞希望我国早日实现民主政治，国内同胞也具同一目标，切望大家一齐努力，争取我国的民主政治早日实现"①。董必武的上述工作并非是直接针对致公堂的活动，但在客观上为致公堂了解中共的基本政治主张提供了可能。同时，对比国民政府宋子文等人不重视甚至忽视基层华侨华人的态度，董必武的联络工作给华侨华人留下了深刻印象。②

另一方面，董必武与美洲洪门致公堂进行了互动与合作。在旧金山会议期间，董必武与担任大会代表团华侨顾问的司徒美堂进行了联系。③此外，在随同代表团走访华侨华人社区的过程中，董必武与旧金山致公党建立了联系，因此得以有机会在旧金山致公党与华侨宪政党举办的大会上，作题为《中国共产党的基本政策》的长篇讲演，向华侨华人介绍了中国共产党坚持抗战、坚持团结、坚持民主进步的基本政策，阐述了在抗日战争以及建设陕甘宁边区、敌后抗日根据地的巨大成就，指出中国共产党所有各项政策都是为了建立一个独立、民主、自由、团结、强大、繁荣的新中国。④美洲洪门致公堂机关报《大汉公报》连续十天在其头版对董必武的演讲予以转载。⑤中共以洪门机关报为媒介宣传了其政治主张。

除了直接对华侨华人及美洲洪门致公堂进行联络和宣传工作外，董必武在纽约期间会见了唐明照等人，对在美中共党组织的重建及《美洲华侨日报》的工作进行了重要指导⑥，使得美共中央中国局开始"中共在美工作领导小

---

① 《董必武年谱》编纂组编：《董必武年谱》，中央文献出版社2007年版，第225页。
② 参见［美］邝治中：《纽约唐人街——劳工和政治（1930—1950年）》，杨万译，上海译文出版社1982年版，第151页。
③ 参见全国政协文史和学习委员会编：《回忆司徒美堂》，中国文史出版社2015年版，第227页。
④ 参见《董必武年谱》编纂组编：《董必武年谱》，中央文献出版社2007年版，第225页。
⑤ 参见《董必武先生讲中国共产党的基本政策》，载《大汉公报》1945年7月5日。
⑥ 徐庆来编著：《徐永煐纪年》，中央文献出版社2011年版，第154页。

组"的职能活动,为唐明照等对美洲洪门致公堂进行下一阶段的统战工作奠定了重要基础。

在九一八事变后全国规模的群众抗日救亡运动兴起之时,中共仍囿于"左"倾关门主义,排斥一切上层分子及中间势力。此后,中共的主要精力在于应付中国国民党当局的军事"围剿",对于美洲洪门致公堂及海外华侨华人的海外统战,则非中共能力所及。而美洲洪门致公堂则持既反对中国国民党又反对中国共产党的政治态度,其政治纲领明确规定"永护共和反对党治、安定社会反对共产"[①]。中国国民党当局对中共的负面宣传、中共自身政治力量的局限,使美洲洪门致公堂未能正视与中共的联系。基于双方的政治理念及优先议题,中共并未与美洲洪门致公堂建立实质性关系。

同一时期,一批在美国加入共产党组织的留学生以及中共派赴美国的党员已经组建美共中国局,开始自发地深入海外华侨华人中开展活动。美共中国局先是以维护华人洗衣工权益为诉求的"衣联会"为突破口,实现了对"衣联会"的控制,而后借助"衣联会"开展对华侨华人保守派社团致公堂的工作。美共中国局将致公堂视为动员华侨华人支援抗战的关键所在,于1936年联合致公堂共同促成华侨华人的抗日民族统一战线。可以说,美共中国局与致公堂的联络,早于学术界通常所认识的中共对致公堂的统战始于1935年八一宣言的发表。

全民族抗战爆发后,中共更加广泛地关注海外华侨华人的抗日动员工作,与美共中国局形成了联动局面。周恩来派赴美国的党员创办《美洲华侨日报》,以之为载体为旅美中共党员提供了广泛、固定、合法联系致公堂等华侨华人组织的途径,构建了隐秘的社会网络并累积了信任;而其宣传内容以公正客观的导向、贴近华侨的内容、高超的报道技巧与温和的政治态度争取了更大范围的支持者,并逐渐向华侨华人渗透着中共的政治主张。

[①]《五洲致公堂代表大会议决存堂组党公约》(1931年9月12日),由王起鹍提供,现存于古巴致公团体档案室。

随着国内抗战形势的发展变化，美洲洪门致公堂的自身定位及主要活动均处于动态变化中，中共亦随之调整了对美洲洪门致公堂的统战工作。抗战胜利前夕，致公堂希望作为独立的政治力量参与国内政治，与旅美中共党员借助《美洲华侨日报》向致公堂宣传的联合政府主张若合符节。致公堂"改堂为党"中，负责《美洲华侨日报》的唐明照、冀贡泉等人在议程决策、组织构建中都起到了重要的作用，而这为董必武开展对美洲洪门致公堂的统战工作创造了条件。通过直接的宣讲与互动，中共领导层争取了华侨华人的人心，也为"中共在美工作领导小组"替代美共中国局来团结华侨华人奠定了基础。

总体而言，抗战时期中共对致公堂进行了行之有效的统战工作。一方面，"衣联会"这样的草根组织发挥的作用很大——它更易接近致公堂这样出身草莽的会党组织。这之后，旅美中共党员也注重深入各个阶层的华侨华人，既重视对致公堂领袖司徒美堂的联络，也着力争取普通群众。这与中国国民党只联络华侨华人中的上层是不同的。另一方面，中共对致公堂的统战工作，辅之以高超的海外宣传工作。中共在华侨华人中宣传"联合政府"的主张，符合致公堂的政治诉求，照顾致公堂代表华侨华人政治参与的利益。相同的政治理念、利益诉求是中共对致公堂统战工作得以推进，能够争取华侨华人的基础和原因。

第八章 抗日战争与中共的"中华民族"观

中国共产党成立之初，关于民族问题的认知深受两个方面的影响：一是马克思主义民族理论，二是实践中的苏联民族联邦制。然而，中共的民族话语、观点，又不能不顾及中国传统与国内的民族现状。特别是在具体的革命实践中，中共逐渐认识到中国与苏联国情的不同，逐渐认识到多元统一的中华民族特性。因此，有关民族问题的主张，随着革命形势的变化而不断调整。到新中国成立前夕，中国共产党终于探索出极具中国特色的民族理论，并在此基础上确立了符合国情的民族政策和制度。

第一节 "中华民族"概念的出现及运用

"中华民族",作为一个自在的族群,是在几千年的历史过程中形成的,而作为一个自觉的族群,则是在近代中国对抗西方列强的过程中出现的。[①]目前,学界大都认为这一概念最早是由梁启超在1902年率先提出的,其实就它的意义来说,孙中山于1894年提出的"振兴中华"宗旨和"驱除鞑虏,恢复中国"之号召,已经是在用"中华"来指称"汉族"了。不过,梁启超以中华民族来指称汉族,在很大程度上吸收了由日本传入中国的西方民族学理论内容,集中反映了以民族建构国家的尝试。传统中国本是以文化来论族属的,致力救国救民的仁人志士不久即发现,以此指称汉族并不完全符合中国的实际。所以,与之并行的还有"中国民族"一词,发表于1903年的一篇文章专门论述了"中国民族之过去及未来":"人莫不亲其种族,此发于自然而无可遏抑者。同民族之人,言语同、历史同、地理同,以之建国家,则其民与国休戚相关,利害相同,并力一心以御异族,故其国强。"[②]这里有关"中国民族"的观念虽然沿用了外来的民族学说,但是把民族与整个国家联系起来则是试图照应国情的表现。1905年,梁启超也对"中华民族"的用法进行了一

[①] 参见费孝通著,刘豪兴编:《文化的生与死(经典珍藏版)》,上海人民出版社2013年版,第538页。
[②] 效鲁:《中国民族之过去及未来》,载《江苏》1903年第3期。类似的论说可参见《中国民族论》,载《湖北学生界》1903年第4期。

定程度的修正，他一方面称"今之中华民族，即普通俗称所谓汉族者"，另一方面又说"中华民族自始本非一族，实由多数民族混合而成"。①这看似矛盾的认识实际上为后来"中华民族"涵义的扩展和延伸奠定了基础。

与此同时，"少数民族"的概念也应运而生。《民报》的一篇文章谈到中国的民族关系时，说是"多数民族吸收少数民族而使之同化"②，这实际上讲的是汉族与非汉族的关系。缘于反满革命中的满汉对比，此间的"少数民族"大多特指满族。

鉴于满汉对立产生的不良影响，从历史传统和国家整合的需要出发，孙中山提出了"五族共和"的主张，"合汉、满、蒙、回、藏诸地为一国，即合汉、满、蒙、回、藏诸族为一人——是曰民族之统一"。他还主张中国应该"仿美利坚民族底规模，将汉族改为中华民族，组成一个完全底民族国家"。为此，黄兴等人还发起"中华民族大同会"，希望"联合五族同胞"，"共跻大同之化"。相对于"驱除鞑虏"，"五族共和"无疑是一种进步，并且很快成为一个响亮的政治动员口号，"五族共和了！五族共和了！这句话在社会上没有一个不听见的，没有一个不会说的"③。然而，不久就有学者发现了其中的问题："今之论中国民族者，咸称五族共和，此极不正确之论，盖就中华民族而论，实有汉满蒙藏回苗六族，而就汉人一族言，已包含有六族之血统。此稍涉史乘者，类能言之。"④实际上，中国何止"六族"？这表明"中华民族"一词的内涵是随着人们的认知水平和近代中国的历史进程而不断扩展的。

值得注意的是，这样一种扩展又是伴随着反对民族分裂行径而进行的。1911年12月，几个蒙古王公受沙俄指使，成立所谓"大蒙古帝国"，引起包括蒙古族在内的国内广大人民的强烈反对。1913年初举行的西蒙古王公会议，一致决议并声明："数百年来，汉蒙久为一家。我蒙同系中华民族，自宜一体

---

① 参见梁启超：《饮冰室合集》（专集之四十），中华书局1989年版，第2—13页。
② 汪精卫著，恂如编：《汪精卫集》（第1卷），光明书局1929年版，第4—10页。
③ 《最新滑稽杂志自序》，载《最新滑稽杂志》1914年第1期。
④ 申悦庐：《中华民族特性论》，载《宗圣学报》1917年第2卷第8期。

出力，维持民国。"时为民国总统的袁世凯在处理这一问题的过程中也指出，"外蒙同为中华民族，数百年来，俨如一家"。蒙古族自认，汉族指认，充分体现了"中华民族"一词正在发挥着民族整合的功能。

  1919年，孙中山在《三民主义》中进一步说："汉族当牺牲其血统、历史与夫自尊自大之名称，而与满、蒙、回、藏之人民相见于诚，合为一炉而冶之，以成一中华民族之新主义。"此后他还提出，"我们要扩充起来，融化我们中国所有各民族，成个中华民族"。1922年，梁启超专门撰写了《中国历史上民族之研究》，其中说："民族成立之唯一的要素，在'民族意识'之发现与确立。何谓民族意识？谓对他而自觉为我，'彼，日本人；我，中国人'，凡遇一他族而立刻有'我中国人'之一观念浮于其脑际者，此人即中华民族之一员也。"[①]在孙中山那里，中华民族已扩充到"中国所有各民族"；而在梁启超这里，则发展到包括所有"中国人"。这样，"中华民族"一词就变成了对中国各民族的一种总称，五四运动后逐渐被广泛沿用。当然，作为汉族代称的情况仍然存在，同时期并用的还有"中国民族""中华国族""中国种族""华族""国族"等词。中国共产党正是在这样的语境中开始接触并使用"中华民族"一词的。

---

① 梁启超：《梁任公近著　第一辑》（下卷），商务印书馆1923年版，第45页。

第二节 中共早期的中华民族观及民族政纲

1917年,李大钊发表《新中华民族主义》一文,其中指出:"吾国历史相沿最久,积亚洲由来之数多民族冶融而成此中华民族,畛域不分、血统全泯也久矣!此实吾民族高远博大之精神有以铸成之也。今犹有所遗憾者,共和建立之初,尚有五族之称耳。以余观之,五族之文化已渐趋于一致,而又隶于一自由平等共和国体之下,则前之满云、汉云、蒙云、回云、藏云,乃至苗云、瑶云,举为历史上残留之名辞,今已早无是界,凡籍隶于中华民国之人,皆为新中华民族矣。然则今后民国之政教典刑,当悉本此旨以建立民族之精神,统一民族之思想。此之主义,即新中华民族主义也。"①李大钊的这段话内涵非常丰富,特别高明的是,结合中国的传统把"文化"引入了中华民族的观念,并且超越"五族共和"的局限,以"中华民国之人"来看"中华民族",甚至扩展到整个亚洲,充分显示了重塑"吾民族高远博大之精神"的气概。

1919年8月,正处在思想转变中的毛泽东在《湘江评论》上发表了《民众的大联合》一文。文章指出,"原来中华民族,几万万人,从几千年来,都是干着奴隶的生活","我们中华民族原有伟大的能力!压迫愈深,反动愈大,

---

① 《李大钊全集》(第二卷),河北教育出版社1999年版,第495页。

蓄之既久，其发必速。我敢说一怪话，他日中华民族的改革，将较任何民族为彻底。中华民族的社会，将较任何民族为光明。中华民族的大联合，将较任何地域任何民族而先告成功"。①这里，毛泽东频繁地使用"中华民族"一词，虽然并未说明它的意蕴，但是其意义在于站在学术和思想的前沿，用之来观照中国的历史，并憧憬未来的"中华民族的社会"。

在党的文献中，较早明确使用"中华民族"一词大概是党的二大提出的奋斗目标，"推翻国际帝国主义的压迫，达到中华民族的完全独立"，"用自由联邦制，统一中国本部、蒙古、西藏、回疆，建立中华联邦共和国"。②把"中华民族"与"国际帝国主义"相对，并提出建立"中华联邦"之国，似是将"中华民族"视为中国各民族的整体称谓，至少是在推动民族整合和一体化目标。然而，其又将中国分为"本部"和"疆部"两部分，"本部"一般是指汉族集中生活的"汉地十八省"，而"疆部"则是指蒙、藏、回等"异种民族"生活的边疆地区。这充分表现了那个时候"中华民族"概念使用的模糊性和不确定性，当然也可以说是开放性。在此前后，党的文献及个人论述谈及民族问题时，主要依据的是列宁的民族革命理论，其中，常用的是远东民族、东方民族、被压迫民族、弱小民族等概念，"中华民族"一词用得不多，只是在针对"国际帝国主义"时才偶尔用到。

从马克思、恩格斯到列宁，马克思主义经典作家在阐述无产阶级革命理论时，都曾提出过民族自决权问题，把它作为实现民族平等的一个重要原则。十月革命胜利后，列宁把这一原则运用于苏维埃政权建设的具体实践中，采取了充分体现各民族意志的自由联邦制，通过不断掀起的革命浪潮，以各民族自愿加入的方式，最终建立了苏维埃社会主义共和国联盟。

中国共产党成立以后，无论是思想理论还是革命活动，皆深受联共（布）

---

① 中共中央文献研究室、中共湖南省委《毛泽东早期文稿》编辑组编：《毛泽东早期文稿》，湖南人民出版社2013年版，第359页。
② 中共中央文献研究室、中央档案馆编：《建党以来重要文献选编（1921—1949）》（第一册），中央文献出版社2011年版，第133页。

影响，民族问题亦然。1922年7月党的二大明确提出，"蒙古、西藏、回疆三部实行自治，成为民主自治邦"，"用自由联邦制，统一中国本部、蒙古、西藏、回疆，建立中华联邦共和国"。①当然，"只有打倒资本帝国主义以后，才能实现平等和自决"②。这里的"自治"和"自决"，大致是同一个意思。当时人们对"自治"与"自决"的理解虽然有所侧重，但并没有什么严格的区分，而现今"自治"是"自我治理"之义。在中共早期文献中，"自治"和"自决"常常并提连用或交叉互用。需要指出的是，所谓"自决"只是根据马克思主义关于民族问题的原理提出的一般原则和口号，当时主要是针对帝国主义和封建主义而言的，是为反帝反封建目标服务的。

1922年9月，中共中央机关报《向导》的发刊词指出："国际帝国主义的外患，在政治上在经济上，更是钳制我们中华民族不能自由发展的恶魔。——因此我们中华民族为被压迫的民族自卫计，势不得不起来反抗国际帝国主义的侵略，努力把中国造成一个完全的真正独立的国家。"③10月，蔡和森在谴责陈炯明事变的文章中说，"国际帝国主义何等妒忌中华民族独立的外交运动"，"人人知道中山先生所持的主义"，"就是要使中华民族解脱国际帝国主义的压迫，做到中华民族的独立与自由"，"中国民族是否永为英、美、法、日帝国主义的奴隶，或摆脱他们的羁勒而独立，全要看这种政策的成功与失败"。④在这些语句中，"中华民族"与"中国""中国民族"几乎是作为同一所指来使用的，并且与"国际帝国主义"相对，显然不再仅仅是汉族的别名了。

值得注意的是，1924年5月李大钊在北大演讲时，在新的语境下又对他原来的民族观念作了进一步发挥："民族的区别由其历史与文化之殊异，故不

---

① 中共中央文献研究室、中央档案馆编：《建党以来重要文献选编（1921—1949）》（第一册），中央文献出版社2011年版，第133页。
② 中共中央文献研究室、中央档案馆编：《建党以来重要文献选编（1921—1949）》（第一册），中央文献出版社2011年版，第126页。
③ 《本报发刊词》，载《向导周报》1922年9月13日。
④ 和森：《中德俄三国联盟与国际帝国主义及陈炯明之反动》，载《向导周报》1922年10月4日。

问政治、法律之统一与否，而只在相同的历史和文化之下生存的人民或国民，都可归之为一民族。例如台湾的人民虽现隶属于日本政府，然其历史、文化却与我国相同，故不失为中华民族。"①这大概是中国共产党人对"中华民族"概念最早的专门阐述。从中不难体察，"中华民族"超越了政治、法律和地域，成为一个凝聚共同的历史和文化的"上位概念"。至此，其代指中华各族之意已经呼之欲出了。台湾被占去及中国的不完整，恰恰激发了中国的一体性认知，同时也产生了对未来整体性发展的愿望，"我们中华民族在世界上贡献，大都以为是老大而衰弱。今天我要问一句，究竟他果是长此老大衰弱而不能重振复兴吗？不的！从'五四'运动以后，我们已经感觉得这民族复活的动机了"②。显然，此处中国共产党的成立与发展被视为中华民族"重振复兴"的一大动力，中共的中华民族复兴主张号召等或许正是由此演化而来。稍后，1926年《湖南省第一次农民代表大会宣言》喊出了"中华民族解放万岁"的口号，或许是"若道中华国果亡，除非湖南人尽死"的另一种反映。不过，在国民大革命和土地革命的语境中，国民、工农、民众、群众等是中共的常用词，"民族"一类的词语，相对用得还是较少。

党的二大提出的基于"民族自决"的"民主自治邦"，在第一、第二次国内革命战争时期一直是中国共产党解决国内民族问题的纲领。③1928年，党的六大决议指出，"驱逐帝国主义，达到中国的真正统一"，"统一中国，承认民族自决权"。在中共关于民族问题的言说中，"驱逐帝国主义""统一中国"和"承认民族自决权"始终是密切联系在一起的，如果剥离来看，显然会造成曲解。1929年，毛泽东起草的红军十大政纲写道："统一中国，承认满、蒙、回、藏、苗、瑶各民族的自决权。"④怎样统一中国呢？显然是以"自决权"号召中国境内各民族共同奋斗。1931年11月，中华工农兵苏维埃第一次全国

---

① 《李大钊文集》（下册），人民出版社1984年版，第766页。
② 《李大钊文集》（下册），人民出版社1984年版，第772页。
③ 参见中央档案馆编：《中国共产党第二次至第六次全国代表大会文件汇编》，人民出版社1981年版，第56页。
④ 中共中央统战部编：《民族问题文献汇编》，中共中央党校出版社1991年版，第97页。

代表大会通过了一个具有宪法性质的文件——《中华苏维埃共和国宪法大纲》。其中规定:"中华苏维埃政权承认中国境内少数民族的民族自决权,一直承认到各弱小民族有同中国脱离,自己成立独立的国家的权利。蒙古、回、藏、苗、黎、高丽人等,凡是居住在中国的地域内,他们有完全自决权:加入或脱离中国苏维埃联邦,或建立自己的自治区域。"①1936年,毛泽东与美国记者埃德加·斯诺谈话时表达了同样的意思:"当人民革命在中国胜利之时,外蒙古共和国将按其意愿自动成为中国联邦的一部分。穆斯林和西藏民族同样将组成隶属于中国联邦的自治共和国。"②

需要指出的是,这种规定和设想的主要用意是"争取一切被压迫的少数民族环绕于苏维埃的周围,增加反帝国主义与反国民党的革命力量"③。为号召少数民族起来革命,反对"帝国主义、国民党、军阀、王公、喇嘛、土司的压迫统治","中国苏维埃政权在现在要努力帮助这些弱小民族"。④这与中共代表被压迫阶级推翻"大地主大资产阶级"的统治是完全一致的。也就是说,这时中共对民族问题的看法主要是站在阶级立场上、从阶级观念出发的。这样的"民族自决"是建立在阶级利益一致的基础上的,是在世界无产阶级革命的背景下,阶级利益高于国家利益这一认知在民族问题上的表现,而中共作为被压迫阶级的先进代表,加上所施之的帮助,自然担负着领导"弱小民族"的责任。如此来看,"自决"只是形式,其实质是阶级统一,是新的领导力量的嵌入,是新的民族融合方式的声明,是"全世界无产者联合起来"这一理念在民族问题上的运用,是无产阶级领导下的"真正的民主共和国"的地方存在形式。因此,对于当时的"自决"不能仅从字面理解,尤其不能理解为相互"脱离",而要深入到当时具体的革命语境中去体会其实际所指。

---

①④ 中共中央文献研究室、中央档案馆编:《建党以来重要文献选编(1921—1949)》(第八册),中央文献出版社2011年版,第652页。
② [加拿大]谭·戈伦夫:《现代西藏的诞生》,伍昆明、王宝玉译,中国藏学出版社1990年版,第359—360页。
③ 中共中央文献研究室、中央档案馆编:《建党以来重要文献选编(1921—1949)》(第十一册),中央文献出版社2011年版,第128页。

中共开始较为频繁地使用民族或中华民族等词是在有关抵抗日本侵略的一系列声明和决议之中。1934年4月,《中国人民对日作战的基本纲领》提出,"中国人民只有自己起来救自己!中国人民唯一自救和救国的方法,就是大家起来武装驱逐日本帝国主义,就是中华民族武装自卫"。[1]这里的"中华民族"与"中国人民"同列使用,并与日本帝国主义相对,指的不仅仅是汉族。

1935年的八一宣言再次呼吁:"近年来,我国家、我民族,已处在千钧一发的生死关头。抗日则生,不抗日则死。"[2]从"抗日救国"出发,八一宣言把"国家"和"民族"并列,同时还使用了"中国民族""中华民族""一切中国人""中国境内一切被压迫民族""中国境内各民族"和"大中华民族"等词。八一宣言是面向全国而发的,用词的丰富性充分体现了中共对国家的一体性追求。稍后的《中华苏维埃共和国中央政府、中国工农红军革命军事委员会抗日救国宣言》提出,只有"开展神圣的反日的民族革命战争","中华民族才能得到最后的彻底的解放"[3]。共同的敌人日益催生中共对整个中国的共同性认知。

在稍后中共一系列为号召蒙古族、回族等各族人民共同反对日本帝国主义的宣言、通电和决议之中,仍然把中华民族与"其他弱小民族""内蒙民族""西北回人"等并列使用。[4]瓦窑堡会议上通过的《中共中央关于目前政治形势与党的任务的决议》进而赋予党一种新的定位:全民族的先锋队。[5]综

---

[1] 中共中央文献研究室、中央档案馆编:《建党以来重要文献选编(1921—1949)》(第十一册),中央文献出版社2011年版,第367—368页。
[2] 中共中央文献研究室、中央档案馆编:《建党以来重要文献选编(1921—1949)》(第十二册),中央文献出版社2011年版,第262—263页。
[3] 中共中央文献研究室、中央档案馆编:《建党以来重要文献选编(1921—1949)》(第十二册),中央文献出版社2011年版,第473页。
[4] 参见周锡银:《红军长征时期党的民族政策》,四川民族出版社1985年版,第132页;中央档案馆编:《中共中央文件选集》(第十一册),中共中央党校出版社1991年版,第794页。
[5] 参见中共中央文献研究室、中央档案馆编:《建党以来重要文献选编(1921—1949)》(第十二册),中央文献出版社2011年版,第549页。

观言说的语境,"全民族"实际上指的仍是作为汉族代称的中华民族。近代民族主义的核心是建立"民族"国家。对于中共来说,建立一个什么样的国家早已很清楚,至于如何与"民族"结合起来,在相当时期内,因致力阶级革命,加之"民族自决"理论的限制,并不是很明确,或者说存在着模糊性。然而,1935年以后,随着中共对民族矛盾认识的加深,这种情况开始发生变化,中共观察国际国内问题逐渐由"阶级"的视角转向"民族"的视角。正因为刚刚发生这种转变,是时中共所言的中华民族主要是与"各阶级"相对的概念,正如瓦窑堡会议后毛泽东的一个报告指出的:"总括工农及其他人民的全部利益,就构成了中华民族的利益。"[1]由此可见,最初确立的抗日民族统一战线主要是针对"中华民族"内各阶级的。随着日本灭亡中国的危机日益严重,随着中共进入全国性的舆论环境并展开对话,随着中共在陕北的治理中切实直观地感受到非汉族的存在,"中华民族"这一概念在中共的视野和言说中悄悄地发生了根本性变化。

---

[1] 魏建国主编:《瓦窑堡时期中央文献选编》(上),东方出版社2012年版,第113页。

第三节 全民族抗战时期中共"中华民族"观的调整

七七事变之后,毛泽东为中共中央宣传部写的一个宣传提纲表示,中国共产党坚信"战胜日寇的目的是一定能达到的。只要四亿五千万同胞一齐努力,最后的胜利是属于中华民族的"[①]!负责宣传工作的凯丰进而撰文指出,"要争取中华民族的独立解放,只有实行全面的全民族抗战,才能最后的战胜日本帝国主义的侵略者"[②]。一年以后,《解放》周刊编辑吴亮平的纪念文章说:"伟大的全国民族抗战已经一年了。这是中国几千年历史上最伟大的一年,是四亿五千万人的中华民族从血战中争取自己独立解放的最光荣的一年。"[③]这些文本虽没有说明"中华民族"的具体内涵,但把它看作"四亿五千万同胞"或者面对日本侵略的"全民族",似乎不再仅仅指称汉族。

从1938年7月开始,中宣部秘书长杨松连续撰文论述了中国的民族问题。其中一个特别的提法是中华民族对外代表"中国境内各民族",同时重申了"中国境内各民族自决"。但是,他又说:"日寇是中国各民族的共同敌人,中华民国是各民族共同的祖国。日寇正在实行挑拨离间、'以华制华'、'分而治之'的政策,只有中国境内各民族联合起来,建立各民族抗日的统一战线,

---

[①] 《毛泽东选集》(第二卷),人民出版社1991年版,第357页。
[②] 凯丰:《论全面的全民族抗战》,载《解放》1937年第16期。
[③] 黎平(吴亮平):《中华民族伟大抗战的一周年》,载《解放》1938年第43、44期合刊。

驱逐日寇出中国,共同去保护中华祖国,才能达到各民族之解放,建立一个各民族自由联合统一的中华民主共和国。"①既然"各民族共同的祖国"是中华民国,杨松所言的"民族自决"显然不再是各民族独立建国的意思,而是接近于此间已开始出现的"民族自治"的意思②,这充分体现了马克思主义的民族理论与中国实际已进行了结合但还不够深入的情况。不过,"统一的多民族国家"的建构、表述和用语正是沿着此种理路形成的,正如杨松提出的:"把我国境内各民族团结为一个近代真正独立民主的国家,成为万分迫切的任务。"③

事实表明,全民族抗战开始以后,一些中共领导人和理论工作者对于"中华民族"的理解和用法正在发生明显的变化,而这种变化的集中体现是1938年9月召开的中共六届六中全会。会上,毛泽东第一次提出了马克思主义中国化的命题。在这样一种语境之下,"民族自决"理论自然得到了一种照应国情的修正。毛泽东说,在统一的国家之下,少数民族"有自己管理自己事务之权",实际上就是此后的"民族自治"。④《中共扩大的六届六中全会政治决议案》规定,"全中华民族的基本任务应该是:坚决抗战,坚持持久战",在此基本原则之下,"团结中华各民族(汉、满、蒙、回、藏、苗、瑶、夷、番等)为统一的力量,共同抗日图存"。⑤全会和决议使用的"中华民族"明显是"中华各民族"的一个简称,或"是代表中国境内各民族之总称"⑥。过

---

① 杨松:《论民族》,载《解放》1938年第47期。
② 比如,1937年8月发布的《中国共产党抗日救国十大纲领》指出,"动员蒙民、回民及其他少数民族,在民族自决和民族自治的原则下,共同抗日"。参见中央档案馆编:《中国共产党抗日文件选编》,中国档案出版社1995年版,第184页。
③ 杨松:《论资本主义时代民族运动与民族问题》,载《解放》1938年第49期。
④ 到1941年,这一设想开始落实到政策和实践层面,《陕甘宁边区施政纲领》第十七条规定,"依据民族平等原则,实行蒙、回民族与汉族在政治经济文化上的平等权利,建立蒙、回民族的自治区"。参见甘肃省社会科学院历史研究室编:《陕甘宁革命根据地史料选辑》(第一辑),甘肃人民出版社1981年版,第85页。
⑤ 中共中央文献研究室、中央档案馆编:《建党以来重要文献选编(1921—1949)》(第十五册),中央文献出版社2011年版,第758—760页。
⑥ 中共中央统战部编:《民族问题文献汇编》,中共中央党校出版社1991年版,第808页。

后，中共著名的文化工作者章汉夫面向国统区的撰述，更加明确地指出："我们平时说中华民族，是代表中国境内各民族的总称，因为中华民族是中国境内各民族的中心，它团结国内各民族而成为一近代国家。"①1943年，陈伯达也明确说明，习用的所谓"中华民族"，事实上是指中华诸民族（或各民族）。从"中华各民族"的意义上解释和使用"中华民族"一词，可以说是中共的一个独特的理解和创造。②至此，中共所言的中华民族已明确地指称国内各族，或者可以说，党的六届六中全会是中共的"中华民族"观演变的一个转折点。

1939年12月，毛泽东发表了《中国革命和中国共产党》一文，其中有专门一节论述"中华民族"，再一次说明"中国是一个由多数民族结合而成"的国家，"中华民族的各族人民都反对外来民族的压迫"。③不难理解，毛泽东所说的"中华民族"不再是"代表"而是"包括"各族人民。八路军政治部据此编订的《抗日战士政治课本》则更明确地用了"包括"一词：中华民族"包括"汉、满、蒙、回、藏等几十个民族。④既然进入了"课本"，表明它已成为无疑义的一般性共识。从此，中共开始以中华民族的眼光来看其他民族。贾拓夫在《蒙古民族与抗日战争》一文中说，"蒙古民族是中华民族的构成部分之一"⑤；李维汉论述"长期奋斗的回回民族"时，提到"全中华民族"，紧接着注明"连回族在内"。⑥至此不难体察，中共"中华民族"观的形成经历了这样一种路径：先是由"中华各民族"自下而上概括出"中华民族"，进而由"中华民族"自上而下涵盖或包括"中华各民族"，从而有机地弥合了中华民族与全国各民族以及汉族与少数民族的关系。

毋庸置疑，全民族抗战时期中共的"中华民族"观发生了根本性的变化，

---

① 汉夫：《抗战时期国内的少数民族问题》，载《时论丛刊》1939年第4辑。
② 在以往的相关研究中，似未曾注意到这一点。
③ 参见《毛泽东选集》（第二卷），人民出版社1991年版，第622—623页。
④ 参见中共中央统战部编：《民族问题文献汇编》，中共中央党校出版社1991年版，第808页。
⑤ 关烽：《蒙古民族与抗日战争》，载《解放》1940年第100期。
⑥ 参见罗迈：《长期被压迫与长期奋斗的回回民族》，载《解放》1940年第106、107期。

如果从一个更广阔的视野来看，还集中体现在如下几个方面：

第一，"中华民族"一词的运用取得了压倒性优势。这是相对于众多的类似概念或称谓，诸如"中国民族""中华各族""中华国族""全民族""全中华民族"和"大中华民族"等词来说的。它成为中共领导人讲话、报刊文章、政策规章和各种文件中的一个常用语，并且逐渐与"中国人民"并列使用。①《解放》发行一百期时的纪念社论说："在这差不多三年的时间中，《解放》报和伟大中华民族解放运动血肉相连地走了不少的可纪念可感奋的路程，起了中华民族中国人民的一个有力喉舌的作用。"《解放》报之所以能成为"国内的一个最有权威的刊物"，就在于它"能够及时阐明中华民族中国人民解放事业的正确道路与方法"。②后来有人还解释，"毛主席规定的为人民服务，是不分汉人、蒙人或回人的"③。可以说，这正是党的十六大以后中共定位为"中国人民和中华民族的先锋队"的历史先声。

第二，"中华民族"的含义趋于明确和丰富，从而使中共视野中的"民族"与"国家"有机地融合在一起。与当时国内几种流行的"中华民族"观不同，中共所理解和使用的"中华民族"是中国境内各民族的简称、代称、总称或统称。由此出发，"团结国内各民族为一体，共同抗日图存，以'建立各民族自由联合的中华民国'"④。国家是唯一、统一的，民族则有多元且是平等的；中国不是单一民族国家，而是多民族国家。这样一种观念正逐渐深入人心，甚至可能影响了一些民族学者。1942年，吴文藻撰文指出，"中国这

---

① 这一时期，中共经常用"中华民族"来涵盖各阶级或阶层，其成为统一战线的一个常用语，几乎与"中国人民"同义，比如张闻天论述"抗战开始后中华民族的新文化运动"时指出，"抗日文化统一战线的成功及各种文化团体的建立（如上海市文化界救亡协会、中华全国文艺界抗敌协会及各地分会、中华全国戏剧界抗敌协会、陕甘宁边区文化界救亡协会、各种文化工作团、服务团等的蜂起）；各党、各派、各阶级、各阶层文化人与青年知识分子的共同努力与牺牲奋斗"。参见洛甫：《抗战以来中华民族的新文化运动与今后的任务》，载《解放》1940年第103期。
② 《站在中华民族解放事业的前进岗位上——纪念解放报出版一百期》，载《解放》1940年第100期。
③ 高岗：《内蒙解放道路和党的民族政策——在内蒙干部会议上的讲话》，载《群众》1948年第48期。
④ 汉夫：《抗战时期国内的少数民族问题》，载《时论丛刊》1939年第4辑。

次抗战，显然的是整个中华民族的解放战争，而不是国族内某一民族单位的解放战争。全民族求得解放，达到国际平等地位以后，就须趁早实行准许国内各民族自治地方的诺言，而共同组成为一个自由统一的（各民族自由联合的）中华民国。"①这似乎既是对中共"中华民族"观的呼应，又是对中共民族政策实行的期待。值得注意的是，相伴随的另一个重要变化是，中共对"中华各民族"中的非汉族之称呼，由原来常用的"异种民族""被压迫民族""小民族""弱小民族""落后民族"等变为更加中性的"少数民族"。②如此一来，中华民族包括汉族和少数民族逐渐成为普遍接受的用法。

第三，中华民族的整体自决代替了少数民族的单个"自决"。自建党以来，为动员少数民族参加革命，中共一直以各民族"自决"相号召。但是，日本灭亡中国的危机逐渐使这一口号失去了意义，"日本强盗的目的是灭亡全中华民族，也就是要灭亡中国境内一切民族。这样，为着挽救自己的生存，中国的各个民族和各个社会阶层只有联合一致，坚持抗战"③。中华"各个民族"联合起来，很自然地成就了"中华民族"。杨松说："加强我国同胞抗战必胜、建国必成之坚决信心，鼓励我国前方将士及后方各界同胞，坚持神圣的抗日民族革命战争，坚持抗日民族统一战线，去为争取中华民族自决权而斗争。"④章汉夫也指出，"我国抗战的目的，正是要驱逐日寇出中国，争取民族解放，建立独立自由幸福的民族国家，完成资产阶级民主革命的重大任务。因此我国的抗战，正是中华民族以血和肉来争取民族自决"⑤。如此一来，各

---

① 吴文藻：《边政学发凡》，载《边政公论》1942年第5、6期。
② 当时，国民党方面否认中国境内除了占绝大多数的汉族，还有少数民族存在，只是承认有"少数种族"。参见《论民族自决》，载《西南日报》1939年11月25日。关于少数民族称谓，此时就全国来看仍不很确定，比如，有人认为是指"连名称都不大习闻的准少数民族"。参见真：《少数民族在我国》，载《自修》1941年第192期。据目前查到的文献，中共最早使用"少数民族"一词是在1926年关于国民军的工作方针中："冯（玉祥）军在甘肃，对回民须有适当的政策，不损害这少数民族在政治上、经济上的生存权利"。参见《中共中央北方局》资料丛书编审委员会编：《中共中央北方局（北方区委时期卷）》，中共党史出版社2000年版，第376页。
③ 罗迈：《长期被压迫与长期奋斗的回回民族》，载《解放》1940年第106、107期。
④ 杨松：《论帝国主义时代民族运动与民族问题》，载《解放》1938年第50期。
⑤ 汉夫：《抗战时期国内的少数民族问题》，载《时论丛刊》1939年第4辑。

民族的"自决"就顺理成章地变成中华民族的"自决"。在这样的视野之下，单个民族不可能再脱离"中华"而存在。贾拓夫谈到内蒙民族时明确表示，"内蒙民族的解放，是不能从中华民族的解放中分离的"①。随着日本侵略的加剧，中华民族作为中国抗击日本的整体力量用语逐渐成为中共社会动员的最强音。

第四，各种言说开始从中华民族的角度和立场上来定位中共的存在。张闻天在纪念建党十八周年时说："两年来伟大的神圣的民族抗战，使全国人民清楚的认识：中共所主张与拥护的这一工人阶级及大多数人民的彻底的抗战路线，是唯一正确的路线，是为了中华民族的彻底解放所必须采取的路线，也是完全代表中华民族的利益的路线。"②其中一个明显的意思是：中共既代表"工人阶级"的利益，又代表"中华民族"的利益。1943年7月，《解放日报》刊登的《中国共产党与中华民族》一文指出，"中国共产党的产生，既非'外来的'，也不是几个人凭空制造出来的。它的所以发生，所以发展，所以没有人能把它取消得掉，那是因为中华民族的历史发展要求有这样一个政党"③。从"中华民族的历史发展要求"来看中共的产生和发展，这似是以前从来没有过的。更能表现这一点的是，王稼祥还从"中华民族的解放过程"观照中国共产党，并阐释"毛泽东思想"。④同时，中国共产党开始不断地宣称自身为"中华民族进步之力量""中华民族的先锋队""最忠实地代表中华民族与中国人民的利益"等。这使中共获得了无比广大的群众基础，为正努力争取的全国性执政准备了条件。

如上一些调整和变化，既与全国流行的中华民族观念达成了一致，又保

---

① 关烽：《蒙古民族与抗日战争》，载《解放》1940年第100期。
② 洛甫：《在民族自卫战最前线的岗位上——中共十八周年纪念》，载《解放》1939年第75、76期。
③ 中共中央文献研究室、中央档案馆编：《建党以来重要文献选编（1921—1949）》（第二十册），中央文献出版社2011年版，第372页。
④ 参见王稼祥：《中华民族解放过程中的正确道路——毛泽东思想》，载《新华周报》1949年第2卷第1期。

持了中共此前所宣扬的民族问题主张。[1]当时，全国有关中华民族整体的看法大概主要有两种：一是学术界从血缘、地域、历史和文化的角度认为，中华民族由各族融合而成，因而是整体性的；二是国民党从宗族的观念出发认为，中华民族本来就是一个，在此之下有若干宗族分支，不承认国内还有其他民族。而中共认为，中华民族是中华各民族的简称或总称，在此之下各民族的存在是一种事实。这样，不但成功地与全国流行的"中华民族"观进行了对接，而且维护了多民族并存和各民族一律平等的一贯主张，由此形成了独特的理解和阐释：中华民族不是"一个"，也不是"整个"，而是同在一国的"各个"，从而为处理汉族与少数民族的关系提供了一体多样的历史和现实图景。

中共的"中华民族"观在抗战时期的重大调整，可以说是不断加剧的日本侵略激荡促成的。九一八事变以后，全社会，包括少数民族在内，逐渐形成了一种共认中华民族的思想潮流。有识之士一直努力"树立国内各民族同属于中华民族的意识与国家观念"[2]。1937年1月，顾颉刚发表的《中华民族的团结》一文宣称："我们确实认定，在中国的版图里只有一个中华民族。"[3]同一年，另一学者孙翰文谈到西北问题时指出，"无论汉，满，蒙，回，藏，苗，均为中华民族中之一分子"[4]。民族学家江应梁认为，当时之中华民族，绝对不是一般所谓之汉族可以概括一切的，也不是一般所谓之汉满蒙回藏五族可以概括一切的，实是整个的，同一的，而无所分歧的。从中国人的中华民族观演进的整个历程来看，一直存在着学界与政界的互动，正是彼此的相互照应、批评和修正推动了中华民族概念的日益成熟和完善。

日本发动全面侵华战争以后，全国各族人民作为一个利益共同体和命运

---

[1] 这一点显然优于国民党在"中华民族"观方面的前后不一：孙中山后期本来已承认"各民族"的存在，并提出"融化我们中国所有各民族，成个中华民族"，但是蒋介石在抗战期间却否认"少数民族"的存在，强调中华民族只是"一个"，在此之内只是存在着不同的宗族。由此来看，是中共继承和发展了孙中山的"中华民族"观。
[2] 林竞：《西北丛编》，神州国光社1931年版，第47页。
[3] 顾颉刚：《中华民族的团结》，载《申报》1937年1月10日。
[4] 孙翰文：《论抗战期之西北回汉问题》，载《西北论衡》（复刊第1号）1937年10月15日。

共同体的观念迅速被强化了,非汉族同胞也纷纷宣称和自认是中华民族一员。《回教大众》的一篇文章声明:"我们是回教的信徒,同时也是中国国民,既然我们都是中华民族一员,所以要一方面发扬宗教的精神,一方面要对民族的存亡、国家的兴衰,负起相当的责任。因为本身和中华民族有了密切的联系,那么民族的生存,就是本身的生存,民族的灭亡,就是本身的灭亡。所以要团结精诚,坚定意志,去求民族的生存和发展,务使中华民族能够不断地在世界上繁荣滋长。"①《康藏民众代表慰问前线将士书》中说:"中华民族是由我汉、满、蒙、回、藏及其他各民族而成的整个大国族。日本帝国主义肆意武力侵略,其目的实欲亡我整个国家,奴我整个民族。"②西安回民团体在声讨日本的暴行时说,"它所高唱的扶植回教等伪政策,只是用以掩蔽其屠杀中华民族组成的一分子伊斯兰兄弟","历史证明中华民族是世界上爱好和平的民族,是世界上优秀民族之一"。③近一年后,《回教论坛》刊文更明确地指出,"回胞是构成中华民族的坚强的细胞。现在整个的民族在争取自由解放,回胞要毅然担负一部分艰巨的工作"④。

中华民族的整体性内涵逐渐成为社会各界和各民族的共识。在这样的言说环境里,有中间人士批评说:"今日者,国民各界,情感尽同。除共党外,一切新旧党派,皆无不知拥护民族利益为一切前提!"⑤因此,顺应广大人民的意愿,以中华民族作为中国的载体和主体,就成为一种高明与智慧的选择,也充分体现了中共所追求的党性与人民性的一致。

日本侵略者大概不曾想见的是,正是其灭亡中国的野心和举动,推动了中华民族的一体化。林语堂指出:"是日本的武装侵略使得中国成为一个完整

---

① 马鸿逵:《要用信教精神挽救中国民族的沦亡》,载《回教大众》1938年第1期。
② 杨嘉铭等:《甘孜藏族自治州民族志》,当代中国出版社1994年版,第178页。
③ 《为暴敌惨炸回民区西安回民同胞告全世界伊斯兰兄弟书》,载《解放》1938年第59期。《解放》专门对此评论说:"我们相信全世界一切反对侵略的伊斯兰兄弟,一定能给中华民族的伟大抗战以巨大的同情与可能的帮助。"参见黎:《时评:加紧我国各民族团结与保卫西北》,载《解放》1938年第59期。
④ 《中国回民青年战地服务团近讯》,载《回教论坛》1939年第2卷第10期。
⑤ 《拥护民族利益为一切前提》,载《大公报》1932年2月28日。

的国家，使得中国团结得像一个现代化国家应该团结的那样众志成城。在现代历史上，中国第一次团结一致地行动起来，像一个现代民族那样同仇敌忾，奋起抵抗。于是，在这种血与火的洗礼中，一个现代中国诞生了。"[1]从此，现代性的"中华民族"观念牢固地树立在全国人民的心中，至今还成为全世界华人的总称。

需要说明的是，全民族抗战时期中共赋予"中华民族"以新的内涵，并不仅仅是一个用词的变化，而是集中体现了中共的观念、政策和现实目标的变化。

第一，促进了国共合作，形成了一致对外的新平台。面对亡国灭种的威胁，经过十年内战的国共两党在"中华民族"面前，可谓"相逢一笑泯恩仇"。最典型的体现就是《中共中央为公布国共合作宣言》中说的："当此国难极端严重民族生命存亡绝续之时，我们为着挽救祖国的危亡，在和平统一团结御侮的基础上，已经与中国国民党获得了谅解，而共赴国难了。这对于我们伟大的中华民族前途有着怎样重大的意义啊！"[2]国民党中央社在按语中指出："此次中国共产党发表之宣言，即为民族意识胜过一切之例证。"[3]这充分表明曾经对立的两大政党在"中华民族"面前走向了和解。1939年，《中共中央为国共关系问题致蒋介石电》再次指出，国共合作抗战"不仅为两党同志之光荣，抑且显示中华民族之伟大。因此，凡关心中华民族命运者，无不企盼国共两党之巩固的与长期的合作"[4]。这是毛泽东所讲的民族矛盾上升为第一位的典型写照。中共确立的抗日民族统一战线的一个重大内容，就是在中华民族这个新平台上实现国内各阶级的大联合和统一，从而形成抗击日本侵略的整体性力量。

---

[1] 林语堂：《中国人》，郝志东、沈益洪译，学林出版社1994年版，第343页。
[2] 中共中央文献研究室、中央档案馆编：《建党以来重要文献选编（1921—1949）》（第十四册），中央文献出版社2011年版，第369页。
[3] 蒋介石：《集中力量挽救危亡》，载《军事杂志》1937年第106期。
[4] 中央统战部、中央档案馆编：《中共中央抗日民族统一战线文件选编》（下），档案出版社1986年版，第202页。

第二，既是马克思主义中国化的成果，又推动了马克思主义中国化进程。长期以来，中共一直深受苏联民族观念和理论的影响。"民族自决"与"统一中国"间始终存在着张力，而中华民族概念的丰富和确定，有效地解决了这一理论和现实的冲突。杨松明确地指出，"我国民族独立及国家统一运动的道路与方法"，将是"一条中华民族中华民国谋民族独立谋国家统一的特殊道路与方法"，"非如苏联社会主义的无产阶级专政的苏维埃国家"。[1]所谓谋"特殊道路与方法"，集中表现为回答了这样一些问题："民族自决的原则，是否适用于一切民族，说具体点，是否适用于中国境内，中华民族中的少数民族"；"中国境内有没有少数民族？他们应不应该有自决权？什么条件下，或什么时候才能有自决权？少数民族在中华民族中的地位，他们和汉族的关系如何？"[2]由原来号召国内各民族的自决变为提倡中华民族的整体自决，充分表现了马克思主义与中国实际的结合[3]，并且进一步推动着这种结合：由"民族自决"向"民族自治"转变。

第三，极大地动员了少数民族参加抗战，密切了中共和少数民族的关系。日本帝国主义在侵略中国的过程中，一直在努力扶植一些少数民族上层人士以建立傀儡政权，并且在一些地区已经得逞，比如"伪满洲国""伪蒙古联盟自治政府"的成立。因此，少数民族对日态度和能否参加抗战，成为摆在现实面前的一个严重问题。正如中共的两个文件所指出的，"蒙古民族站在中国抗战方面？还是站在日寇方面？这就是现在蒙古民族问题的中心，同时也就是抗战中的严重问题之一"[4]，"今天的回族问题，是回族站在日本方面还是站在抗战方面的问题。这个严重的问题，迫切地提在我们的面前了！"[5]

---

[1] 杨松：《论资本主义时代民族运动与民族问题》，载《解放》1938年第49期。
[2] 汉夫：《抗战时期国内的少数民族问题》，载《时论丛刊》1939年第4辑。
[3] 1940年，中共西北工作委员会先后拟定了《关于回回民族问题的提纲》和《关于抗战中蒙古民族问题的提纲》，经中共中央书记处批准成为指导民族工作的纲领性文件。这显然是参照了列宁的《民族问题提纲》的发布形式，但在内容上作了适应国情的调适。
[4] 中央统战部、中央档案馆编：《中共中央抗日民族统一战线文件选编》（下），档案出版社1986年版，第445页。
[5] 中共中央统战部编：《民族问题文献汇编》，中共中央党校出版社1991年版，第651—652页。

中共六届六中全会上，毛泽东明确表示："我们的抗日民族统一战线，不但是国内各个党派、各个阶级的，而且是国内各个民族的。对着敌人已经进行并还将加紧进行分裂我国内各少数民族的诡计"，"当前的第十三个任务，就在于团结各民族为一体，共同对付日寇"。[1]会后，博古在《解放》发表的文章也指出，"最广泛地吸引着国内一切阶级阶层，各种不同的民族、信仰、党派、职业，不分男女老幼之无比宽大的包容性是抗日民族统一战线重大的优点之一。这些特殊的优点的综合表明了中国抗日民族统一战线之生命力。它的不可摇撼性，它的远大的前途，它对中华民族的无上的贡献"[2]。这样，统一战线的"民族"内涵变得更为丰满、切实：不但是针对"各阶级"的，而且是针对"各民族"的。1941年，《解放日报》的社论进一步指出："如果没有国内各少数民族的积极参加，就不能有最后胜利的保证。因此，实行正确的民族政策，以团结国内各少数民族共同抗日图存，就是当前抗战中的严重任务之一。"[3]

围绕这一任务，中共制定和实施了一系列加强民族团结、保障少数民族权利的具体措施，有效地改善了民族关系，进一步整合了中华民族这一共同体。在"中华民族"旗帜之下，觉醒起来的各少数民族纷纷投入抗战行列。当时的陕甘宁边区，几乎是中国"各民族一体"的缩影，多民族并存杂居、密切交往，使中共对中国各民族历史、文化的共同性和现实联系的紧密性有了更直观的认识，从而为中共后来处理民族关系和进一步巩固多元一体的中华民族积累了经验。

不难发现，中共的"中华民族"观的调整，由抗战所催生，又直接为抗战服务。它使中共获得了凝聚人心的动员工具，有力地推动了中国现代民族国家的建构。

---

[1] 中共中央文献研究室、中央档案馆编：《建党以来重要文献选编（1921—1949）》（第十五册），中央文献出版社2011年版，第621页。
[2] 博古：《论抗日民族统一战线的发展、困难及其前途》，载《解放》1938年第56期。
[3] 《实行正确的民族政策》，载《解放日报》1941年6月22日。

第四节　从"民族自决"向"民族自治"的转变

全民族抗战时期，鉴于日本侵略者以"帮助民族自决"作为幌子，在满、蒙、回等少数民族地区建立傀儡政权，中国共产党从抗日民族统一战线的策略出发，仍然以"民族自决"相号召。1937年8月15日发布的《中国共产党抗日救国十大纲领》指出，"动员蒙民、回民及其他少数民族，在民族自决和自治的原则下，共同抗日"[1]。1945年4月，毛泽东在《论联合政府》中表示，承认中国以内"各民族之自决权"，完全同意"当组织自由统一的（各民族自由联合的）中华民国"，"共产党人必须积极地帮助各少数民族的广大人民群众为实现这个政策而奋斗"[2]。中共七大通过的党章还规定，要为建立"各民族自由联合的新民主主义联邦共和国而奋斗"[3]。即使到解放战争时期，从迅速推翻国民党统治的需要出发，中共仍坚持"民族自决"的口号。1947年，在接见记者龚德·斯坦因时，毛泽东说："中国必须首先将外蒙古作为一个自然的实体，然后组织一种中华合众国，以满足蒙古人的愿望，对西藏也

---

[1] 中共中央文献研究室、中央档案馆编：《建党以来重要文献选编（1921—1949）》（第十四册），中央文献出版社2011年版，第481页。
[2]《毛泽东选集》（第三卷），人民出版社1991年版，第1084页。
[3] 中共中央统战部编：《民族问题文献汇编》，中共中央党校出版社1991年版，第748页。

是如此。"①总之，中共在理论纲领层面上有关民族自决的规定，一直延续到新中国成立前夕。应该看到，这种情况存在的原因有二：一是立足于现实斗争的需要；二是着眼于未来无产阶级政权的建立和社会主义的世界性胜利。毛泽东早年曾说："世界大同，必以各地民族自决为基。"②那么，在世界还看不到马上进入"大同"希望的情况下，"民族自决"的理论势必会发生适应实际的变化。

1938年11月，在中共六届六中全会上，中共的民族政策有了新的表述："允许蒙、藏、苗、瑶、彝、番等各民族与汉族有平等权利，在共同对日原则之下，有自己管理自己事务之权，同时与汉族联合建立统一的国家。"这里开始明确地从国家的视野来考虑民族问题：在"统一的国家"中，各民族"有自己管理自己事务之权"。这已非常接近后来的民族区域自治政策，可以说是民族区域自治内涵的最早阐述。与之相应的是，六届六中全会通过的政治决议案所提倡建立的新国家也不再是"中华联邦共和国"，而是"中华民主共和国"。③这种变化主要缘于两种因素：一是中共确实有了"建国"的实际考量，特别是在国民党提出的"抗战建国"舆论中，对于建一个什么样的国家，中共必须作出自己的解释；二是认识到社会主义很难在短时间内取得世界性胜利，即使在当时的中国，也只能实行稍后明确提出的新民主主义，由此出发，"王公、喇嘛、土司"显然在团结和争取之列。

此后，中国共产党有关民族区域自治的主张日益清晰。1941年5月，由毛泽东审阅和改写的《陕甘宁边区施政纲领》第十七条规定，"依据民族平等原则，实行蒙、回民族与汉族在政治经济文化上的平等权利，建立蒙、回民

---

① ［加拿大］谭·戈伦夫：《现代西藏的诞生》，伍昆明、王宝玉译，中国藏学出版社1990年版，第360页。
② 中共中央文献研究室、中共湖南省委《毛泽东早期文稿》编辑组编：《毛泽东早期文稿》，湖南人民出版社2013年版，第503页。
③ 参见中共中央文献研究室、中央档案馆编：《建党以来重要文献选编（1921—1949）》（第十五册），中央文献出版社2011年版，第573—654页。

族的自治区"①。这是中国共产党首次公开提出要建立少数民族自治区。这也明显地体现了中共的民族政策由"理论"到"现实"的转变。以前中共有关民族问题的口号仅仅停留在动员和号召层面,而在这时面临着具体的民族问题。那个时候,"马克思主义中国化"日益成为党内的主流思想,这一举措显然也是马克思主义民族理论在中国的具体运用,充分体现了"理论"的马克思主义向"实践"的马克思主义的转变。

1946年1月,中共又把这一主张上升到整个国家层面,在向政治协商会议提交的《和平建国纲领草案》中要求:"在少数民族区域,应承认各民族的平等地位及其自治权"②。1947年10月,毛泽东起草的《中国人民解放军宣言》,再次声明"承认中国境内各少数民族有平等自治的权利"③。

1949年2月,在中共即将赢得全国政权之际,毛泽东与斯大林派来的代表进行了历史性会谈。其中关于民族问题,毛泽东说,中国是包括汉、蒙古、回、藏、维吾尔等几十个民族在内的"多民族国家","中国人并非只指汉族,居住在我国版图内的所有民族都是中国人"。为此,既要"反对大汉族主义",又要"反对地方民族主义",各民族应该"共同建国"。④在关键性历史时刻,中共中央最终决定:中国实行民族区域自治而不实行联邦制。1949年9月29日通过的《中国人民政治协商会议共同纲领》明确规定,"各少数民族聚居的地区,应实行民族的区域自治,按照民族聚居的人口多少和区域大小,分别建立各种民族自治机关","各少数民族均有发展其语言文字、保持和改革其风俗习惯及宗教信仰的自由"。⑤至此,民族区域自治成为新中国的一项基本国策。

---

① 中共中央文献研究室编:《毛泽东文集》(第二卷),人民出版社1993年版,第337页。
② 王德贵、徐学新、郑晓亮编:《八·一五前后的中国政局》,东北师范大学出版社1985年版,第74页。
③ 《毛泽东选集》(第四卷),人民出版社1991版,第1238页。
④ 参见中共中央文献研究室编:《毛泽东传(1893—1949)》,中央文献出版社2004年版,第949页。
⑤ 中共中央文献研究室编:《建国以来重要文献选编》(第一册),中央文献出版社2011年版,第10—11页。

纵观中共民族政策变动的历程，其中一个鲜明的特点就是与时俱进，即根据形势的变化及时做出重大变更。换个角度看，采取什么样的民族政策是由中共面临的问题决定的，是由现实需要决定的。"民族自决"口号，是基于革命夺取政权的需要；民族区域自治政策，是基于国家建构的需要。随着全国范围内革命斗争的开展，中共的民族理论越来越趋向成熟，特别是认识到可以在各阶级联合的基础上进行各民族联合，由此也就协调了意识形态与国家重构的关系。

民族区域自治作为一种制度建立起来，是中国共产党对马克思主义民族理论的独特运用。这一制度的推行，既保护了少数民族的权利，又有效地巩固了国家的统一。在多民族的国家中，国家结构形式问题，关系国家的政局稳定乃至生死存亡。苏联的分裂解体，南斯拉夫、捷克斯洛伐克等东欧诸国的分崩离析，固然有多方面的原因，但是毋庸置疑，当年这些国家处理民族问题时在国家结构形式上留下的隐患应是一个重要因素。一些民族分裂主义者正是从该国宪法规定各民族有权退出联盟的条文中找到分裂的借口，策动各加盟共和国纷纷独立。英国学者霍布斯鲍姆指出，"民族自决说来简单，如此划分的后果却惨不忍睹"[①]。其给欧洲带来的灾难一直持续到20世纪90年代。对此，邓小平深有感触地说："解决民族问题，中国采取的不是民族共和国联邦的制度，而是民族区域自治的制度。我们认为这个制度比较好，适合中国的情况。"[②]相对于"民族自决"原则和苏联的自由联邦制，中国的民族区域自治制度极具创新意义。

需要指出的是，中共"中华民族"观的形成及民族政策的变动，是在马克思主义中国化这个大背景下发生的，是中共运用马克思主义处理中国实际问题的重要成果，也是中共自身经过思想作风的整顿走向成熟的典型表现。

---

① [英]霍布斯鲍姆：《极端的年代》，郑明萱译，江苏人民出版社1998年版，第44—45页。
② 《邓小平文选》（第三卷），人民出版社1993年版，第257页。

第九章 | 蒋介石日记中的中国共产党

21世纪初蒋介石日记公布以后，有不少中国近现代史的研究成果对之作了引用，甚至出现了一批以蒋介石日记为主要史料的论著，在一定程度上推动了相关研究。但是，有些成果的解读似乎过于主观，以致造成一些记载在传播过程中失真、失实。其实，蒋介石日记的出现并没有颠覆原有的基本历史书写，也未能改变时下对国共两党既存的基本认识。如果深入实际的历史语境，力争读出日记内容的真实之意、言外之意、不尽之意、未言之意，反而更能看出中国共产党的优胜之处。

第一节 "一切组织宣传训练皆比不上共党"

红军长征以后,蒋介石仍然紧追不舍,极欲迅速灭之于关隘险途。1934年11月,他两次在日记中写道,"兜剿湘南主力"①,"不可差过剿匪成功之大好机会"②。在他看来,红军已成了"残匪",因此,拟"进剿方针先使其被围","以封锁之"③为"围剿穷寇与堵截残匪之原则"④。然而,无论他如何想方设法,每每都不能如意。他先是责怪"将士愚弱不能遵照旨意,致匪东西自如,不能如计歼灭"⑤,继而哀叹"此次在滇黔剿匪,自愧不如也。残匪之机惊灵捷与我军之呆笨迟钝,更为民族前途忧,非全力扑灭此匪,国家与民族更不堪设想矣!"⑥刚愎自用的蒋介石可能只有在日记里才能说出"自愧不如"。抛开主观情愫,他自己也认可的客观事实是:红军"机惊灵捷","国军""呆笨迟钝"。稍后,他又记载,红军"风忽于无人之境,无路之地"⑦。面对蒋介石布置的天罗地网,红军似乎游刃有余。这里,他还流露出

---

① 《蒋介石日记》(手稿),1934年11月1日,斯坦福大学胡佛研究所档案馆藏(凡此引用皆同)。
② 《蒋介石日记》(手稿),1934年11月10日。
③ 《蒋介石日记》(手稿),1935年1月19日。
④ 《蒋介石日记》(手稿),1935年3月19日。
⑤ 《蒋介石日记》(手稿),1935年3月31日。
⑥ 《蒋介石日记》(手稿),1935年5月11日。
⑦ 《蒋介石日记》(手稿),1935年5月31日。

一种十分阴暗的心理——发现别人比自己强，推崇圣贤之道的他似乎并不打算"见贤思齐"，而是要"全力扑灭"之。显然，他把红军的存在看作国民党政权的最大威胁，其忧的不是国家与民族的前途，而是国民党的执政地位。

蒋介石一直为国民党内的组织涣散和派系纷争感到烦恼，但又苦于整治无策。所以，当他了解到中国共产党"党的建设"情况的时候，似乎眼睛一亮："自本日起看共产党密件《党的建设》小册，殊觉有益于我也。"①因而，他看了又看，"复看共党之党的建设"②。作为"密件"，这本小册子显然是蒋介石从情报人员那里得来的，对他来说如获至宝。这本小册子很有可能是延安马列学院用的一种教材，对一般的共产党干部来说再普通不过了，其中有党的组织、党的纪律、干部政策、组织领导、宣传教育、党与群众的关系等内容。③蒋介石多次研读，似有所悟。是年底，他作"一年中之回忆"时写道："看完土耳其革命史、黑格尔辩证法与共产党密件之党的建设一书，颇有心得也。"④把《党的建设》一书作为他一年中阅读过的最有心得的书之一。第二年伊始，他在日记中写道："干部应看书籍之指定：管子、王安石、张居正、黑格尔辩证法、党的建设、三民主义、民权初步、五权宪法、建国大纲、建国方略。"⑤蒋介石不但自己看，还指定干部读，明显有向中国共产党学习的意思。

对中国共产党《党的建设》的研读，在一定程度上使蒋介石更清楚地看到了国民党的弊病。1939年3月，他连续两天在日记中提出了十几个问题，准备策问参加国民党"中央训练团"的党政干部。其中，有党务方面的："一、问本党党务为何如此消沉疲弱而不能及时振作健全；二、问本党党务何以不能发展，何以二等以上人才不肯加入本党。"蒋介石所言"党务"显然是指国民党自身的发展。当时，国民党为扩大其队伍，采取了许多非常规的办

---

① 《蒋介石日记》（手稿），1938年11月12日。
② 《蒋介石日记》（手稿），1938年11月19日。
③ 参见《党的建设》，晋察冀军区政治部翻印之油印本，时间不详。
④ 《蒋介石日记》（手稿），1938年12月31日。
⑤ 《蒋介石日记》（手稿），1939年1月7日。

法，比如动员一些机关或单位集体入党，甚至强制一些人员加入，但被网罗进来的大多是些"二等以下人才"，这令蒋介石颇为失望。他进而要问的是党、政、团关系方面的问题："三、问本党地方之党政机关与人员为何不能协调合作；四、各级党部同一机关之党委人员何以对立不能团结；五、问本党各级党部何以不能掌握教育保甲与生产合作机关。"他特别要问的是，"为何党政不能打成一片；如何使党团能发生实际作用？"[①]

这些问题涉及国民党组织的内部运行及党与政权、党与团的关系。同一机关之党委人员"对立不能团结"，说明其内部组织生活规则性、纪律性不强。本来，国民党成立"三民主义青年团"是为了培养新生力量，增加其活力，不料却新增了矛盾，党团冲突时有发生。更令蒋介石感到难办的是，党政"不能协调合作"，"不能打成一片"。这属于国民党治下的制度安排问题。有学者指出，在国民党政权中，权力序列是军、政、党，党反而处于"弱势"地位。[②]国民党的机关和人员在各地、各领域、各方面很难起到实际的领导作用，或者说"党"在各级政权中，虽然能渗透一切，但并不能统摄一切。

从蒋介石拟定的问题中，可以看出他对许多实际情况的了解："为何民众不信仰本党与党员？""问本党为何不能掌握青年？""问一般大学教员为何要反本党？"青年、知识精英和一般民众对国民党不但不认可，而且还要反对。那么，这不能不令人质疑：国民党的统治基础何在？实际上，答案已经存在于蒋介石提出的其他问题中："七、问本党党员为何不肯深入民众作基层工作刻苦耐劳；八、本党干部办事为何不切实际，不肯研究与负责；九、为何办事不彻底无成效；十、为何党委变成官僚。"[③]党员干部不能深入民众切实、有效地办事，又怎能赢得广泛的信任和支持呢？令人不解的是，蒋介石那时就意识到了这一问题，但直到1949年败亡之际仍然在慨叹："当政二十年，对

[①]《蒋介石日记》（手稿），1939年3月2日、3日。
[②] 参见王奇生：《党员、党权与党争：1924—1949年中国国民党的组织形态》，华文出版社2010年版。
[③]《蒋介石日记》（手稿），1939年3月2日。

其社会改造与民众福利，毫未着手，而党政军事教育人员，只重做官，而未注意三民主义之实行。"①

国民党的弱项和无能为力之事，恰恰是中国共产党的强项和拿手好戏。值得注意的是，全民族抗战期间，在宋美龄主持的"新生活运动促进总会妇女指导委员会"中，有大量的中国共产党员活动其中。面对国民党特务机关的追查，宋美龄说："什么这个是共产党，那个是共产党，不容易做得好的工作，能够做得这样好，即使是真的共产党，我也愿意将工作交给她做。"②这颇能体现国共两党人员工作水平的差异。国民党搭建的平台总是为中国共产党提供用武之地，甚可玩味！

在所拟的策问中，蒋介石还提出了一个更能说明中国共产党优胜之处的问题："本党为何不能与共党抗争，一切组织宣传训练皆比不上共党"③。似乎历史的天平正在发生倾斜。蒋介石深感不能"争"，却偏要一"争"高低。自比不如，却仍要比出胜负，就只能"寄托在有形的武力上面"了。近代以来，"武力"确实决定着政治力量的命运，但同时也决定着政治力量作为的限度。

蒋介石对国民党问题的分析不可谓不深刻。不过，即使认识到了问题所在，也束手无策，或者说没有整治的决心，只能是任其每况愈下。他所说的"宣传"比不上中国共产党，几年后又有了具体的表现，"可怜张治中、道藩等毫无政治与宣传常识，吾党所办之宣传机构全为共党利用而不知也，可耻至极"④，"屡念本党宣传干部之无识无能，反为共党利用，痛心之至"⑤。国民党的宣传干部和机构"反为共党利用"，似乎已不仅仅是"比不上"的问题。到底是什么事使蒋介石如此"痛心"呢？在他的日记中有具体的说明："开党务小组会议，对宣传部与政治部之宣传艺术毫无本党革命意义与主义色

---

① 《蒋经国日记》，1949年1月22日，斯坦福大学胡佛研究所档案馆藏。
② 沈兹九：《回忆妇女大团结》，载《大众生活》1941年第5期。
③ 《蒋介石日记》（手稿），1939年3月2日。
④ 《蒋介石日记》（手稿），1943年4月25日。
⑤ 《蒋介石日记》（手稿），1943年4月26日。

彩，反被共党作宣传，尤以日本间谍之影片为甚。凡党与政有关之剧，本岁乎皆被共党无形中之操纵，而张道藩与张治中不仅不自知其愚蒙，而反自以为得意，可谓廉耻荡然，不禁为本党国前途悲也。国民党员低能愚劣至此，诚非梦想所及。"①

蒋介石提到的《日本间谍》，主要剧情讲的是一个意大利人在中国东北沦陷后，被迫做了日本间谍，却暗中帮助东北抗日义勇军并提供情报。在这个故事中，明显存在有利于中国共产党的内容。该剧后来经过大幅度修改，还是得以公映。当时，国民党的许多宣传干部不仅工作乏力，而且对思想文化缺乏判断力，特别是不能真正领会"国共合作"名义下蒋介石"溶共、防共、限共、反共"的苦心②；即使干涉查禁，也往往不得要领，常常是该查的没有查，不该查的却查了，越发引起社会的反感和抗议。事实上，后来还发生过"反被共党作宣传"的事，即1947年2月20日的《中央日报》竟然刊登了一则《资本论》的广告，称其是"政治经济学不朽的宝典"，是"人类思想的光辉的结晶"。③广告恰被蒋介石看到，大概"非梦想所及"已不足以表达其惊诧。

---

① 《蒋介石日记》（手稿），1943年4月27日。
② 参见荣孟源主编：《中国国民党历次代表大会及中央全会资料》（下），光明日报出版社1985年版，第526页。
③ 参见《中央日报》1947年2月20日。

第二节 "后方共匪无几,其力全在战区"

近些年来,有关中国抗战史研究的成果,不少利用了蒋介石日记的内容。一些非专业人士每每以其中的只言片语对已形成共识的基本史实评头论足。历史具有复杂性、多面性和整体性,不能抓住一点而不顾其余,只有多层面多角度地透视,才能识其真面目。利用蒋介石日记,必须有整体的视野和贯通的眼光,必须充分了解所记之事的历史语境,必须明了前后历史之变化,不能以蒋介石的是非为是非,要进得去、出得来。以此来看蒋介石日记中关于中共抗战的记载,则可发现一些无法遮蔽的历史存在。

一、"中共对抗战之态度表示积极"

七七事变后,蒋介石在庐山发表谈话,公开表示了抗战的决心,由此极想造成全国统一的局面。1937年7月19日,他在日记中写道:"应战宣言既发,再不作倭寇回旋之想,一意应战矣!对共党之收编应即解决。"[①]他这里说的"对共党之收编"实际上指的是国共合作要迅速达成。在他心目中,"一意"抗战是离不开中共参加的,或至少是以国共合作为前提的。7月24日以

---

① 《蒋介石日记》(手稿),1937年7月19日。

后,他连续记到"预定:见张冲商共部收编事","共部编组交涉已告一段落","共党宣言,共部编定出动"。①所谓"共党宣言"是指中共提交的《中共中央为公布国共合作宣言》;②"共部编定出动"说的是红军改编为八路军奔赴华北前线。

9月14日,蒋介石记道:"本日得大同放弃消息,痛苦万分!阎(按:阎锡山)之罪恶甚于宋(按:宋哲元)之平津,其为无胆识,一至于此,实为梦想所不及也,可痛之至。"③在举国一致抗击日本侵略的大形势下,地方军阀与蒋介石的用心和用力似乎仍然有不一致之处。不过,10天以后,中共在对日作战中的表现令其倍感欣慰。9月25日的日记写道:"保定似已失陷,山西平型关击退敌军,晋局或可转危为安矣!"④在华北接连失利的形势下,八路军参战不到一个月即取得平型关战斗的胜利,给国人以极大的振奋,同时对蒋介石也产生了积极的影响,即"幸获大胜"使其由"痛苦万分"变为寄望"转危为安",充分体现了中共在全民族抗战初期的独特作用。蒋介石专门致电朱德、彭德怀予以鼓励:"二十五日一战,歼敌如麻。足证官兵用命,深堪嘉慰。尚希益励所部,继续努力,是所至盼。"⑤一方面是国民党的丢城失地,一方面是中国共产党的初战告捷,这使蒋介石对中国共产党的态度日益向好。

又十余天以后,他在日记中写道:"共党之反响与瑞兆;内部之团结,应大公无我。"⑥这充分体现了蒋介石对中共抗战比较满意的一面。在他看来,全民族抗战开始以后,中国共产党表现出一种"瑞兆"。所谓"瑞兆",就是捐弃前嫌,合作抗战。这似乎使他很受感动,提醒自己也要抛弃私见,从

---

① 《蒋介石日记》(手稿),1937年7月24日—8月1日。
② 《蒋介石日记》(手稿),1937年9月19日,蒋介石在日记中写道:"共党宣言准予发表。"9月22日,即由国民党中央通讯社正式发表。此举标志着国民党公开承认了中共的合法地位,抗日民族统一战线正式形成。
③ 《蒋介石日记》(手稿),1937年9月14日。
④ 《蒋介石日记》(手稿),1937年9月25日。
⑤ 孟福谦等:《红色档案——统一战线人物传记》,华文出版社1999年版,第25页。
⑥ 《蒋介石日记》(手稿),1937年10月6日。

"大公"出发，进一步巩固中国内部之团结，一致对外。不久，他的这一感觉和认知在与华北将领宋哲元的谈话中得到了进一步证实："与宋哲元谈话，自觉有益于战争前途，第八路军亦能听命也。"①可见，全民族抗战初期的国共合作是比较好的，连蒋介石都颇为满意。由此，他把八路军纳入"战争前途"中去考虑，说明他很看重中共在整个抗战中的作用。为进一步发挥这种作用，他还一度考虑"共党参加政府之组织"②。

当然，中共不可能完全按蒋介石的意志行事。因此，他内心里也常有斗争和犹豫。该年12月9日，他写道："团结内部，为国相忍。统一抗战指挥，使共党归服，消除矛盾行动。"③第二天又记道："对共党方针，放任乎？统制乎？保守乎？以全局设计应与共党合作，共同抗倭，似为相宜。应与共党从速谈判。"④在华北大城市相继沦陷后，中共提出并坚持独立自主的敌后游击战争。对"独立自主"，蒋介石显然不表认同，视为"矛盾行动"。但经过思想斗争和反复衡量，他基本上做到了"相忍"，不予"统制"，并最终接受了"合作和共同抗倭"的关系："与共党代表谈组织事，此时对共党应放宽，使之尽其所能也。"⑤毋庸置疑，从"全局设计"出发，正面抵抗和敌后游击都是必要的。

中共开辟的敌后游击战争，长期以来往往为人所诟病，甚至污为"游而不击"。实际上，敌后游击战不但是中共根据自身情况所作的一种选择，而且是在日军侵占大面积国土以后打击日本帝国主义的最有效作战形式。蒋介石也认识到了这一点，全民族抗战爆发不久，他就提出和布置过游击战："各战区以发动游击战争，使敌所占领各地不能安定，且分散其兵力，使其防不胜防也。"⑥"转危为安之道：保持战斗力，发动游击战；注意：速定发动游击

---

① 《蒋介石日记》（手稿），1937年10月24日。
② 《蒋介石日记》（手稿），1937年12月8日。
③ 《蒋介石日记》（手稿），1937年12月9日。
④ 《蒋介石日记》（手稿），1937年12月10日。
⑤ 《蒋介石日记》（手稿），1937年12月21日。
⑥ 《蒋介石日记》（手稿），1937年11月7日。

战争方案。"①这与毛泽东把极具灵活的游击战提升到战略地位、视之为最终打败日本的取胜之道，似乎并无二致。

问题是国民党军队打不了这种形式的战争。1938年10月武汉失守后，中国抗战局势发生了巨大变化，日军"速战速决"战略难以为继。蒋介石自然明白日军短时间内再也难以发动大规模作战，因此对游击战在抗战中的重要性愈加重视，但苦于绝大多数国民党军官对游击战了解甚少而无法实施。为改变这种情况，蒋介石在衡阳举办了游击培训班，还专门邀请中国共产党方面的人去讲课②，并认为之后的抗战，应以游击战为主。这表明即使从蒋介石的角度看，敌后游击战也是整个抗日战略的一部分，并且在相持阶段到来以后蒋介石拟把它提升为对日作战的主要形式，只是国民党军队很难承担这一任务。到1939年，蒋介石在日记中仍然不禁感叹："沦陷区游击队纷乱无系统。"③中条山战役以后，蒋介石责令孙连仲的部队就地留下，分散打游击。然而，孙部溃不成军、无以立足。在国民党不能很好为之的情况下，从打击日本出发，中共在敌后进行游击战显然是蒋介石乐于看到的，很大程度上也是蒋介石分配给中共的作战任务。

随着日本侵略的深入，蒋介石逐渐认识到，"对敌国最大之打击""抗战到底"和"抗战最后胜利"在于"内部之团结"，"团结党内，统一国内，使之坚强"，"自强自立"，"全靠自己奋斗"。因而，他每每提醒自己，"对共党主张消化而不可排斥"，"共党问题应速进行解决"，"对共党主感召而不主排斥"，"对共党关系应明定宣布"。④然而，1940年以后，面对日益严重的国共摩擦，他对中共的抗战态度产生了很大的疑虑，最后从各个角度做了一次整体性的分析和评估："对第十八集团朱德部之评判：甲、以理论言以共党利害言，以革命整个局势言，皆无背叛革命与抗战之可能。乙、国际形势与外交

---

① 《蒋介石日记》（手稿），1937年11月14日。
② 参见路辉：《叶剑英同志在南岳游击干部训练班》，载《人民日报》1983年9月19日。
③ 《蒋介石日记》（手稿），1939年1月6日。
④ 《蒋介石日记》（手稿），1938年1月13日、2月5日、2月22日、3月25日、3月26日、4月12日、9月4日。

关系言亦不可能。丙、共党宣言与国民革命成败论更不可能。丁、此时共党惟有树信用、守纪律、服从国府命令、实行三民主义、信仰统帅、共同革命实践其宣言。戊、如果违反抗战破坏革命违反民族利益，何异出卖国家，此为自杀之道，岂敢甘冒此不讳乎。己、此时只要共党改正其错误，服从命令，遵守纪律，则一切既往之事不应进念，期达团结一致完成革命之目的。"①

蒋介石的上述评判对中共带有明显的猜疑，但是他从理论方向、国际形势、革命局势、民族利益，以及中共自身的"宣言"、利害和地位来分析，最终得出中共不会"背叛"抗战，理应坚持抗日民族统一战线。②其字里行间流露出的是，中共的态度和行为对抗战至关重要。只是蒋介石把中共坚持抗战和抗日民族统一战线又理解为或看作是"服从命令，遵守纪律"，则说明他仍不能接受或容忍中共提出的独立自主方针。不过，经过激烈的思想斗争，在其心中，政见之争、阶级之争终为抗战大局所压倒。他暗下决心既往不咎，"期达团结一致"。

几个月以后，蒋介石对中共坚持抗战的判断明显地得到了证实："八路军截断山西各铁路之行动，对敌军精神与计划上必受一打击；中共对抗战之态度表示积极。"③这是蒋介石对中共发动百团大战的记载。在他看来，此战使日军"精神与计划上必受一打击"。在国民党一方无甚大战事的情况下，这无疑是鼓舞人心的。为此，蒋介石再次专门致电朱德、彭德怀："贵部窥此良机，断然出击，予敌甚大打击，特电嘉奖。"④显然，这对蒋介石、对全国军民都起到了提气的作用。一个多月之前，他还不无怀疑地向周恩来探问："中共对抗战之方针究竟如何？"⑤而此战使他明确作出"中共对抗战之态度表示

---

① 《蒋介石日记》（手稿），1940年3月6日。
② 从抗战时期国共的整个博弈过程来看，彼此间明显地缺乏信任，且情况越来越严重。实际上，中共也在不断地评估蒋介石和国民党，是抗战还是投降一类的分析不时出现在毛泽东的讲话和中共中央文件之中。参见《毛泽东选集》（第二卷），人民出版社1991年版，第715页。
③ 《蒋介石日记》（手稿），1940年8月29日。
④ 《蒋介石嘉奖八路军朱德、彭德怀总副司令电》，载《八路军军政杂志》1940年第2卷第9期。
⑤ 《蒋介石日记》（手稿），1940年7月16日。

积极"的判断。在日军占领了大半个中国,抗战相持已久、几近陷入沉闷的时候,"百团大战"可谓中流击水,重振了中国战胜敌人的信心。事实上,信心就是坚持抗战的最大支撑,正如蒋介石所言,"信心可以移山"[1]。

总的来看,全民族抗战时期蒋介石是以"战"为主的,特别是在初期面对内部此起彼伏的"主和"之声,他甚至放过狠话:谁再提"和",格杀勿论。而面对日本以"防共"为条件的诱降,他也不为所动,"对共党活动之注意;敌托德国传达媾和条件,试探防共协定为主,余严词拒绝"[2],"敌以共产主义为第一对象,希冀利用本党与本人为其作刽子手,使我国内自相残杀,成为第二之西班牙,此乃最为残苛之悲境,应切戒而力避之"[3]。显然,蒋介石看穿了日本侵略者的险恶用心,在敌我内外、民族大义面前他是清醒的。"兄弟阋于墙,外御其侮",中华民族自古以来的家国情怀,在蒋介石身上体现得也是很明显的。

但是,当抗战面临严重困难而外部环境又不如其所想的时候,"和"的想法也偶尔会上到他的心头。特别是武汉即将沦陷之际,"和"的念头在其心中一下子强烈起来,似乎要付之于行动:"欧战如不能即起,对倭有机即和。和之弊害:甲、停战后倭不撤兵或不缴还华北;乙、共党扰乱不从命;丙、英美不悦。"[4]起初,蒋介石力排众议决心坚持抗战[5]的原因之一,是他认为不久会发生"欧战","国际形势到底必变,倭寇到底必败也"[6],"持久抗战时期变化之预测:国际干涉"[7],"各国必乘其疲而起矣"[8]。至少,国际力量将

---

[1]《蒋介石日记》(手稿),1937年9月4日。
[2]《蒋介石日记》(手稿),1937年11月5日。
[3]《蒋介石日记》(手稿),1937年12月12日。
[4]《蒋介石日记》(手稿),1938年9月27日。
[5] 蒋介石曾于1937年9月4日记到:"今日各方人士与重要同志皆以为军事失败非速求和不可,几乎众口一词,此时若果言和则无异灭亡,不仅外侮难堪,而且内乱盖?彼辈只见其免害而不知敌人之危害甚于我也。不有主见,何以撑持此难关耶?"其主见是:"宁为战败而亡,毋为降敌求存,战败则可转败为胜,降敌则虽存必亡,而且永无复兴自拔之时矣。"
[6]《蒋介石日记》(手稿),1938年1月13日。
[7]《蒋介石日记》(手稿),1937年12月11日
[8]《蒋介石日记》(手稿),1937年12月18日。

牵制和干涉日本的侵略行动。"闻英美要求倭外部对华北不扩大之保证","见美使,详告其东亚已入最险关头,望其政府作转危为安之计"①,"注意:英美态度渐趋积极"②。然而,当这些预见和希望迟迟没有到来的时候,面对日军已进入中国腹地且气焰日盛,他似乎感到越来越撑不住了,以致准备"对倭有机即和"。

尤值得注意的是,蒋介石设想的"和"的一个最大阻力就是"共党"。所谓"共党扰乱不从命令",显然指中共不会跟着他去"和"或投降。这说明他对中共抗战的态度和决心还是很了解的。由此,他对"和"有很大的顾虑,而中共问题为其三大顾虑中最为实质性的一个。也正因为这一点,他始终没有将对日谋"和"付之于实际行动。③这似乎可以从侧面说明中共在抗战时期乃是维持抗战、制止妥协投降的最重要支撑。日本方面也认识到:"如果有人以为只要和重庆能够谈判成功,就可以解决中国事变,那是很大的错误。根据我们的见解,真正的抗日势力,始终一贯的是中国共产党。"④意思是国民党"屈服"了,还不能代表中国就"屈服"了,因为中国还有不会"屈服"的中国共产党。

二、"目前急患不在敌寇,而在共党到处发展"

无论如何,蒋介石毕竟没有迈出对日谋"和"的那一步。不与日本"共

---

① 《蒋介石日记》(手稿),1937年7月25日。
② 《蒋介石日记》(手稿),1937年12月22日。
③ 然而,这种"和"的念头,相当时间内在蒋介石头脑中一直挥之不去。差不多一年后,即1939年8月26日,他又在日记中写道:"'真正之大政治家并不畏惧调和'此为列宁之名言,此调和与妥协果有所分别乎?"显然,蒋介石又想到了要对日"谋和"或"妥协"。想到这一点,他很不安,就在中外历史上寻找根据,结果找到列宁那里去了(1918年,新生的苏俄政府在列宁主持下与德国签订《布列斯特一立托夫斯克和约》,历史上被看作成功的外交妥协策略)。21天后,毛泽东向来自国民党治下的三家主流媒体记者着重强调"坚持抗战、反对投降",表明中共对蒋介石的把脉何等准确,警惕蒋介石的动摇又是多么及时!参见《毛泽东选集》(第二卷),人民出版社1991年版,第591页。
④ 《国共相克的近况》,载《同盟世界周报》(日本)1944年第25卷12号。

同防共"，也一直是蒋介石坚定不移采取的策略。然而，他自身的"防共"同样是坚定不移的。当初，他让中共奔赴华北前线，固是合作抗战使然，另一方面也表现了一种险恶的用心："开始时，蒋介石让共产党、八路军到敌后去是想借刀杀人，像把孙猴子放在太上老君的八卦炉里烧，看你活得成活不成。可是，他没有想到，共产党、八路军在敌后不但没有被消灭，反而迅速发展壮大起来，这下把他吓死了。"①这并不是一种猜疑和误解。蒋介石曾在日记中得意地写道："后方共匪无几，其力全在战区，故抗倭即剿共，可以双管齐下且共匪适矣，在敌我之间更易为力，此则抗战之初使共匪调往前方之效，未为其所欺，其利固甚大也，此时只要后方兵力充实，严密布置可也，如果在前年或去年冬季，共匪叛变，则大局危矣，今则不足为患矣。"②

　　蒋介石不经意间提到的中共之力"全在战区"，真可谓中共全力抗战的典型写照！所谓中共"调往前方之效"，"其利固甚大也"，到底是什么大"利"呢？不就是可以让日本消耗甚至消灭中共，也就是朱德说的"借刀杀人"吗？其所谓"抗倭即剿共"，更表明了他的阴暗之心理，即可以同时消耗日本和中共，"双管齐下"；或从其稍光明的一面来说，打击日本，收复了沦陷区，也就使中共无立足之地了。全民族抗战初期，蒋介石"考虑长期抗战"的时候，最大的担心之一就是"共党煽动，民心背弃"，"共党乘机捣乱，夺取民众与政权"。③而这个时候，他认为中共因"全在战区""则不足为患"了。问题是国民党"抗倭"根本不能随其所愿，且不说收复沦陷之地，现存地盘的丢失仍时有发生，甚至有溃败的情况。日本方面也注意到，"蒋系军队一直处于颓势"④。

　　与其如意算盘相反，中共在沦陷区竟"迅速发展壮大起来"。蒋介石日记

---

① 中共中央文献研究室编：《朱德传（修订本）》，中央文献出版社2006年版，第555页。
② 《蒋介石日记》（手稿），1940年1月27日。
③ 《蒋介石日记》（手稿），1937年11月30日。
④ 日本防卫厅战史室编：《华北治安战》（上），天津市政协编译组译，天津人民出版社1982年版，第363页。

中也有许多反映这一情况的记载:"共党乘机扩张势力,实为内部之隐患"①;"目前急患不在敌寇,而在共党到处发展","共党之猖狂日甚";②"共党发展甚速,其势已浸凌日汹"③;中共不断"收械扩地,扩张其势力"④。这确使蒋介石惊恐万分,倍感忧虑:"为共党无理不法,思加痛斥,故睡眠亦不甚良,因之心身疲乏,精神顿感不舒矣。"⑤长期以来,有关国共抗战,一直存有这样一种看法,即中共不怎么抗日,只是热衷发展自己。蒋介石的记载似乎印证了这样一种观点。然而,如果深入到实际的历史场景中去细究,就会发现全然不是如此。在"战区",不打击日本,又怎能"发展"呢?华北等地既然为日本所占领,中共能够深入敌后,其本身就是不利于日本的,至少使其统治不稳。而在这样的地方还能发展起来,"扩张势力",很难设想不通过与日本交锋、争夺就能做到。所以,在沦陷区,"发展"本身即"抗日"。即便是从日本一方的感受和布置也可看出这一点。1938年以后,日本方面不止一次地指出,"今后华北治安的对象是共军"⑥,"治安肃正的重点,应放在以剿共为主的作战讨伐上"⑦,"今后华北治安的致命祸患,就是共军","方面军的讨伐重点,必须全面指向共军"⑧,"敌大半为中共军,交战回数一万五千次,与中共党军的作战占七成五"⑨。这些记载充分表明了中共在华北抗战中所起的主要作用。

蒋介石说"抗倭即剿共",按此逻辑,中共可谓是"发展即抗倭"。然而,无论中共在怎样的环境中"发展",都是蒋介石所不能容忍的,他"为共党事

---

① 《蒋介石日记》(手稿),1938年12月31日。
② 《蒋介石日记》(手稿),1939年1月6日。
③ 《蒋介石日记》(手稿),1939年1月16日。
④ 《蒋介石日记》(手稿),1940年9月7日。
⑤ 《蒋介石日记》(手稿),1939年2月16日。
⑥ 王孝柏:《左权年谱》,人民出版社2012年版,第197页。
⑦ 日本防卫厅战史室编:《华北治安战》(下),天津市政协编译组译,天津人民出版社1982年版,第101页。
⑧ 日本防卫厅战史室编:《华北治安战》(上),天津市政协编译组译,天津人民出版社1982年版,第236页。
⑨ 《昭和十八年综合战果》,载《朝日新闻》(日本)1944年1月15日。

甚愤激"[1]。面对未曾料及的"共党到处发展"，他一方面试图以中央政府的名义加以制止，如"与彭德怀谈话，严令其勿破坏河北行政系统"[2]，"约恩来谈话，注意：对共党明言特区不准者，乃成割据而反统一也"[3]，"对叶剑英痛斥共党之骄横愚妄"[4]。另一方面，他又暗中日夜思考"防制策略"[5]及"对共特工之设置"[6]。正是在他这样的处心积虑之下，国民党五届五中全会通过了蒋介石提出的《限制异党活动办法》，确立了"溶共、防共、限共、反共"的方针，并设置了专门的"防共委员会"。[7]自此，如何限制共产党成为蒋介石的主要考量。

特别是1940年以后，蒋介石磨刀霍霍，越来越倾向于采取具体的措施来"限共、反共"："对共限制其范围，严防其叛变与暴动，使之受纪律奉命令"，"如其有违反纪律，破坏法令即破坏统一与抗战，则任何牺牲亦所不惜也"[8]；"限令朱德部十五日以前撤至长治、邯郸线以北地区，如其不从，必以武力制裁，非此不可也"[9]；"对共朱决制裁勿再犹豫"[10]；"共党形势汹汹"，"跋扈枭张几乎不可向迩"，"陕北晋察皆为所欲为"，"必执行余之职权以制服此不法无知之徒也"；[11]"令共党部队撤退于黄河北岸，限十一月底为期"[12]。蒋介石对中共的态度日益明朗，"限制""严防""制裁""使之就范"等成为主调，以各种方式"对中共与第十八集团军示以最大之限度与最后之决心"[13]，甚至

---

[1]《蒋介石日记》（手稿），1939年5月11日。
[2]《蒋介石日记》（手稿），1938年12月30日。
[3]《蒋介石日记》（手稿），1939年6月9日。
[4]《蒋介石日记》（手稿），1939年10月25日。
[5]《蒋介石日记》（手稿），1939年1月11日。
[6]《蒋介石日记》（手稿），1939年1月16日。
[7] 参见荣孟源主编：《中国国民党历次代表大会及中央全会资料》（下），光明日报出版社1985年版，第526页。
[8]《蒋介石日记》（手稿），1940年3月4日。
[9]《蒋介石日记》（手稿），1940年3月10日。
[10]《蒋介石日记》（手稿），1940年3月12日。
[11]《蒋介石日记》（手稿），1940年3月22日。
[12]《蒋介石日记》（手稿），1940年10月21日。
[13]《蒋介石日记》（手稿），1940年12月31日。

打算不惜"任何牺牲"。

与此同时，他下令"制裁"中共的实际措施接踵而至："对中共宣告隔离与绝缘"①，"中央不承认中共法律地位"②，"中共理论之批驳"③，"密令凡无中央许可，共军各地机关应一律取消"④，"各级党部对共党案一律以发动盗匪案按律惩治，不得指明为共案"⑤，"共匪仍无遵令北移象征，只有照预定计划逐渐压迫使之就范"⑥。正是在这样的情势中发生了国民党顽固派"围剿"新四军的皖南事变。蒋介石对中共的"制裁"可谓不择手段，出手之狠也前所未有，堂堂中央政府竟然把"共案"人为地误为"盗匪案"。或许蒋介石写日记确实不为己讳，亦或许作为当事人的他根本就不知何为政治的正当性和历史的正义性！有甚于此者，他把"制裁新四军"看作"抗战成败最大之关键"⑦，更是再一次违背了他自己提出的"天理与人情"⑧。中国"自相残杀"，"最为残苛之悲境"，是他曾非常警惕的，而如今又为其一手所制造。

正因为蒋介石和国民党不但抗战不力，而且还试图削弱或消灭牵制着大量日军的中共，其在国际上也日益"失道寡助"。抗战后期，蒋介石记道："国际上尤其是美国有非以共党主政则不能抗战之谬见。因之无论军事外交在华人员，在言论宣传上与物质行动上，皆一致协助共匪，以推倒我国民政府为其惟一目的。"⑨蒋介石所讲的"主政"有些言过其实，应该指的是1944年9月林伯渠代表中共在国民参政会上提出的建立"民主联合政府"之主张。该议一出，不但受到了各民主党派的响应，而且也为美国和苏联方面所赞同。

---

① 《蒋介石日记》（手稿），1940年5月21日。
② 《蒋介石日记》（手稿），1940年10月11日。
③ 《蒋介石日记》（手稿），1940年10月14日。
④ 《蒋介石日记》（手稿），1940年11月22日。
⑤ 《蒋介石日记》（手稿），1940年11月23日。
⑥ 《蒋介石日记》（手稿），1940年12月31日。
⑦ 《蒋介石日记》（手稿），1941年1月18日。
⑧ 1933年1月20日，蒋介石曾记道："惟以天理与人情推之，则今日之事应先倭寇而后赤匪也。"然而，一周多后，他又写道："余决先剿赤而后对日。"即使按他自己的价值标准，"天理与人情"也已荡然无存。
⑨ 《蒋介石日记》（手稿），1944年12月31日。

他所了解到的"国际上尤其是美国"认为没有中共则"不能抗战"之见,尤能体现中共在抗战中的重大作用。其实,美国的这一看法并不是为了刺激蒋介石,而是来源于他们的实际考察:"最最重要的、无可争辩的事实是,共产党军队,从抗日战争开始几乎一无所有,在华北、华中一个很大地区里,不仅保存了下来,而且极大地增强了他们的实力,在那些地区里他们正继续牵制着大量日军。"①当时,中共为美国等一些国家所关注和同情,他们"一致协助",主要不是认同中共的政治主张,而是基于中共在抵抗日本侵略中所起的重要作用。因为无论谁能削弱日本,对他们都是有利的。

历史不是仅依靠当事人的记载而呈现的,无论什么样的记载都不可能单方面形塑历史。离开蒋介石的爱恨情仇,回溯到历史的本来场景中,探究史实发生的本来顺序,则可发现日本侵略下的国共抗战及较量之实情。所谓"战区"或"沦陷区",本来是国民党辖区,国民党没有保住,使其沦陷于日本之手。在沦陷区,日本占领了城市和交通要道,与伪军结合通过城市统治着乡村。但是,对中国广大的乡村,日军不可能全部进行有效统治,从而形成了"敌后"空间。在此空间内,既有中国共产党的存在,又有国民党的存在,本来蒋介石很早就布置过沦陷区的"游击队",只是国民党难以长期立足,即使能够立足也发展不起来。而中共深入敌后不但没有被日伪消灭,反而很快开出一番新天地,"迅速发展壮大起来"。蒋介石自认为高明之处,却无意成就了中国共产党,这不能不令其恼火和忌恨。

再者,蒋介石设想的"抗倭即剿共"也无法如计实施。在沦陷区,国民党根本不能有效地打击日本侵略者,因而很难像中共那样发展。按说国民党掌握的资源更多,更有基础和条件发展,为什么在"沦陷区"发展不起来呢?这同样值得深究。另一方面,在国民党败退后试图再次进入沦陷区的时候,却发现中共的势力已经在那里扎根了。蒋介石所记的"共党在华北排除国军

---

① [美]约瑟夫·W.埃谢里克编著:《在中国失掉的机会——美国前驻华外交官约翰·S.谢伟思第二次世界大战时期的报告》,罗清、赵仲强译,国际文化出版公司1989年版,第278页。

肆无忌惮"①之类，显然就是在这样一种情形下发生的。即是说，国民党无法从日本侵略者手中夺取空间，就改为试图占据中共已取得的空间，摩擦冲突自然在所难免。于是，对蒋介石来说，沦陷区的"抗倭"往往置之脑后，"剿共"则成了首要之事。蒋介石越是对中共"愤激"和"制裁"，越说明中共的发展之快之大。而中共在沦陷区越是发展，则越是对日本统治的打击和消解。于此为国民党丧失之地，蒋介石不积极地"抗倭"，反而千方百计地限制和打击中共，无论他对中共是怎样地愤恨和谩骂，无论后人怎样地为之辩护，恐怕都是无法让人信服的。

---

① 《蒋介石日记》（手稿），1939年3月31日。

第三节　"人人以今后国事"非中共"无法收拾"

人心得失是政治力量能否发展壮大、能否成功的最关键因素，中外历史的演变都能说明这一点。20世纪前半个世纪国共两党力量的消长，更是鲜明地体现了这一点。

1940年7月，蒋介石的日记连续记载了会见南洋华侨领袖陈嘉庚的情况，27日记道："上午到曾家岩与陈嘉庚谈话，恳切告诫其对共党之欺伪与假抗战及不爱国之实情。"①第二天记道："陈嘉庚为共党包围，中毒已深矣！正午约嘉庚吃饭。"②当时，本来对国内情况不甚了解也没有什么政治倾向的陈嘉庚，在考察了重庆和延安之后，竟然公开称赞延安"私人营业、私人土地，各享自由，民生乐业，进步安定，以及促进教育，均略有可观，官民平等待遇，刻苦耐劳，男女有序，无乞丐汉奸"③。一个局外人，在实地考察以后竟然得出了这样的观感，应该说这对国民党的杀伤力是非常之大的。于是，蒋介石亲自出马，去陈嘉庚住处"恳切告诫"所谓"实情"。不过，这本身体现了蒋介石的不智：其所告知的哪能抵得上陈嘉庚所亲眼看到的，自然不能对其发生作用。所以，第二天蒋介石大骂陈嘉庚"中毒已深"。但是，碍于陈嘉庚华

---

① 《蒋介石日记》（手稿），1940年7月27日。
② 《蒋介石日记》（手稿），1940年7月28日。
③ 陈嘉庚：《西北行观感》，载《时事半月刊》1940年第3卷第21期。

侨领袖的身份，蒋介石又不得不试图通过请其吃饭来进一步做他的工作，而这也造成了另一问题。

陈嘉庚初到重庆时，国民党招待极其隆重，专门拨的宴请费就有8万元之多，每次吃饭都可谓山珍海味，以致他不得不登报声明："应酬概行谢绝"①"保惜精神，节省糜费"②。蒋介石再次请他吃饭自然会使他想到在延安时毛泽东的宴请：饭菜上桌，只有在延安比较稀有的白米饭和洋芋、豆腐等陕北农家菜。唯一的美味佳肴是一只鸡，还是邻居老大娘知道有远客特地送来的。③因此，蒋介石白费苦心，陈嘉庚不久又大赞中国共产党统治的地区：第一，没有苛捐杂税；第二，领导人廉洁；第三，没有乞丐，没有妓女，没有失业的人；第四，领导与群众平等相处；第五，治安好；第六，男女关系严肃；第七，朴素成风。④陈嘉庚通过对重庆和延安的比较最后得出了一个明确的结论——"中国的希望在延安"⑤。蒋介石大概无论如何都不会想到，他对陈嘉庚"为共党包围"的记载恰恰反映了中共的得人心之处。

全民族抗战初期，蒋介石和国民党的威望一度达到极高的地步，其坚决抗战的表示和汇聚人心的各种举措受到全国各界的一致拥护。原来的离心力量——李济深、陈铭枢等领导的中华民族革命同盟为表示对政府的支持甚至宣告解散。⑥国家社会党领袖张君劢、中国青年党领袖左舜生等也都发表致蒋介石的公开信，表示"冀赞盛业""始终拥护"。⑦然而，蒋介石并没有把握住这一大好局面，几年之后国民党在政治上又走上了下坡路，一些中间党派纷

---

① 陈嘉庚：《南洋各属华侨筹赈会回国慰劳团启事》，载《中央日报》1940年3月20日。
② 陈嘉庚：《陈嘉庚启事》，载《中央日报》1940年3月30日。
③ 参见中国人民政治协商会议全国委员会文史资料研究委员会、中华全国归国华侨联合会、福建省政协合编：《回忆陈嘉庚》，文史资料出版社1984年版，第184页。
④ 参见中国人民政治协商会议全国委员会文史资料研究委员会编：《文史资料选辑》（第七十八辑），文史资料出版社1982年版，第18—19、21页。
⑤ 中共厦门市委党史研究室编：《华侨领袖陈嘉庚》，中央文献出版社2001年版，第16页。
⑥ 参见包清岑编：《抗战文选》（第二辑），拔提书店1938年版，第81—82页。
⑦ 参见高军、李慎兆、严怀儒、王桧林等编：《中国现代政治思想史资料选辑》（下册），四川人民出版社1986年版，第317—322页。

纷离心离德。

1940年，蒋介石在日记中记载："政客梁漱溟、黄炎培等对共党之骑墙投机之可耻，殊堪鄙弃，此种政客之为害国家，其无形罪恶甚于共匪与汉奸也。"[1]梁漱溟是乡村建设派的代表人物，黄炎培是中华职业教育社的掌舵人。1939年至1940年，他们先是组织了"统一建国同志会"，后又都参加了中国民主政团同盟的筹建。这种独树一帜的做法显然反映了各政治派别对国民党的离心倾向，而被蒋介石看作是"对共党之骑墙投机"，"依势附共"。实际上，在相当时期内这些组织并没有"附共"，而是试图调和国共两党。然而，随着对国民党政权的逐渐失望，最终它的确走向了"附共"，到1947年与中共一起抵制所谓"国民大会"的召开。

1945年1月27日，蒋介石日记记载："对无耻政客之投机乱国、依势附共之言行，思之欲呕，吾不知读书人真有此种寡廉鲜耻之卑污行动，竟一至于此迹，其所为不啻为汉奸败类所不忍为者，而黄炎培、左舜生等竟不惜为之，呜呼！"[2]不久又记道："正午参事会报，对青年党李璜竟为共党外围而不恤，痛斥其政客投机之无耻也。"[3]左舜生、李璜是中国青年党的首领，一般被看作是中间党派的右翼。全民族抗战之初，左舜生曾致信蒋介石，表示对国民党的方针政策"以极端之善意迎之"[4]；李璜还曾提出"护党反共"，筹划"防范共党活动之办法"。[5]然而，几年后他们竟也认同中共的某些主张，被蒋介石斥为"无耻政客""共党外围"。这充分体现了国民党正日益失人心，而中国共产党正日益得人心，这显然不是蒋介石的责骂所能改变的。

1944年下半年，国民党对日作战出现了大溃败，而内政也一塌糊涂，引起知识界和社会舆论的尖锐批评和强烈抗议，这从蒋介石日记中也可窥见一

---

[1] 《蒋介石日记》（手稿），1940年4月1日。
[2] 《蒋介石日记》（手稿），1945年1月27日。
[3] 《蒋介石日记》（手稿），1945年2月16日。
[4] 《中国青年党代表左舜生为表示拥护国民政府抗战建国致蒋介石汪精卫函》，载《申报》（汉口版）1938年4月27日。
[5] 参见中国第二历史档案馆编：《中国青年党》，档案出版社1988年版，第202—203页。

二:"成都华西大学及市立中学罢课,此乃共匪与反动派破坏我青年从军运动之奸计也。一般大学教授皆为反动派所诱惑。"①在蒋介石看来,大中学生和一般大学教授,或是中了中共的"奸计",或是为中共所"诱惑",那么中共为何这样神通广大呢?这恰恰反映了中共所具有的一种令其不可思议的吸引力。一个多月后,蒋介石又记道:"在我国内与党内,投机分子、政客文人不仅趋炎附势,投机向共,而且幸灾乐祸并投石,惟恐寇患之不深,国家之不乱。舆论如大公报者,不仅不敢对共有一言之指摘以申正义,而且对政府多方责难与攻讦,间接以助长匪焰。"②蒋介石领导下的"国内与党内"竟都有"政客文人""投机向共"。这一方面反映了国民党政府之不堪,另一方面也不能不说明中共确有令人向往之"机"。

《大公报》是近代以来一份公信力非常强的报纸,它一贯秉持不党、不派、自由、独立的政治立场。这里,蒋介石认为它多方批评和责难政府,而无一言"指摘"中共,虽然有昧于事实,却也反映了中共确实赢得了舆论的广泛支持。有意思的是,在蒋介石眼中,作为执政党的国民党好像是一个弱者,而在野的中共反像是一个强者。这说明,只要有人气,在野也"强";而没有人气,执政也"弱"。这样一种现象和趋势显然预示了国共两党未来不同的命运。

由于蒋介石和国民党抗战不力、建国无方、治党不严,即便是国民党内部也出现了离心倾向。1940年10月12日,蒋介石记道:"哲生与焕章,几乎完全被共匪所利用,党国内部仍有携贰之心。"③"哲生"即孙科,"焕章"即冯玉祥,可谓国民党内的要人。在国民党中央会议上,他们明确反对1939年以来蒋介石所推行的"溶共、防共、限共、反共"方针,提出应重新实行孙中山的"容共"政策。抗战后期,孙科还公开呼吁国民政府承认中共合法地位,并且在一些具体的事情上为中共辩护。1945年2月18日,蒋介石的日记

---

① 《蒋介石日记》(手稿),1945年11月9日。
② 《蒋介石日记》(手稿),1945年12月31日。
③ 《蒋介石日记》(手稿),1940年10月12日。

写道："阿科今日又为共匪新华日报辩护，而发表其否认对中央记者谈话之记录，其人格与言行实已扫地殆尽。总理而出此子，不仅为党国惜，而亦为其家族悲也。"①《新华日报》是中共在国统区的喉舌，在一般知识界和民众中有着广泛的影响，孙科公开站出来为之"辩护"，当然不排除借此树立自己的政治形象之可能。不过，这更说明中共的得人心之处。

实际上，国民党内部，在地方上也有"携贰"之势力，比如阎锡山等。1941年6月26日的蒋介石日记记道："阎锡山对其左右明言，以后国民党、共产党与汪伪三方面之成败，共党则为六分之三，汪伪则为六分之二，至国民党则仅有六分之一之希望。是其心理不降共，则必倭伪可知，故其开战之始则利用共党，乃为共党所弃，是后其只有投汪降伪之一途，此乃非人之所为，何足道哉！"②这应该是蒋介石从情报部门得知的阎锡山私下里的一种议论。显然，阎锡山判断未来中共胜利的希望最大，并不是凭空得出的。全民族抗战之初，确如蒋介石所言，阎锡山与中共有过一段良好的合作，共同组织了"山西牺牲救国同盟会"。正是在合作过程中，阎锡山对中共有了比较真切和充分的了解。虽然阎锡山最终与中共分道扬镳，但他对中共人气之旺以及代表历史发展趋势的认识还是很清晰的。

更让蒋介石头痛的是宋庆龄对中共的态度。孙中山去世后，蒋介石一直努力把自己装扮成其遗志的继承者和践行者。然而，作为孙中山的夫人，宋庆龄却一直坚定地站在中共这一边。本来，全民族抗战期间在国共合作的背景下，宋庆龄一度比较给蒋介石和宋美龄面子，宋氏三姐妹经常手牵手一起去前线慰问、看望妇女儿童、视察福利院等。然而，通过几年的密切接触，宋庆龄更加认识到国民党政府的腐败无能，深感国民党已无可救药，转而在国外撰文大赞特赞中国共产党。1944年2月2日，蒋介石记道："宋庆龄前月又在英国报纸发表污蔑政府为反动，以共匪为民主，反对封锁陕北。"③1945

---

① 《蒋介石日记》（手稿），1945年2月18日。
② 《蒋介石日记》（手稿），1941年6月26日。
③ 《蒋介石日记》（手稿），1944年2月2日。

年3月12日,他又记道:"晡时访孙夫人,彼对俄国之利害无异其自身之存亡,对共匪之成败无异其祖先之荣誉,彼已不知其祖国何在,而祖先何自矣。此种奴性贱态不一而作,吾不知中华民族何故而有此败类,彼俄究用何术而使其麻醉之烈,竟亡其本身与祖国,而为其效忠至此耶?是吾人未能尽其教化与宣传之力耳!"①蒋介石之所以在日记中对宋庆龄极尽谩骂侮辱之能事,显然是因为他深知宋庆龄的一些言论对国民党的杀伤力及对中共的助力。然而,他不从人心向背上去反思,而是归咎于未尽"教化与宣传之力",不能不说是南辕北辙了。或许蒋介石无法自知,抗战不力却"封锁陕北",以民主之名却行专制之实,才是其众叛亲离的主要原因。

抗战胜利前后,国民党的政策和举措更加不得人心,而中国共产党却日益赢得赞赏和支持。1944年12月31日,蒋介石记道:"国际上尤其是美国有非以共党主政则不能抗战之谬见。因之无论军事外交在华人员,在言论宣传上与物质行动上,皆一致协助共匪,以推倒我国民政府为其惟一目的。"②半年多后,他又这样记道:"国人心理怯弱已极,人人以今后国事非求得共匪之一致,则内乱一起无法收拾,因此勾结俄国,乞谅共匪,各种卑劣行态无所不用其极。"③国际上"非以共党主政则不能抗战",对中共"一致协助";国中"人人"皆求"国事"与中共"一致",这特别能体现中共的人民性,可谓中国共产党是人心所向的真切体现和典型写照。蒋介石之所以数十年如一日地写日记,目的之一显然是试图以此影响后世对历史的判断。然而,无论他怎样义愤填膺地表示态度,无论他怎样标榜自己站在道义的一方,历史之真实都是无法掩盖的,反而更加证明了其所贬斥一方的道义性。

1945年7月初,六参政员即褚辅成、黄炎培、冷遹、傅斯年、左舜生、章伯钧访问延安,本来他们此行有为国民党游说的意味,但是他们在延安期间却对中共产生了浓厚的兴趣和好感,并与中共达成共识:停止召开国民党

---

① 《蒋介石日记》(手稿),1945年3月12日。
② 《蒋介石日记》(手稿),1944年12月31日。
③ 《蒋介石日记》(手稿),1945年6月28日。

主张的国民大会，从速召开中国共产党所主张的政治会议。[1]即使回到重庆后，他们也大都对中共称赞有加。如冷遹说："延安人民看上去都勤劳朴素，体格健康，那里人人平等，没有贵贱之分，没看见一个警察，一个游民。"[2]其他几人的看法也大致相同。百闻不如一见，显然六参政员在延安直观地感受到了国共两党治下的反差，所谓对"延安人民"的印象显然是对比"重庆人民"而得出的。蒋介石日记记载："六参政员对共党魁毛泽东，皆极口称赞其组织与设施之能及其集权之大，甚至说其共党对农村一经组织之后即放任不管，由其农村自加管制，而共党并不有人监制云，可知共匪宣传之巧妙矣，而政客之昏庸竟如此也。"[3]对中共"皆极口称赞"，中共何以有此魔力？蒋介石斥之为"宣传之巧妙"，不知其内心何以自解。

以上蒋介石日记中的一些记载表明，海外华侨、中间党派、一般知识分子、国民党内开明人士、地方军阀、参政员等国际与国内方面都不同程度地以不同方式表达了对中共的好感、赞同和认可。在国民党执政的环境中，中共却赢得了这样的人气，不能不说明中共之得人心。对此，蒋介石不反思国民党为何弄到这般局面，而仅仅是在日记中破口大骂以泄私愤，自然使他和国民党在背离人心的道路上越走越远。

---

[1] 参见孟广涵主编：《国民参政会纪实》（续编），重庆出版社1987年版，第568页。
[2] 江苏省政协文史委员会、镇江市政协文史委员会、丹徒县政协文史委员会：《冷遹先生纪念文集》，江苏文史资料编辑部1989年版，第24—25页。
[3] 《蒋介石日记》（手稿），1945年7月7日。

第四节 苏美共同反对国民党"制裁中共"

全民族抗战时期，世界各国尤其是苏联与美国对中国进行了各种各样的支援。长期以来，一般认为苏联和美国援助的对象和最大的受益者都是国民党政府，而对中共则有所遏制。不过，从蒋介石的视角来看，苏联和美国始终对中共进行了不同程度的扶助、支持和拉拢。①中共之所以能够在抗战时期发展壮大，并一举登上国际舞台，与美苏两国的对华政策是分不开的。

从全民族抗战开始到太平洋战争爆发，国际上实际援助中国的主要是苏联。其中，主要是给予中国三笔共计1亿7300多万美元的贷款，这是中国当时争取到的最大一笔国际援助。②因此，这一时期蒋介石日记中关于苏联的记载非常之多。1937年12月7日，蒋介石记道："抗战期间，俄必不使共党反叛也。"③几天以后又写道："本日气候阴沉，精神凄凉，所闻所见，皆属悲感之事。苏俄公开欲接济共党矣！"④

鉴于中共与共产国际的关系，在蒋介石看来，中共是完全听从苏联的。因此，他的日记中常有"共俄"之说。1937年12月，苏联国防人民委员伏罗

---

① 长期以来，学术界一直有这样一个甚至被写入了教材的观点：1944年史迪威的召回，标志着美国扶蒋反共政策的确立。深入到历史的实际中去看，这一判断可能并不那么确切。
② 参见罗志刚：《中苏外交关系研究（1931—1945）》，武汉大学出版社1999年版，第134页。
③ 《蒋介石日记》（手稿），1937年12月7日。
④ 《蒋介石日记》（手稿），1937年12月10日。

希洛夫在会见国民政府访苏代表杨杰时，明确表示"苏政府欲给第八军野炮廿四门、防战车、炮廿门、机关枪六十架、战车十五辆、飞机十架"[1]，这即是"苏俄公开欲接济共党"之事。但此举最终因蒋介石的反对而未果。后来，蒋介石还专门告诉前往莫斯科的孙科，"如再有人提议以俄货直接由俄接济共党之说，请兄严词拒绝切勿赞同。以军事胜败全在统一，不能受外国直接接济，否则抗战不惟无益，而且国家必亡也"[2]。蒋介石防范中共之心溢于言表。当然，对蒋介石来讲，确实有一个要维护"统一"的体面的问题，而苏联欲"直接""接济共党"，且抱怨国民党"对八路军待遇未公"[3]，则很能说明其与中共的特殊关系。

实际上，中共的确迫切希望得到苏联的军事援助，但伏罗希洛夫所提援助的战车、飞机、大炮并非中共所愿，因为中共无法负担这些装备的后勤保养。1938年2月4日，中共中央致电共产国际，明确提到只是希望苏联能够提供一定数量的机关枪、步枪等轻武器。由此可见，伏罗希洛夫援助中共的提议更倾向于试探蒋介石的态度。全民族抗战的八年时间里，中共从苏联处获得的军事援助微乎其微，以至于后来美军驻延安观察组的戴维斯都认为，中共"不可能对此不气愤，除非他们没有七情六欲"[4]。当然，这似乎更受到美国观察组的称赞，观察组成员林迈可在《关于国共关系的调查报告》中写道："虽然他们没有得到外界援助，只有共产党武装能坚持敌后武装斗争……上百万的中央军……不少被日军消灭掉了，另一大部分人投降了日本人。"中共与苏联之间的距离恰恰成为美国接近中共的理由。

---

[1] 秦孝仪主编：《中华民国重要史料初编——对日抗战时期》（第3编："战时外交"2），台北文物供应社1981年版，第505—506页。
[2]《中华民国史事纪要》（1939年7月—12月份），台北"国史馆"1991—1993年编印出版，第223页。
[3] 秦孝仪主编：《中华民国重要史料初编——对日抗战时期》（第3编："战时外交"2），台北文物供应社1981年版，第409页。
[4] 蔺晓林编：《戴维斯、谢伟思与实用外交》，上海远东出版社2017年版，第187—188页。李德回忆录也曾提到："在延安出现了许多刻薄的讥讽，诸武器给了资产阶级，书籍给了无产阶级。"参见[德]奥托·布劳恩：《中国纪事》，李逵六等译，东方出版社2004年版，第263页。

以下这些记载表明蒋介石总是认为苏联与中共是连在一起的：

1939年6月3日：俄国对我国态度转佳；共党态度渐转缓和乎？

1939年12月30日：对俄应说明中共捣乱实情，对共应宽严兼施。

1940年8月12日：周恩来有回渝消息，是俄与共皆有旋转余地乎，怪哉！

1940年10月12日：俄与共此时仍要我继续抗战也。

1940年10月21日：本日令共党部队撤退于黄河北岸，限十一月底为期，试观其能否遵令，即可断俄国对华最近期间之政策也。

1940年12月6日：新疆俄员昔日对中央人员傲慢态度渐改，可测知俄对华现时之政策转佳，亦可知中共上月之侵凌态度亦将转变乎？

蒋介石明显地把国共关系看作中苏关系的晴雨表，或者以中苏关系的好坏来看国共关系的好坏。由此反观，苏联在战时对中共无形的支持可能要大于有形的援助。至少，它牵制着国民党对中共的态度和政策，而这关系到中共活动的空间及其大小。如果不是考虑苏联的因素，国民党在对中共的限制上可能会更放得开手脚。

1940年3月1日，蒋介石记载："俄员又以共党问题不解决俄国不能接济之间接表示为可痛，当以共党如不安分守纪，我政府决不肯纵共乱国，至于俄国是否接济乃不在我心中，我人决不对外有所希求，更不肯迁就外援而贻内患也。"①三个多月以后，他又记道："俄国史大林（按：斯大林）对我呼声要求其交我应交之飞机置之不理，此乃必然之理，无足为奇。"②差不多半年后，他在日记中写道："对朱彭（按：朱德、彭德怀）下令北移后之预想：甲、抗命不移；乙、俄械停运；丙、国共明争，此于我不利也，然明争为共

---

① 《蒋介石日记》（手稿），1940年3月1日。
② 《蒋介石日记》（手稿），1940年6月30日。

与俄所不愿,对彼更不利也。"[1]

蒋介石所记"俄员"说的"共党问题",指的是国民党制造的一系列杀害八路军和新四军指战员的事件,进而发展为1939年底到1940年春的"第一次反共高潮"。[2]对此,苏联明确表示了反对的态度,甚至拟停止对中国的"接济",并不久见之于行动。[3]尽管蒋介石口口声声表示不受制约,但恰恰表明实际上苏联的态度是他处理中共关系时一个很大的顾虑,即便是在1940年10月发生的"黄桥事变"中遭遇重大损失,他在处理中共问题上也是进退维谷。

1940年底,由于无法容忍中共的发展壮大和独立自主的抗战方针,国民党又掀起了"第二次反共高潮",其顶峰是于1941年1月6日制造了皖南事变。从蒋介石的记载来看,这一围歼新四军的事件未必是他的本意,"对皖南新四军冲突实违反我意旨,白等(按:白崇禧、何应钦等)坚欲在此时整个消灭共产党,诚不识大体与环境之谈,明知其不可能而强行之,其幼稚言行与十年前毫无进步,可叹!"[4]但是,事件既已发生,他便开始考虑趁此更进一步地撤销新四军番号和编制[5],其设想的两个后果是苏联和英美可能会反对,事实也恰如其所料。

蒋介石连续记载:"对新四军取消其番号处置之研究:甲、俄态;乙、敌态;丙、英美关系。"[6]"俄武官来问新四军冲突之消息用意,因此对此案处置更应严肃坚决。"[7]"新四军案余波未息,共党与俄人皆想包庇与反动,对于其国际宣传尤烈。俄使正式质问,实为变相之压迫与恫吓,余以严正对之,

---

[1]《蒋介石日记》(手稿),1940年12月8日。
[2] 参见胡乔木:《胡乔木文集》(第二卷),人民出版社2012年版,第49页。
[3] 参见安徽省文物局新四军文史征集组编:《皖南事变资料选》,安徽人民出版社1981年版,第366页。
[4]《蒋介石日记》(手稿),1941年1月13日。
[5] 参见安徽省文物局新四军文史征集组编:《皖南事变资料选》,安徽人民出版社1981年版,第366—367页。
[6]《蒋介石日记》(手稿),1941年1月15日。
[7]《蒋介石日记》(手稿),1941年1月16日。

彼术乃穷矣！"①

皖南事变后，苏联通过各种方式表示了严重关切，并警告国民党政府切勿进一步扩大事态②，这使蒋介石颇感"压迫"。苏联警告蒋介石的同时，也告诫中共苏联不愿意看到国共两军发生军事冲突。可见，苏联此时并未偏袒任何一方，其最终目的仍旧是维持国共抗日的状态。

蒋介石对苏联的态度毫不意外，因为在他眼中，中共本就与苏联是一丘之貉。令他没想到的是美国也强烈反对国民党反共的举措："新四军问题余波未平，美国受共党宣传蛊惑更甚，其政府心理援华政策几乎动摇，子文（按：宋子文）甚以为虑。"③"罗斯福似亦为第三国际阴谋宣传中毒，但吾人抗战全恃自力更生，外物本于我无争也。美国经济援我且挟此居奇，为共党说项，弱国之难堪有如此也。"④

新四军问题几乎动摇美国的援华政策，足见当时美国对中共的重视程度。在苏美的共同压力下，加上国内各界的普遍反对，蒋介石很快改变了对中共的态度。1941年3月，他公开表示"以后再亦决无剿共的军事"⑤，并主动对中共示好，"对中共之策略，约恩来夫妻聚餐"⑥。国共关系暂时走向一定程度的缓和。

皖南事变平息之后，国际局势发生了重大变化。1941年6月22日，德国入侵苏联；1941年12月7日，日本偷袭珍珠港。在1942年元旦美苏英中的反法西斯同盟成立之前，苏联与日本仍保持着外交关系。诚然，苏联自身局势危急，继续援华实属力不从心，但还需要中国战场继续牵制日军，因此不得不采取解散共产国际等方式拉拢蒋介石。

---

① 《蒋介石日记》（手稿），1941年1月25日。
② 参见中国抗日战争军事史料丛书编审委员会编：《新四军·参考资料》（2），解放军出版社2005年版，第222页。
③ 《蒋介石日记》（手稿），1941年2月1日。
④ 《蒋介石日记》（手稿），1941年2月8日。
⑤ 孟广涵主编：《国民参政会纪实》（下），重庆出版社1985年版，第886—887页。
⑥ 《蒋介石日记》（手稿），1941年3月15日。

第九章 蒋介石日记中的中国共产党

然而,1943年5月共产国际的解散让蒋介石看到了铲除中共的契机。国民党经过一段时间的策划,又掀起了"第三次反共高潮",准备兵分九路,闪击延安。"俄国罗果夫在其杂志发表中国内部发生严重问题,皆为共匪宣传,可知俄国政策对共匪并未放弃,而犹想保留其势力也。俄国对中共仍偏袒如故,彼恐共匪失败,则中国无人为其利用也,此乃必然之势。"[①]蒋介石也能注意到"其杂志"上发表的文章,并从苏联的舆论推知其对华政策,这充分表明他对苏联态度的重视,尤其看重能印证他内心"苏俄与中共互为表里"这一观点的证据。他原以为共产国际解散后,苏联对中共便置之不顾了,不料"仍偏袒如故"。这一次苏联还联合美国一起给蒋介石施加压力:"俄国一方面发表中国局势严重将有内战之消息,一方面对美国政府当局造谣宣传,称我中央限共匪于八月十五日以前归顺中央,否则即欲讨伐之说,以煽动美国当局,彼美参长麦歇尔(按:马歇尔)果被其煽动,电询子文以此事之究竟,劝我勿用武力,可知俄国谋我之切,所谓解散共产国际者皆欺世妄诞。嘱布雷拟稿详复之,冀释其疑而消其毒也。"[②]

蒋介石坚信意识形态相同是苏联与中共密切联系的前提。从这个角度看,美国与中共缺乏联系的基础,又怎会限制蒋介石谋划反共呢?美国作为此时援华的主要国家,当然希望中国能在战场上拖住日本,而国共摩擦势必会让日本人得利。所以,苏美都不赞成蒋消极抗日。事实上,苏美对中共的态度并非偏爱,而是他们站在自身立场上出于实际利益的一种现实考量。抗战后期,蒋介石越来越认为维持其统治的大患不在倭寇而在中共,因而他千方百计地试图削弱甚至消灭中共。在消极抗日的态度下,国民党在抗日战场上屡战屡败。美国见势,一边令史迪威争取中国军队指挥权,一边与中共谋求联系,两者严重威胁蒋介石的军事、政治地位,蒋介石对美国步步紧逼的态度甚为不满。

---

① 《蒋介石日记》(手稿),1943年8月8日。
② 《蒋介石日记》(手稿),1943年8月11日。

面对接连不断的国共摩擦，美国方面很想了解孰是孰非的真相，特别是想弄清中共到底是怎样的一个群体、延安到底是怎样的一块地方。1944年2月，罗斯福亲自向蒋介石提出要派遣美军军事代表团前往陕北等地。蒋介石日记中连续记载：

> 1944年2月19日：最近共党对美国朝野又大事宣传，鼓动美国干涉我内政，要求我政府准美国派视察团到延安实地调查真相，撤除封锁，使共党取得与政府平等地位。
>
> 1944年3月24日：美国必欲派员视察延安，实则联络共党以为牵制我中央政府之计也，其用心甚险，余惟以照理力拒而已。
>
> 1944年4月15日：此时共党在美之反宣传，上自其罗总统、军部，下至一般舆论，几乎皆被其笼罩，不可救药。
>
> 1944年7月6日：呜呼！共匪与俄国合以谋我，已不胜其痛苦，而今复加英美亦与共匪沆瀣一气，是世界帝国主义皆向余一人进攻矣！

1944年法西斯行将败北，蒋介石对苏美两国压制国民党的言辞举动百思不得其解，而苏美的诉求却已悄然转变。苏联和美国对中共的青睐，并非中共的宣传所致，亦非与蒋介石个人过不去，而是国民党做得实在太差，尤其是进入1944年以后，国民党的正面战场趋于消沉，这不能不使一向重实利的美国对国民党的抗战能力表示怀疑。美国总统特使赫尔利与美国驻苏联大使哈里曼对苏联外长莫洛托夫直白地谈道："总统最大的期许就是结束对日战争，而这一目标有赖于中国切实有效地在远东展开军事行动。"[1]然而，蒋介石更想把中共当作敌人。为此，罗斯福派遣副总统华莱士访华。正如罗斯福所说，"如果国民党与共产党不能相处，可以请一个朋友来斡旋"[2]，华莱士

---

[1] 贾钦涵编：《中美关系转折：赫尔利使华》，上海远东出版社2017年版，第1页。
[2] 《中美关系资料汇编》（第一辑），世界知识出版社1957年版，第125页。

无疑就是这个朋友。

果不其然，尽管蒋介石起初坚决拒绝美国的要求或者虚与委蛇，但很快就向来访的华莱士表示美国军事考察团可以前往陕北，只是坚持把代表团的名称改为"美军观察组"（又称"迪克西使团"），以降低其规格。这样，美军观察组于该年7月和8月，分两批先后到达延安，从而开始了美国与中共的直接交往。此间，美军观察组成员给本国的报告声称，"共党在中国必然胜利"[1]，因而建议美国政府"将援助国民党转为援助共产党"[2]。美国的对华政策一度出现了转向的可能。与此同时，1944年9月赫尔利以总统私人代表身份赴华，意在改善蒋介石与史迪威的关系，从而实现史迪威指挥中国军队的目的。这更让蒋介石感到雪上加霜：

> 1944年7月8日：七七纪念日接罗电，将以史迪威为中国战区总司令之建议，尤以租借物资受其支配且包括共匪军在内，是忧患中最恶劣之消息。
>
> 1944年7月31日：罗斯福强余接受其史迪威统率华军之要求；又以其必欲强余对共匪妥协，且必欲以其租借案武器接济共匪，以乞好于俄国，更令人难堪，其将何以自勉？
>
> 1944年8月6日：最近内外形势之压力，日甚一日，尤以美国在精神上无形之压迫更甚，彼必欲强余无条件与共党妥协。
>
> 1944年8月24日：本日心神沉闷已极，内共外美之压迫与威胁日紧；以罗斯福来电几乎欲余无条件将国军完全交美国指挥，尤以对共匪亦要求余无条件妥协为最难堪。情势至此，不能不下决心屈服乎；拒绝乎，必须有条件以接受其要求乎？
>
> 1944年8月31日：日来对美对共问题甚为愤慨，切思只有辞职一途，

---

[1] 梁敬錞：《史迪威事件》，商务印书馆1973年版，第235页。
[2] [美]约瑟夫·W.埃谢里克编著：《在中国失掉的机会——美国前驻华外交官约翰·S.谢伟思第二次世界大战时期的报告》，罗清、赵仲强译，国际文化出版公司1989年版，第314—315页。

方能脱离今日国际之束缚，以为打开今后行动自由之计。

1944年10月11日：美国交涉已至最后关头，应切实准备。彼罗如不改变其主子态度及其对共匪袒护方针，则不能不准备决裂，但非至万不得已时，决不可为内外形势恶劣变化而下野放弃我革命责任也。

当时美国试图援助中共的一个举措是将租借给中国的军需物资直接分配给中共，并迫使蒋介石改变对中共的态度和政策，即"无条件与共党妥协"。加之美国还让他把军队的指挥权交给史迪威，由是对他造成了极大的压力，使他感到无比的"难堪"，"心神沉闷已极"，以致想辞职了事。照此下去，即使不辞职，也已形同傀儡。1944年10月初，他在国民党中执委会议上指责美国正在利用史迪威干涉中国主权，告诉与会人员不要害怕失去美国援助，失去他们的帮助我们仍然可以在四个省的基础上站稳脚跟。在触及其根本利益和统治地位的时候，蒋介石的态度和决心还是很明朗的。

1944年10月14日，他记道："近日最重要的事是能否撤退史迪威，对美外交之成败全在于此。其次，为共匪与哈雷关系究竟如何，彼私自派员赴延安，则必与共匪勾结，至少则与匪谋谅解。但此事不必过于注重，彼既欲调解此事，自必想讨好双方，无足为异也。哈雷派员密赴延安，私通共匪，殊令人对美国之言行更不能置信也。"①可知，蒋介石对美国与中共的接触既充满种种疑虑，又认为抓住了美国的软肋，显然他很清楚美国并不想丢掉国民党这颗棋子。果如所料，出于种种考虑，美国政府最终决定妥协，于该年10月19日致电蒋介石，同意召回史迪威，美蒋矛盾以蒋介石的胜利暂告一段落。但是，美国对国共矛盾的调解正积极地进行着。蒋介石提到的"哈雷"，即是该年9月来华的赫尔利。他被称为第一个在政治问题上与中共打交道的美国人。②起初，他兴致勃勃，踌躇满志，对调解国共矛盾充满乐观。他不但派人

---

① 《蒋介石日记》（手稿），1944年10月14日。
② 参见《中共党史资料》编辑部编：《亲历重大历史事件实录》（第三卷），党建读物出版社、中国文联出版社2000年版，第116页。

"密赴延安",而且于当年11月7日亲赴延安,经与毛泽东、周恩来等领导人谈判,最终签订了一份《中共与中国政府的基本协定》,其中包括"所有国内各政党,均予以平等、自由及合法地位"等五点建议[①]。这既与当时中共的政治诉求一致,又与美国的在华目标暗合。然而,当他兴高采烈地携着这份协议去见蒋介石时却被泼了一盆冷水。

---

① 参见重庆市政协文史资料研究委员会、中共重庆市委党校、红岩革命纪念馆编:《抗战时期国共合作纪实》(下卷),重庆出版社1992年版,第373页。

第五节 美苏要求"容纳"中共加入政府

关于美苏对中共加入联合政府一事的态度，蒋介石日记显示其曾有过多种考虑。1944年11月11日，他记道："正午与子文、辞修等（按：宋子文、陈诚）谈哈雷赴延安经过情形，结果其恶劣殊出意料之外。美国人之糊涂与粗暴，只有被英国欺诈与俄共蒙混及威胁所制服也。余得哈雷之报告，比桂柳（按：桂林柳州）之失陷，其丧心与失望更不可以道计也。"[①]此时的蒋介石正日益贬低、限制、打击和削弱中共，以至于在他看来中共已接近"垂毙"。那么，赫尔利与中共达成的"予以平等、自由及合法地位"之协议，自然令他感到"恶劣殊出意料之外"。实际上，按外人特别是美国的价值和理解，这几点协议是再平常不过的。只是令赫尔利和美方没有意识到的是，这样一种越俎代庖是蒋介石所难以接受的。因此，其"丧心与失望"之极，自感远甚于"桂柳之失陷"，这说明全民族抗战后期蒋介石的主要忧虑确实转移到了中共身上。显然，完全推翻这一协议是不明智的，长于应变的他考虑再三，提出三点建议，其中要求"中共应将其一切军队移交国民政府军委会统

[①]《蒋介石日记》（手稿），1944年11月11日。

辖"①。这自然遭到中共的拒绝。②

1944年11月23日，蒋介石在日记中记载："昨周恩来来见，其体态骄肆，已不如从前之敬慎矣。彼等在垂毙之际而得到美国意外之拯救，自不能不得意忘形，彼自认为此次交涉已完全胜利，彼十余年来所企求者为国共合作之口号，而今将达其目的矣。"③这不免存有猜疑和夸张成分，但是中共确实在与美国的积极接触中感受到美国态度对中共渐趋有利，周恩来致信赫尔利，称"我们为击败共同敌人计，始终愿与阁下及魏德迈将军继续磋商今后军事合作之具体问题"④。当时，中共作为一个局部执政的政党似乎更得美国驻华官员的认同，也显得在与美国打交道方面更顺利。这一方面缘于美国与中共在反法西斯利益上的契合，一方面也充分体现了中共的世界眼光和外交智慧。尽管赫尔利后来的调解越来越偏向国民党，被称为一个"不公正的调解者"⑤，但抗战尚未结束条件下的调解之意义本就不在其结果，而在于调解本身让中共得以与美国交流，并走上国际舞台。毫无疑问，它大大提高了中共在国内和国际上的政治地位。更为重要的是，它限制和延缓了国民党反共的部署，为中共赢得了进一步发展壮大的时间和空间，也为中共提供了与国民党斗争的道义上和精神上的支持。

1945年1月至2月，蒋介石连续记载："此时对共方针，余应表示迁就容忍，而使美国知余确有诚意，故应极端忍耐为要。"⑥"哈雷对子文等直接用压力要求政府对中共迁就，容纳其改组联合政府主张，对余则用间接方法表

---

① 中共中央文献研究室编：《周恩来传（1898—1976）》（上卷），中央文献出版社2008年版，第637页。
② 周恩来表示："我们无法找到两方提案的基本共同点。"中央档案馆编：《美军观察组档案汇编》，上海远东出版社2017年版，第202页。
③ 《蒋介石日记》（手稿），1944年11月23日。
④ 中央档案馆编：《美军观察组档案汇编》，上海远东出版社2017年版，第202页。
⑤ 参见［美］包瑞德：《美军观察组在延安》，万高潮等译，解放军出版社1984年版，第91—97页。
⑥ 《蒋介石日记》（手稿），1945年1月8日。

示国共皆无合作诚意之失望，其国民性之幼稚乃如此焉。"①"近日国际险恶，压迫威胁无时或已。注意：史对罗（按：斯大林对罗斯福）谈话大意，我政府须先容纳中共加入政府（即其所谓统一也），然后方易使中俄合作之实现，是其用意可知，难怪共匪近更猖獗有恃无恐也。"②

不难发现，美国的调解确在改变着蒋介石对中共的态度。在容纳中共组织联合政府这一问题上，美国的态度似乎甚为坚决，使蒋介石感到一种无法承受的"压迫威胁"，最终不得不决定"迁就容忍"。同时，苏联也持同样的态度。蒋介石这里记的斯大林对罗斯福的谈话，应该是在1945年2月4日召开的雅尔塔会议上说的。联合政府的主张是1944年9月林伯渠代表中共在国民参政会上提出的。这一主张最终也为美苏接受和支持，并成为雅尔塔会议上关于中国问题的一个议题③，充分说明中共对美苏倾向的准确把握。

1945年2月23日，蒋介石写道："近日美国反华之宣传复烈，是果为其政府之方针乎？彼美不自知其为俄驱鱼之拙策矣。共匪枭张猖獗，无以复加，应再忍之。"④第二天，他又记载："对共方针陷于矛盾之中，应如何运用合宜，当加以深切检讨。甲、对共党有限度、有条件容纳其加入政府；乙、对俄表明我对共为内政之严正态度。美国对我之恶劣宣传犹未停止。"⑤

在美国和苏联的极大压力之下，蒋介石最终考虑"对共党有限度、有条件容纳其加入政府"。他一直认为，在这一问题上，美国是受了苏联的欺骗或影响，以致联手施压于国民党政府。事实并非如此，美国决策层的确无法放弃国民党，但深入中国工作的美国人尤其是驻延安代表团的成员认为中共将是中国未来的主导力量。戴维斯明确指出："抗战胜利后如果蒋介石要打内战，中共在武器方面得到苏联的支持，就会打败国民党，成为新中国的主

---

① 《蒋介石日记》（手稿），1945年2月3日。
② 《蒋介石日记》（手稿），1945年2月21日。
③ 参见［美］沙希利·浦洛基：《雅尔塔：改变世界格局的八天》，林添贵译，中信出版社2018年版，第678页。
④ 《蒋介石日记》（手稿），1945年2月23日。
⑤ 《蒋介石日记》（手稿），1945年2月24日。

人。"①美国担心蒋与中共的武装对抗会给苏联以可乘之机，所以要求蒋介石更积极地容纳中共成为美国必然的选择。无论是美国，还是苏联，都希望在战后维持一个稳定的中国，以便实现他们业已获得的利益，比如美国在中国的各种利益及条约的维护、苏联所关切的外蒙独立及其在东北的权益等。他们在中共问题上意见一致的背后实际上各有所图，而联合政府将成为平衡美、苏利益的前提条件。难怪蒋介石屡屡在日记中将美、苏支持联合政府看作施压国民党的举措。以往的观点认为，1944年10月史迪威被召回标志着美国对华政策转向了"扶蒋反共"②，而从蒋介石自己的感受和其他一些材料来看，至少到抗战结束，美国对华执行的基本上是"扶蒋容共"政策。

1945年2月20日，蒋介石在日记中写道："黑海三国会议宣言后，共匪借其中民主语句作猛烈之宣传，并以争取其出席旧金山会议代表为条件，以减弱我政府国际地位相威胁，党内外几乎皆被其吓倒，以为我政府大祸又将临头之感，余则正言明告此次国际会议乃为各国政府会议，而非各国之党派会议。"③蒋介石这里说的黑海三国会议指的是雅尔塔会议。会议的一个决定是于1945年4月25日在美国旧金山召开联合国成立大会，又称"旧金山会议"。中国是这次会议的创始会员国，意义非同寻常，因而国民党试图包办中国代表团。当时，中共一方面向国民党明确提出参加的要求，另一方面发动舆论，宣扬旧金山会议，英国、美国均有各方面代表参加，中国亦应由国、共、民盟三方派代表参加。中共参与联合国大会的要求无异于在国际上实践联合政府的精神，蒋介石自然难以接受。于是，蒋介石以该会是"各国政府会议，而非各国之党派会议"④为由加以拒绝。

1945年3月17日，蒋介石在日记中记载："共匪知我对其各种横逆暴戾卑劣手段皆不能生效，知我决心绝无指派其代表参加旧金山会议之可能。彼乃

---

① 蔺晓林编：《戴维斯、谢伟思与实用外交》，上海远东出版社2017年版，第3页。
② 参见中共中央党史研究室：《中国共产党的九十年》，中共党史出版社、党建读物出版社2016年版，第268页。
③④《蒋介石日记》（手稿），1945年2月20日。

间接运动宋庆龄对我说项（以庆龄与我提共匪事乃为十五年来第一次，以其从不愿与我谈政治与共匪也），最后则以宋说项无效，乃不得不由俄国出面暗示其护共之态度，要求我容共。此乃共匪已经山穷水尽，俄国亦不得不用最后之一着。余仍置之不理，视若无睹。彼将于我奈何也。"①

确如蒋介石所记，当时中共动用了宋庆龄和苏联进行说项，但是蒋介石不为所动，仍坚持一意孤行。在这样的情况下，周恩来代表中共中央致电美国驻华大使赫尔利，表示"决不能仅由国民党政府的代表参加会议"，同时要求中国代表团的组成应由国民党、中国共产党和民盟各占三分之一的名额。赫尔利收到电报后根据其中的建议将它转给了罗斯福。

1945年3月23日，蒋介石在日记中写道："亮畴、少川（按：王宠惠、顾维钧）赴美过昆来谈，乃知美罗（按：美国罗斯福）来电要求余派中共参加代表团，始闻之决心拒绝，以彼太不知共匪之目的与将来之利害也。回寓见罗电文，其措辞委婉，余意渐转矣。"②收到赫尔利转去的中共建议后，罗斯福亲自致电蒋介石，希望中共能够参加旧金山会议代表团。美国此举，显然与其同中共的接触及对中共的好感有关。鉴于美国对于国民党政府的重要性，肯定不单是因为罗斯福"措辞委婉"，蒋介石"决心拒绝"的想法才开始动摇。

1945年3月24日，蒋介石在日记中写道："昨日心神悲痛沉闷，再三考虑，惟有信赖父神，十分忍耐以待有济，乃用逆来顺受之法，最后祷告，决派中共一人参加旧金山会议代表团。以政治方法全在现实，如为顾虑将来之利害，而违及今日之策略与时势，则非政治之道矣，然而忍痛极矣。上星期反省录：美罗要求我代表团加入共匪名额，虽其辞意尚缓，而其对我之心理又加一次压迫矣，且其对共匪利用之梦想，犹未杜绝也，始而痛愤不已，继乃决定忍痛应之，盖不得不以逆来顺受处之也。"③一周以后，他又记道："美俄之施用威力，余皆以逆来顺受处之，自觉今日乃为动心忍性曾益其所不能

---

① 《蒋介石日记》（手稿），1945年3月17日。
② 《蒋介石日记》（手稿），1945年3月23日。
③ 《蒋介石日记》（手稿），1945年3月24日。

之日矣。旧金山会议代表人选发表，可谓慎重极矣。"①

美苏压力特别是美国的压力，竟然令蒋介石不能自已，以致求救于上帝，但最终还是"忍痛"决定："派中共一人参加旧金山会议代表团"并对外公开。可见，美国在中共问题上对蒋介石决策的影响之大，甚至可以说是"压蒋容共"。当然，美国确有利用中共打压国民党并从中获取更多更大利益的一面，代表团所派之人就是中共提出的并由顾维钧推荐的董必武。能够参加此次会议，是中国共产党对美外交的重大胜利，是中国共产党正式步入国际舞台的重要标志。会议期间，董必武举止得体，应对自如，颇具风范，充分展现了中国共产党人的良好形象，极大地提高了中国共产党在国际舞台上的声望，并积累了与世界各国打交道的实际经验。

全民族抗战时期，苏联和美国对中共都进行了不同程度的支持和扶助，但是其立场、出发点和要实现的目标是不同的。就苏联来说，扶持中共固然有意识形态和国际主义的因素，但主要还是其国家利益使然。一则如果国共分裂搞内战，显然不利于打击日本，从而会加大日本"北进"的可能性。二则中共的存在和发展，符合苏联的长远规划和战略利益。三则在很大程度上，苏联把中共问题当作一个向国民政府争取更大利益的筹码，特别是当时其极想得到国民政府对外蒙独立的承认及在中国东北和新疆的权益等。

就美国来说，其在一定程度上支持中共的原因也是多方面的。一则在美国传统的价值观中，倾向于在与其发生关系的国家中扶植一个反对派，以作为它推行民主的一种象征。二则当时国共合作抗战，充分发挥中共的作用可以最大限度地消耗日本，也是符合美国的利益的。三则美国亦如苏联一样，利用中共问题来不断地敲打国民政府，并试图按美国的方式来塑造中国。

毋庸置疑，苏联和美国在抗战时期对中共的支持和援助，是无法与其对国民党的支援相提并论的，并且其目的也不尽相同，但是产生的效果是一样的，即在很大程度上限制了国民党对中共的所谓"制裁"。历史地看，如果没

---

① 《蒋介石日记》（手稿），1945年3月31日。

有美苏的牵制，即使国共之间不爆发武装冲突，也会给中共的生存和发展带来极大的困难。

相对来说，抗战后期美国对中国的影响力更大一些。有时历史在一个关节点上是存在着多种发展的可能性的。比如，当时一部分下层美国在华外交官就认为，援助中共更能实现美国尽快结束对日战争的目标。不过，总的来看，当时美国政府对蒋介石和国民党虽然失望，但是还没有达到放弃的地步，且美国与国民党的利益相关度更大；美国对中共虽然一度寄予厚望，但随着对日战争的结束也就失去了深化关系的大前提，更何况意识形态的差距使美国不可能将中共当作对华关系的基石。其对中共有一定的了解而又不够深入，对中共的未来走向也很难把握，加上意识形态和国内的反共舆论，最终使它没有走上与中共合作的道路。

应该看到，美国内部关于对华政策的观点是不一致的，白宫与议会、军事与外交部门、上层与下层、政府与媒体等都有着不同的对华态度和利益考量。从实际情况看，蒋介石对美国也并不是亦步亦趋，有时还孤注一掷。或者可以说，美国试图利用蒋介石，而蒋介石也在试图利用美国。从实际发生的历史来看，蒋介石自有其高明之处，小事屈从，大事扭住不放，比如军事指挥权、一党专政和对中共的根本政策等。总的来讲，美国被蒋利用的成分似乎要大一些。尽管蒋经常在日记中大骂美国的压迫，但在对中共的根本问题上，始终还是按自己的意志来处理，以致美国对他彻底失望，最后确定了所谓"尘埃落定政策"。这说明美国看似强大，有时来势汹汹，但自有其软肋所在或破绽之处，只要因势利导，充分洞察其内部的矛盾并加以利用，以弱抑强亦可能做到。

从蒋介石日记中还可以看出，苏联和美国对中共的态度都不同程度地受到两个因素的影响：一是意识形态，二是国家利益。而中共发展前景的不确定性，使苏联似乎有意与中共保持一定距离，而使美国似乎有意去接近中共。这种不确定性就是中共宣称在中国建立一个新民主主义的政权和社会，而这好像是介于苏联社会主义和美国资本主义之间的一种社会形态。

第十章 抗战胜利前后中共对召开国民大会的应对

召开国民大会是国民党结束训政和实施宪政的重要步骤，是其建立执政合法性和正当性的重要凭借，旨在据此聚合人心，树立民主的形象，收纳各党派于自己的法统之内。中共本来把国民党的一切都看作革命的对象，但是在实行统一战线策略以后，则不能不试着走入国民党的话语系统，进行合法的斗争，以增强自身政治上的优势。中共对国民大会问题的讨论和参与，正是中共试图在国民党的话语系统里进行合法斗争的一部分。研究中共对召开国民大会态度的变化，可以揭示中共进行合法斗争的策略。经过延安整风的中共，不但在处理自身问题方面走向成熟，而且在对外政治斗争方面也更加自信和从容。

第一节 修改国民大会法规

1916年，孙中山在上海演讲时首次提及国民大会，随后在国民党的建国大纲中将其作为实施宪政的重要象征。按他所设计的军政、训政、宪政方略，国民党在1928年开始训政后，本应于1934年实施宪政。但是，国民党直到1936年、1937年才由国民政府公布《国民大会代表选举法》《国民大会组织法》。是时，中共已经确立了建立抗日民族统一战线的策略方针，因此迅速地给予了回应，通过发表《我们对修改国民大会法规的意见》《我们需要怎样的国民大会》等文章及有关文件，公开表明态度和主张。

首先，中共认为，在当时形势下召集国民大会有重要的意义，不仅有利于国共团结，而且能够给日本帝国主义沉重的打击。"绥远局部抗战的胜利，西安事变的和平解决，国民党三中全会后的转机，都给了日本帝国〈主〉义者的尝试以严重的打击。十年来中国统治阶级与革命的民众之间的长期战争是停止了，现在正将进入中国政治历史新的一页，即在民主统一的基础上，巩固国内团结，加速准备抗战的一页。根据民主主义的根基，来召集国民大会，则将是这一页新历史的起首。"[1] 毛泽东还指出，此时之所以要召开国民

---

[1] 全国人大图书馆编:《中华苏维埃代表大会重要文献选编》，中国民主法制出版社2019年版，第576页。

大会,"因为它是可能牵涉到全部生活的东西,因为它是从反动独裁到民主的桥梁,因为它带着国防性"①。也就是说有着多重意义。

其次,在有关国民大会的法规公布后,中共特别注意要召开的国民大会是否是救亡的、民主的。如果是,"全国应参加国民大会,共产党是准备参加的"。但是,中共认为"南京关于国民大会的选举、召集与任务的规定,是不民主的,如不加以修改,则国民大会的作用是极其有限的,因此全国应联合要求南京修改其不正当的规定。国民大会的选举,应由人民参加,它的召集与开会,应予以充分的自由,其任务应不限于谈宪法,而须扩展到彻底而具体的讨论抗日救亡的方针"②。中共中央在《中国共产党致中国国民党书》中,严厉批评国民党包办国民大会:"诸位先生所要召集的国民大会,依据贵党政府所通过的《中华民国宪法草案》及《国民大会组织法及代表选举法》看来,也同样的不能有什么成就与不能得到人民的任何信任,因为这种国民大会仅仅是贵党及贵党政府少数官员们所操纵的机关,是这些官员们的附属品与装饰品",而国民大会"必须是全国人民普选出来的国会,是中华民主共和国的最高权力机关","否则任何好听的名词,均决然无补实际,决然不为全国人民所同意"。③

在中共看来,国民政府公布的国民大会代表选举法和组织法中的条文,"所表现出的精神,不论立法者的主观如何,而在客观上是不免'党部操纵、政府包办'之嫌的"④。为此,中共中央提出了修改意见,"修改目的在使此次国民大会民主化,以便制定民主宪法及行使宪法所赋予的职权,并非欲推翻这一国民大会"⑤。在提出修改意见的同时,中共也提出了"我们所需要的国民大会","诚然,国民大会,关系重大,应如期召集,它不仅直接可以实

---

① 《毛泽东选集》(第一卷),人民出版社1991年版,第275页。
② 《抗日民主与北方青年》,载《救国时报》1937年8月20日。
③ 中共中央文献研究室、中央档案馆编:《建党以来重要文献选编(1921—1949)》(第十三册),中央文献出版社2011年版,第367—368页。
④ 张友渔:《我们需要怎样的国民大会》,载《文化动向》1937年第1卷第3号。
⑤ 中共中央文献研究室、中央档案馆编:《建党以来重要文献选编(1921—1949)》(第十四册),中央文献出版社2011年版,第143页。

现民主政治，并且间接可以促成团结御侮。但是，这不是说只要召集一个叫做国民会议的会议，不问他的性质如何，职权如何，作用如何，便可以达到上述的目的。要达到这样的目的，必须所召集的国民大会，是救亡的民主的国民大会"[1]。可见，基于与国民党联手抗日"为中国今日之必需"，中共试图通过推动召集一个民主的国民大会来参与到政权中。

中共认为，在不推翻国民大会的基础上，"国民大会的召集应该是国民党放弃一党政治的开始，应该是各省在民主政治下坚固的团结与统一的开始，应该是人民自己起来积极参加政治的开始，应该是各党各派真诚合作一致抗日的开始。国民大会的任务，不仅应该讨论和通过国家的民主宪法，给全民族以真正民主自由的权利，使中华民国真正成为各民族自由联合的民主共和国，并且应该选出民主的中央政府，通过抗日的民族统一纲领，发动对日抗战，以代表全民族的统一意志。这样的国民大会，是全国真诚爱国的人民心坎中所希望的"[2]。

值得注意的是，中共在提到"我们所需要的国民大会"时，将它与当时的抗日民族统一战线相联系，认为召开民主的国民大会是抗日民族统一战线纲领的重要部分，也是建立真正的坚实的抗日民族统一战线的必要条件。"将政治制度上国民党一党派一阶级的反动独裁政体，改变为各党派各阶级合作的民主政体。这方面，应从改变国民大会的选举和召集上违反民主的办法，实行民主的选举和保证大会的自由开会做起，直到制定真正的民主宪法，召集真正的民主国会，选举真正的民主政府，执行真正的民主政策为止。只有这样做，才能真正地巩固国内和平，停止国内的武装敌对，增强国内的团结，以便举国一致抗御外敌。"[3]

关于国民大会的性质和任务，中共有着更为明确的要求：应该是"制

---

[1] 张友渔：《我们需要怎样的国民大会》，载《文化动向》1937年第1卷第3号。
[2] 全国人大图书馆编：《中华苏维埃代表大会重要文献选编》，中国民主法制出版社2019年版，第576页。
[3] 《毛泽东选集》（第一卷），人民出版社1991年版，第256—257页。

宪"、解决实际问题和抗战建国并重的会议。因为它不是像《建国大纲》第二十三条所规定的,在"全国有过半数省份达至宪政开始时期"所召集,所以不是单纯的"制宪机关";它也不是像《北上宣言》所号召的,拿会议方式完成革命任务,所以不是国民会议式的国民大会。它是由国民党政府所召集,一方面是为了"提高民权",另一方面是为了"适应抗战",兼有"制宪"和"解决实际问题"两种性质的国民大会。[①]

为了促成所需要的国民大会的召开,中共建议"全国人民及各党派的爱国分子,必须抛弃过去对于国民大会和制定宪法问题的冷淡,而集中力量于这一具体的带着国防意义的国民大会运动和宪法运动,严厉地批判当权的国民党,推动和督促国民党放弃其一党派一阶级的独裁,而执行人民的意见。今年的几个月内,全国必须发起一个广大的民主运动,这运动的当前目标,应当放在国民大会和宪法的民主化的完成上"[②]。同时,中共中央要求"共产党应力争自己的党员当选,到大会中去,利用国民大会的讲台,宣传共产党的主张,用以达到动员人民和组织人民在共产党周围,推动统一的民主政府的建立"[③]。显然,中共适应新的形势,努力通过和平合法的手段来实现自己的政治主张。

在关注国民大会是否是救亡的、民主的同时,中共希望召集国民大会之前首先解决现实问题,"国民大会的召集,远在几个月以后的十一月十二日,而在事实上,西北问题和平解决之后,摆在我们目前的许多对内对外问题,亟待解决;同时今后,所应采取的对内对外政策,也待决定;若一切委诸将来的国民大会,纵然它的本身是救亡的,民主的,恐怕也还是远水不救近渴罢!?所以我们主张在国民大会召集之先,还应该迅速召集一个各政党,各派别,各职业,各团体,各实力派的代表会议,把它叫做孙中山先生所提倡的国民会议预备会议也好,或便当做临时的特殊的国民大会也好,总之,它的

[①] 参见张友渔:《宪政论丛》(上册),群众出版社1986年版,第41页。
[②] 《毛泽东选集》(第一卷),人民出版社1991年版,第257页。
[③] 中共中央文献研究室、中央档案馆编:《建党以来重要文献选编(1921—1949)》(第十四册),中央文献出版社2011年版,第529页。

任务，是解决当前问题，决定当前政策。同时，也就是为了团结一切力量，保障国内和平，以促进'救亡的，民主的国民大会'的。否则，在国民大会没有召集的这几个月内谁能保不发生重大事变，等不及国民大会来解决，甚而反阻碍了国民大会的召集"①。对中共来说，国民大会远在几个月之后，而眼前的问题则是具体的、急迫的。

从此思路出发，中共初步提出了临时国民大会的设想："（甲）真正代表民意的机关，而不是少数人包办的机关。（乙）国家的最高权力机关，而不是政府的咨询机关。"中共根据孙中山历次所提召集国民大会的主张与目前的紧急情况，认为必须由下列团体的代表来组成临时国民大会："（甲）前后方的抗日军队。（乙）一切抗日救亡的民众团体。（丙）工会，农会，学生会，文化教育团体，商会，实业团体。（丁）各抗日救亡的政党。这类代表的数量，应依照一定的比例，由各团体自己选出。代表总数以便利于切实的迅速的进行工作为原则，对汉奸亲日派则绝对排斥。"②

中共认为，临时的国民大会是"真正代表民意的机关"。什么民意呢？也就是不能由国民党一党包办，代表必须由不同的团体来组成。毛泽东在和英国记者贝特兰的谈话中明确指出，"停止的是国民党过去准备召集的国民大会，那个大会按国民党的规定是一点权力也没有的，其选举更根本不合民意。我们和社会各界都不同意那样的国民大会。我们现在提议的临时国民大会，和已经停止的根本不同。临时国民大会开会之后，全国面目必为之一新，政府机构的改造，军队的改造和人民的动员，就得着一个必要的前提。抗战局面的转机，实系于此"③。不难发现，中共主张的临时国民大会就是要改变国民党的一党专政，从而使自己进入合法的政权系统。但是，由于抗日战争的紧迫形势，热闹一时的国民大会问题被搁置起来。

---

① 张友渔：《我们需要怎样的国民大会》，载《文化动向》1937年第1卷第3号。
② 中共中央文献研究室、中央档案馆编：《建党以来重要文献选编（1921—1949）》（第十四册），中央文献出版社2011年版，第658—659页。
③《毛泽东选集》（第二卷），人民出版社1991年版，第385页。

第二节 取消旧国大代表

本来,国民党对国民大会的召开并不积极,一再借故拖延。1939年9月的国民参政会一届四次会议中,国民党却主动提出召集国民大会实施宪政,并于11月召开国民党五届六中全会,决定付诸实施,此后还不断大造宪政声势。蒋介石以还政于民的姿态酝酿召开国民大会,其实是想把宪政的主导权掌握在国民党手里,推行自己所定义的"宪政",以应付高涨的民主呼声,与中共进行政治斗争,实现个人权力的合法化。梁漱溟后来回忆,当时"国民党蒋介石提出宪政问题实际上是转移人们的视线避免讨论各党各派在会上提出迫切要求解决的各种实际问题,只开一个国民大会的支票,是蒋介石玩弄的手段"[①]。

针对国民参政会一届四次会议通过的《请政府明令召集国民大会制定宪法实施宪政案》,中共迅速地在《新华日报》发表文章,做出了有利于自己的解释,特别是明确提出了召集国民大会的先决条件:"(一)全国的各抗日党派及其党员,不应该受所谓党籍和思想上的限制,在法律上他们的政治地位是一律平等的……(二)全国的人民除汉奸外,应该有说话的自由,有发行报纸书籍等出版自由,有组织职业的学术的参战的各种群众集会和结社的自

[①] 梁漱溟:《忆往谈旧录》,中国文史出版社1987年版,第131—132页。

由；这些民主自由，政府应在法律上给以保障，扶助其发展，予他们以精神上的鼓励和物质上的帮助……（三）从中央及地方行政机关的办事人员（的选拔），应该以人材为标准，不问他们的党籍、思想、信仰、职业、地域、性别之不同……这样才能使行政机构充实和改进，才能增加行政工作效能，而使国民大会召集与实施宪政得以顺利执行。（四）从现在起，就应该开展关于全国人民需要怎样的国民大会和怎样的宪法问题的公开研究和讨论。只有这样，方能显现出全国人民关于召集国民大会和实施宪政的真正公意与共同要求，才能使国民大会的召集与宪法制定有真正的民意作基础和根据。"[1]显然，中共要求国民党应该率先给各党派一些自由并分出一些权力。中共中央在专门为此发布的文件中还进一步提出："在抗战以前依据旧选举法选出之国民大会代表，不能代表民意，应取消改选。"[2]自此，取消旧国大代表、重新选举，成为中共合法斗争的一个目标。

1940年2月，国民党颁布的《国民党中央对实施宪政问题之指示》强调，原国民大会代表仍然有效，讨论国民大会问题只能在各省市党部和地方当局组织下进行，并规定"凡反对宪政及违反三民主义而曲解宪政之言论，自应在取缔之列"。针对这种情况，中共在延安各界宪政促进会上再次重申召开国民大会的先决条件："国民大会代表选举法必须澈底修正，其代表必须重新选举。"[3]

为达到目的，中共中央还采取了实际行动，在给博古等人的指示中说，由于"国民党对国民大会宪法及宪政重大问题，对我们和全国人民均采取忽视和不理态度"等原因，"中央决定我们所有参政员均不出席第五届参政会，

---

[1] 《召集国民大会与实施宪政的先决条件》，载《新华日报》1939年9月22日。
[2] 中央档案馆编：《中共中央文件选集》（第十二册），中共中央党校出版社1991年版，第200—201页。
[3] 中央档案馆编：《中共中央文件选集》（第十二册），中共中央党校出版社1991年版，第629—630页。

以示抗议"。①应该指出的是，在国共联合抗日的情况下，中共对召开国民大会的态度总体上是积极的，但又坚持"非到适当时机不去；不放弃国民大会民主选举的基本原则"②。由于国民党不愿满足中共提出的先决条件，因此中共在国民大会问题上表现出"强硬的积极"，多次重申自己的要求，并采取了断然行动。

由于各方面的意见不能一致，加上抗战时期确有技术上的困难，1943年9月，国民党五届十一中全会决定延至战后一年内召开国民大会。但是，各界包括中共关于国民大会问题的讨论并没有因此而止。1944年2月2日，《新华日报》的《论选举权》一文指出，"从第一次世界大战以来，世界潮流所趋，很明显地，是不可阻遏地走向普选制了"，"真正的普选制，不仅选举权要'普遍''平等'，而且被选举权也要'普遍''平等'。不仅人民都要享有同等的选举权，而且人民都要享有同等的被选举权。特别是代表人民的所谓代表机关，不论是国会也好，国民大会也好，必须由人民自己选举代表组成，否则这种机关，便不是民意机关"。为此，文章提出"要彻底地、充分地、有效地实行普选制，使人民能在实际上，享有'普遍''平等'的选举权、被选举权，则必须如中山先生所说，在选举以前，'保障各地方团体及人民有选举之自由，有提出议案及宣传、讨论之自由。'也就是'确定人民有集会、结社、言论、出版的完全自由权。'否则，所谓选举权，仍不过是纸上的权利罢了"③。中共还表示："我们一向主张应在抗战期间召开国民大会，实施宪政。"当然，"一切问题都看执政的国民党有没有决心和诚意实施宪政，如果有，就应该在抗战期中提前实行。因为民主的动员是能最有力的准备反攻，取得抗战胜利，而且从民主中，才能找到彻底解决国共关系的途径"④。

---

① 中共中央文献研究室、中央档案馆编：《建党以来重要文献选编（1921—1949）》（第十七册），中央文献出版社2011年版，第154—155页。
② 中共中央文献研究室编：《周恩来年谱（1898—1949）》（修订本），中央文献出版社1998年版，第375页。
③《论选举权》，载《新华日报》1944年2月2日。
④ 中央档案馆编：《中共中央文件选集》（第十四册），中共中央党校出版社1992年版，第185页。

第十章 抗战胜利前后中共对召开国民大会的应对

可见，通过国民大会跻身政权中，并争取足够的和平发展空间，是中共在国民大会问题上的一个政治诉求。从中还可以看出中共与国民党斗争的一个策略，就是在和平合法斗争的形势下，中共特别善于给国民党出难题，目的只有一个，绝不让国民党的意图轻易得逞，也绝不让一党专政延续。

1945年4月，《新华日报》再次发表专论《国民大会代表是怎样"选"出来的?》，揭露了原国大代表选举的虚伪性。[①]在中共看来，国民党所操纵的选举，实际上是"党选"而非普选。"'事实'是十年前的所谓国大代表，是由国民党一手伪造的，必须全部否定它；在敌人未完全消灭、国土未完全解放、人民无完全自由的全部时间内，不许可办理国大代表的选举。只有全部否定旧代表，并在一切必要条件具备下重新选举新代表，才能称之为'具有极完满之代表性'。我们完全赞成'极完满之代表性'这几个字。从今以后，谁要召开什么绝无代表性及代表性不完满的'国民'大会，必将受到坚决的反对。"要选出"具有代表性的代表"，"'政府'必须是一个由各党派及无党派代表人物组成的举国一致的民主的联合政府，任何由现在的国民党独裁政府所召集的'国民'大会，我们都反对；'法律'必须由联合政府来重新制定，任何由国民党独裁政府所制定的反动的代表选举法、国大组织法等等，我们都反对"[②]。如此申明，显然代表一般之民意，但是更主要的是站在各党派联合的立场上反对国民党一党专政。

中共关于普选的主张，国民党置若罔闻，但却得到了民盟的积极回应。"当二十四、五年举行选举之际，是党权极盛之时，当时国内除了国民党外，各党派无一能享有参与选举之际会；即平日在社会雅负时望之各界人士，如非早已取得国民党籍，亦绝少有被选为代表的可能，甚至国民党内若干贤达，对于当时选举之种种情况，亦有深切不满者。凡次均属全国周知的事实，不容否认。""如置上举一切事实于不顾，仍举八、九年前所产生之旧代表，以

[①] 参见《国民大会代表是怎样"选"出来的?》，载《新华日报》1945年4月30日。
[②] 中央档案馆编：《中共中央文件选集》（第十五册），中共中央党校出版社1991年版，第191页。

之应付当前千难万难之新局面，则所谓民主、团结云云，岂不将徒托空谈？"①显然，在国民大会问题上的较量，中共略胜一筹，中间派别的支持即是一例证。中间派别是国共都想争取的对象，由于中间派别和中共都不掌握政权，所以在政治主张和目标上往往能够达成一致。

为了防止国民党一意孤行，中共还准备"另起炉灶"。周恩来曾说："国民党如独裁地召开所谓国民大会，我们就召开解放区人民代表会议，同他对立。"②1945年3月15日，中共中央发出关于准备成立"中国人民解放联合会"的指示。6月19日，中共七届一中全会还制定通过了关于召开解放区人民代表会议及其筹备事项的决议，并致电各解放区迅速选派代表到延安，参加筹备工作。当时，《解放日报》几乎天天刊载有关解放区人民代表会议的消息。7月12日，中共中央书记处决定增设"中国解放区人民代表会议筹备委员会"，周恩来任书记。7月13日，筹委会决定解放区代表会议于同年11月在延安举行，希望各地团体选出的代表于11月12日以前到达延安。③这正好与国民党的国民大会召开日期完全一致，显然是刻意的安排。此外，中共还要求"召开解放区人民代表会议，党外人士要占大多数"，这也有明显针对国民党一党包办国大的意味。

1945年7月10日，毛泽东公开撰文指出，"中国人民必须教训蒋介石及其一群：对于违反人民意志的任何欺骗，不管你们怎样说和怎样做，是断乎不许可的。中国人民所要的是立即实行民主改革，例如释放政治犯，取消特务，给人民以自由，给各党派以合法地位等项。对于这些，你们一件也不做，却在所谓召开'国民大会'的时间问题上耍花样，这是连三岁小孩子也欺骗不了的。没有认真起码的民主改革，任何什么大会小会也只能被抛到毛屎坑里

---

① 中国民主同盟中央文史资料委员会编：《中国民主同盟历史文献（1941—1949）》，文史资料出版社1983年版，第41页。
② 中共中央文献研究室编：《周恩来年谱（1898—1949）》（修订本），中央文献出版社1998年版，第625页。
③ 参见中央档案馆编：《中共中央文件选集》（第十五册），中共中央党校出版社1991年版，第159—161、164页。

去。"①当时，国民党宣扬通过召开国民大会实行民主，而中共则要求先进行民主改革，再召开国民大会。抗战胜利后，《中共中央对目前时局的宣言》再次声明："立即召开各党派和无党派代表人物的会议，商讨抗战结束后的各项重大问题，制定民主的施政纲领，结束训政，成立举国一致的民主联合政府，并筹备自由无拘束的普选的国民大会。"②显然，中共所力争的是要先改变国民党的一党专政，才能支持国民大会，否则就很难保证一党包办的国民大会能够给人民带来好处。

---

① 《毛泽东选集》（第三卷），人民出版社1991年版，第1112页。
② 中共中央文献研究室、中央档案馆编：《建党以来重要文献选编（1921—1949）》（第二十二册），中央文献出版社2011年版，第656页。

第三节 斥之以"伪"

抗战胜利后,国民党试图依靠胜利带来的政治上的良好声望,尽快召开国民大会,以夯实国民党执政的基础,造成"宪政"名义下的"党治"。1945年11月12日,国民政府颁令决定于1946年5月5日召开国民大会。对此,中共深谙其意,所以一度阻止或拖延国民大会的召开。早在抗战胜利之前,毛泽东就曾向美国在华外交官谢伟思谈起,"对共产党人来说,赞同这样一个伪国大,就是抛弃一切原则和出卖解放区的人民。因此,参加国民大会会是一个极大的错误"[1]。但是,中共又很快认识到这样会在政治上陷入被动,"故必须转入政治攻势"[2]。具体来说,就是把与国民党谈判的重点放在能否使得中共在国民大会中占有重要的地位上。

1945年12月,《新华日报》发表一篇署名为香汀的专论《关于召开国民大会》,其中指出:"我们不仅赞成,而且主张召开国民大会。但我们所主张和赞成召开的国民大会,是真正能够代表人民意志和利益的货真价实的国民大会,而不是根本不代表人民意志和利益的挂羊头卖狗肉的国民大会。为了

---

[1] [美]约瑟夫·W.埃谢里克编著:《在中国失掉的机会——美国前驻华外交官约翰·S.谢伟恩第二次世界大战时期的报告》,罗清、赵仲强译,国际文化出版公司1989年版,第336页。
[2] 中共中央文献研究室、中共南京市委员会编:《周恩来一九四六年谈判文选》,中央文献出版社1996年版,第10页。

找一个装潢品，挡箭牌，维持一党专政的御用工具，而召开挂羊头，卖狗肉的国民大会，我们是反对的。因此，我们始终认为在召开国民大会以前，作为它的前提条件，必须先做到下面的两件事：第一，是承认各党派的合法地位，保障人民的言论，出版，集会，结社，特别是选举和被选举权等一切民主自由权利；第二，是团结各党各派及无党派的代表人物在一起，成立民主的临时的联合政府，再由这政府去筹备召开国民大会。假使这两个条件做不到，就很难想象能够召开一个货真价实的国民大会。"[1]也就是说，如果国民党不满足这两个"前提条件"而召开国民大会，就是在召开"伪国民大会"。12月22日，周恩来在欢迎马歇尔来华时再次表示，要"由改组了的政府筹备国民大会，通过宪法，使中国走入宪政的国家"[2]。不难发现，改组现有政府是中共一再强调的参加国民大会的前提条件。之所以坚持这个条件，主要是不愿被国民党牵着鼻子走。国民党似乎想通过国民大会给中共以地位，而中共则想在此之前就获得权力。

1946年元旦，《中央日报》发表蒋介石的广播演说："国民政府明令国民大会改期于本年五月五日召集。这是一件重大而且必须的步骤，实在是万万不能再缓了。"[3]与此同时，《新华日报》也发表社论《论国民大会问题》，重申"全国人民所要求的是货真价实的民主，而不是徒有其名的国民大会和宪法"[4]。1月7日，《解放日报》社论的批评更为尖锐一些："国民党当局所谓的'国民大会'，却是国民党'训政'当局一手伪造的一个反对民主的加强独裁的破坏团结的扩大分裂的东西，是一个企图把一党专政合法化并延长到无限期的东西。"[5]自然，中共希望召开一个有利于自己的国民大会。1月16日，中共提出国民大会应按照如下程序召开："（甲）改组后的国民政府，应负责

---

[1] 香汀：《关于召开国民大会》，载《新华日报》1945年12月14日。
[2] 中共中央文献研究室编：《周恩来年谱（1898—1949）》（修订本），中央文献出版社1998年版，第647页。
[3] 孟广涵主编：《政治协商会议纪实》（上卷），重庆出版社1989年版，第17—18页。
[4] 《论国民大会问题》，载《新华日报》1946年1月1日。
[5] 《蒋介石元旦演说与政治协商会议》，载《解放日报》1946年1月7日。

协同政治协商会议，商定中国民主宪法草案及国民大会选举法、组织法，并立即根据新的选举法实行选举。（乙）确定在本年内召开有各党派参加的、自由的、普选的国民大会，制定宪法，并依据宪法成立正式的民主的联合的国民政府。"①改组政府，召开一个真正民主的国民大会，这确实符合全国之望。对此，国民党当然没有理由反对，只能疲于应付。

在这种情况下，政治协商会议召开。经过争执和妥协，旧国大代表得以保留，而中共和民盟则获得了超过总数1/4的国大代表名额②，由是争取到了未来在国民大会中的否决权，遏制了国民党包办国民大会的野心。对政协会议前后出现的政治形势，中共中央一度颇为乐观。1946年2月1日发出的《关于目前形势与任务的指示》，作出了"和平民主新阶段"的论断，"国民党一党独裁制度即开始破坏，在全国范围内开始了国家民主化"，"中国革命的主要斗争形式，目前已由武装斗争转到非武装的群众的与议会的斗争，国内问题由政治解决。党的全部工作，必须适应这一新形势"。③中共在参加政府组建、国民大会问题上表现出极大的兴趣和诚意。这是党内"指示"中的讲话，显然并不是做做样子，而是真正地准备用"非武装"的方式实现政治目标。

本来，作为执政党让出一部分权力并不影响执政，但是国民党内对中共和民盟地位的上升感到不安。1946年3月1日召开的国民党六届二中全会，出现了浓郁的反对政协决议的气氛，"会议最突出的地方就是对政协决议的攻击以及对国民党政协代表个人的攻击，特别是对孙科、王世杰、邵力子、吴铁城及张群等人的攻击，总而言之，是对整个政协决议的不满"④。为挽回局面，国民党单方面提出进一步增加国大代表名额，以取消中共和民盟的否决

---

① 中共中央文献研究室、中央档案馆编：《建党以来重要文献选编（1921—1949）》（第二十三册），中央文献出版社2011年版，第53页。
② 参见历史文献社编选：《政协文献》，历史文献社1946年版，第203页。
③ 中共中央文献研究室、中央档案馆编：《建党以来重要文献选编（1921—1949）》（第二十三册），中央文献出版社2011年版，第104—105页。
④ 中共江苏省委党史工作委员会等编：《中共中央南京局》，中央党史出版社1990年版，第480页。

权。①蒋介石于 3 月 14 日"要求各党派提出参加国民大会和国府委员会的名单,并且限在 3 月 31 日以前提出"②。对此,中共中央于 3 月 18 日明确表示,如果"我与民盟在国大保持否决权将不可能,在这种情况下,我们决不能参加国大参加政府"③。在改组政府上,国民党也只是做了一个样子——任命无党派人士王云五为经济部部长并任命未公开国民党党员身份的俞大维为交通部部长。而根据国共两党所达成的谅解,上述两部长本应由中国共产党人担任。可见,蒋介石对召开国民大会已另有打算,那就是准备召开没有中共参加的国民大会。刚刚出现的和平民主的良好势头,又急转直下。

与此同时,国民党在战场上对中共大打出手。1946 年 7 月 3 日,蒋介石在"事先未与各党派商量"的情况下,向国防最高委员会提出了 11 月 12 日召开国民大会的议案,当即获得通过。蒋介石表示:"如届时有一部分党派代表不参加,国大仍如期举行,绝不再有变更。"④7 月 4 日,《中央日报》则宣称:"政府对于国民大会的召开,是根据建国大纲及训政纲领与训政约法的规定,本无需与各方协商,协商也不能违反这大纲与约法的规定。"⑤是时,国民党开始强硬地表示要完全按照自己的设想召开国民大会,并且不再顾及各方的意见。中共则向国民党表示:"贵方表示若此,完全违反协商精神,敝方坚决反对。兹特向贵方郑重声明,关于国大诸问题,在未得协议以前,敝方不受贵方任何片面决定之约束。"⑥

10 月,国民党攻占张家口,匆忙宣布国大如期在 11 月 12 日召开。对此,

---

① 参见历史文献社编选:《政协文献》,历史文献社 1946 年版,第 203 页。
② 汪朝光:《战后国民党对共政策的重要转折——国民党六届二中全会再研究》,载《历史研究》2001 年第 4 期。
③ 中共中央文献研究室编:《周恩来年谱(1898—1949)》(修订本),中央文献出版社 1998 年版,第 669 页。
④ 公安部档案馆编注:《在蒋介石身边八年——侍从室高级幕僚唐纵日记》,群众出版社 1991 年版,第 628 页。
⑤ 《国民大会定期召开,证明政府实施宪政决心,彭部长昨向外记者宣布》,载《中央日报》1946 年 7 月 4 日。
⑥ 中共江苏省委党史工作委员会等编:《中共中央南京局》,中共中央党校出版社 1990 年版,第 97 页。

中共一方面表示反对，一方面积极争取第三方面代表也不参加国大，"虽不能争取到全部不参加'国大'，如能争取民盟大部分不参加就是胜利"①。10月底，周恩来、董必武、李维汉出席了第三方面会议。在会议上，中共向第三方面表示将不准备参加国大，并希望第三方面也拒绝参加国大。11月2日，中共代表团还发表声明："现在国民党政府片面决定召开国大，不唯其代表系十年前国民党一党包办选出者，则其筹备事务亦属一党包办，完全违背政协关于国大问题决议之规定，应被认为非法（不合政协之法）集议，我们坚决反对。"②11月5日，中共代表团再次声明称，召开"国大"是国民党政府违背政协决议及其程序的"一党片面行为"，是"毁法行为"，中共坚决拒绝参加。③中共的态度得到第三方面的响应，第三方面要求国民党再做让步，首先改组行政院。

但是，国民党一意孤行。蒋介石于11月8日宣布："政府将于11月12日正式召开国民大会，并将保留中共及其他党派在国民大会应出席之代表名额，仍望其随时参加制宪。"④对此，中共发言人廖承志于11月10日发表声明指出，蒋介石单方面宣布召开国大，"表明蒋氏长期独裁，长期内战的决心，表明中国的局势已比以前更为严重"，"如果蒋氏欲证明他对和平具有诚意，那么他应当下令停开一党包办的所谓国大，按照政协决议的内容和程序，在党派协商的基础上，召集民主的国大"。⑤中共代表团发言人梅益还告诫说："国大召开日期必须由政协决定"，"国民党片面规定的11月12日召开的国大"必须停开，"否则一定要造成分裂的局面"。⑥

在中共的争取下，民盟总部秘书处发表紧急通告，宣布："民盟历次宣言

---

① 中共中央文献研究室、中共南京市委员会编：《周恩来一九四六年谈判文选》，中央文献出版社1996年版，第677页。
② 《为国大坚持提交国大名单事，中共发言人发表谈话》，载《新华日报》1946年11月2日。
③ 参见《关于召开国大有关问题，中共代表团发言人声明》，载《新华日报》1946年11月5日。
④ 《马歇尔使华》，中国社会科学院近代史研究所翻译室译，中华书局1981年版，第372页。
⑤ 《对国民党当局八日声明中共代表团表示意见》，载《新华日报》1946年11月10日。
⑥ 《中共代表团发言人梅益同志答记者问》，载《新华日报》1946年11月11日。

维护政协决议，一切行动以此为唯一依据，同人当竭尽最后一切努力，以求政协决议关于国大开会以前各项手续之完成。完成之后，即一致参加国大，未完成前，暂不参加。"①民盟主席张澜也发表谈话，明确表示"民盟绝不参加一党国大"②。民盟在国大问题上与中共站在同一立场，这对中共无疑是个重大的胜利。正如周恩来所说："这是八年抗战和最近一年来谈判的成果，第三方面大部人居然敢于反对蒋记国大，跟着我们这条路走了。"③不难发现，中共虽然在战场上一度受挫，但在政治上并未妥协，并积极展开工作，最终争取到了民盟。此时，在国民党打压中共并有意排斥中共而召开国大的情况下，中共也明显不再迁就国民党。和谈对中共再有利，毕竟也是有限的，而战场上的较量，鹿死谁手则很难说。

1946年11月11日国大召开前夕，周恩来再次严正声明："这个国大不是根据政协决议或通过协商来召开的，这个大会的一开即表示政治是分裂了。"④国民大会开幕时，国民党虽然决定保留中共和民盟代表名额，但只不过是一个姿态，已没有任何意义。国共两党就此关上了谈判的大门。11月16日离开南京前，周恩来等举行记者招待会再次说明："这一国大，是违背政协决议与全国民意，而由一党政府单独召开的。中国共产党坚决反对。不但这一国大的开会日期未经政协决议，更重要的它是一党召开的分裂的国大，而不是各党派参加的团结的国大。""我们中国共产党人坚决不承认这个'国大'。和谈之门已为国民党政府当局一手关闭了。一党'国大'中将要玩的一切把戏，乃至改组政府，我们决无一顾之必要。"⑤

从此，"伪国民大会"成为中共争取合法性的一个强势话语。1946年11月19日，周恩来等中共代表团离开南京返回延安。12月25日，制宪国民大会

---

①② 中国民主同盟中央文史资料委员会编：《中国民主同盟历史文献（1941—1949）》，文史资料出版社1983年版，第246页。
③ 《周恩来选集》（上卷），人民出版社1980年版，第259—260页。
④ 中共中央文献研究室、中共南京市委员会编：《周恩来一九四六年谈判文选》，中央文献出版社1996年版，第686页。
⑤ 《对国民党召开分裂国大，周恩来同志发表严正声明》，载《新华日报》1946年11月17日。

闭幕。《解放日报》的社论指出："蒋介石打出最大的一张牌，但是他既不能满足人民，又不能压倒对方，却只把曾弄假成真的国大再弄真成假。一切历史家都会看出，这乃是蒋介石一生中最大的政治失败。"①1947年元旦，毛泽东再次批评了"一党国大"，"在抗日战争结束后，我们和全国人民在一起，曾经用一切忍耐的努力来阻止内战的发生和扩大。不幸这个努力被反对派的全面进攻和国民党一党的'国大'所破坏了"，"但是只要全国人民团结一致，坚持不屈不挠的奋斗，那末，在不久的将来，自由的阳光一定要照遍祖国的大地，独立、和平、民主的新中国一定要在今后数年内奠定稳固的基础"。②显然，毛泽东对战场上的角逐充满自信。1947年4月9日放弃延安时，毛泽东还指出："国民党采取召开伪国大、宣布国共破裂、进攻延安这些步骤，丝毫不是表示国民党统治的强有力，而是表示国民党统治的危机业已异常深刻化。"③后来历史发展的实际恰如毛泽东所料。

中共对国民大会的态度，从欲参与其中，到斥之以"伪"，充分表明了合则留、不合则去的态度。这其中一个很重要的因素是中共自身力量的发展，表现为政治主张上的坚定性。国民党的强大显然不能吓倒中国共产党人，也不能使他们完全放弃自己的目标。

国民大会是国民党打出的一张政治牌，从抗日民族统一战线的大局和树立在全国的政治形象出发，中共不得不接招。因此，围绕国民大会问题，中共与国民党进行了长期的较量。此间的态度虽有变化，但也有一以贯之的用意，即试图推动召开一个改变国民党一党专政的国民大会。当此种意愿不可能时，便决然放弃博弈。

中共主张召开国民大会是以实现民主为基本诉求的，故而在国民大会代表的选举上，中共主张实行普选。当然，考虑到处于抗战的非常时期，中共

---

① 《弄真成假——评蒋介石国大的闭幕》，载《解放日报》1946年12月28日。
② 中共中央文献研究室、中央档案馆编：《建党以来重要文献选编（1921—1949）》（第二十四册），中央文献出版社2011年版，第1—2页。
③ 中共中央文献研究室编：《毛泽东年谱（一八九三——一九四九）（修订本）》（下卷），中央文献出版社2013年版，第180页。

曾提出折中的、变通的普选办法，即"不仅应有区域选举的代表，而重要的还应有各党各派民众职业团体各武装部队直接选出的代表"，同时建议先行召集"临时的国民大会"。[①]但是，中共也表示，如果不能实现召开党派会议商组联合政府、实施民主改革等条件，就自己召集解放区人民代表会议，以抵制国民党的国民大会。

中共在国民大会问题上的态度变化主要是基于政治环境和自身力量的变化。全民族抗战开始前后，一致对外成为普遍的呼声，中共为求得合法的政治地位，积极要求召开国民大会。抗战中后期，国内出现了民主宪政运动，国际上美国也希望中国实行民主制度，并且不排斥中共。基于此，中共表示有条件地参加国大。战后全国各界都希望和平，美国也力图调处国共矛盾，但国民党依靠其声望和力量越来越倾向于单方面召开国大。对此，已拥有百万军队和广大解放区的中共，一方面仍争取有利于自己的国大，另一方面也时刻做好了决裂的准备。

中共对召开国民大会的态度变化，充分表现了其高超的和平合法斗争艺术。国民大会本是国民党行的一种政治计谋，唱的一台假戏，而中国共产党则顺势而为，将计就计，力图让国民党来真做，弄假成真。抗战后期，国民党重启国民大会显然是想以此来为难中共：如果中共响应，则不战而屈人之兵；如果中共反对，则可借机镇压。中共却坦然面对，联合中间势力，变被动为主动，反而弄得国民党狼狈不堪。此间，充分显示了中共运用统一战线策略的成功：不但争取到中间力量的支持，即使到了最后决裂时，也还能吸引最大的中间派别民盟同行。国民党本想通过国民大会来树立民主的形象，却在中共的和平攻势面前逐渐暴露了继续维持一党专政的企图。对付军阀时纵横捭阖的蒋介石，在对付中共时却总是进退失据。

---

① 参见全国人大图书馆编：《中华苏维埃代表大会重要文献选编》，中国民主法制出版社2019年版，第577—579页。

结语

抗日战争给中国留下的宝贵遗产

"没有哪一次巨大的历史灾难不是以历史的进步为补偿的。"[①]恩格斯这句话，对观察抗日战争之于中国的发展进步同样适用。日本发动的凶恶暴虐的侵华战争，对近代以后苦难深重的中华民族来说，无异于雪上加霜，跌入灾难的谷底。但伟大的中国人民是不会屈服的，随之而来的威武雄壮的全民族抗战，对我们这个古老的民族来说，无疑是一场伟大的现代性洗礼和奠基性民族重构。习近平总书记指出，抗日战争胜利"开启了古老中国凤凰涅槃、浴火重生的新征程"。

拓宽历史的视野，不难发现，抗日战争的确给中国留下了弥足珍贵的遗产。

第一，形成了中华民族不可被征服和自立于世界民族之林的牢固信念。近代中国在抵抗外来侵略的斗争中曾经屡战屡败，中国的政治家和政府逐渐形成了怯外心理，凡遇有中外冲突，多以妥协求和告终。通过侵略获得种种特权的西方在华人员，总是以优胜民族的姿态出现在中国人面前，污蔑中国人为"东亚病夫"或"劣等民族"。这些因素严重影响了中国人立存于现代世界的信心。有着5000多年文明史的中国，难道真的要失去存在于世界的资格

[①] 《马克思恩格斯文集》（第十卷），人民出版社2009年版，第665页。

吗？曾创造了无比辉煌灿烂文化的中国人，难道真的就低人一等吗？这两个问题一直困扰着砥砺前行的广大人民。然而，经过持久奋战最终取得抗日战争的胜利后，中国人的感觉和认知便不同了。顽强的抵抗和无数的牺牲，不但向世界而且向自己证明了"中国是不可征服的，中国人民是不可欺侮的"。如果再有谁想侵害中国的主权或欺压中国人，都是不可容忍且要付出巨大代价的。这样一种坚定信念树立起来了。

第二，由一个风雨飘摇的弱国变为一个对世界有担当的大国。中国是世界上最早抗击日本侵略的国家，不但有效地打击了日本帝国主义的侵略气焰，削弱了它的侵略力量，而且向全世界表现了中国不畏强暴的决心和精神，树立了为尊严和独立而战的榜样，特别是对亚非拉国家产生了深远的影响，实际上最终改变了旧有的国际关系。历史记载和后世研究都表明，中国人不但是为自己的美好未来而战，还是为一个美好世界而战。当时中国与美国、苏联和英国进行了切实合作，中国战区的建立就是这种合作的结晶。与盟军协同作战，甚至在关键时候舍己为人，充分表现了中国对世界负责的精神。同时，中国还积极支援和帮助周边国家，比如印度、安南（越南）、泰国、缅甸、朝鲜等，体现出推己及人的世界关怀。

尤其值得注意的是，当时一些国际会议的召开和一些国际宣言、文件的发表往往是由中国率先提出的，并由此最终推动了世界反法西斯同盟的成立。在中国人看来，要实现战后世界的永久和平，必须建立公正、平等和友好的新型国际关系，因而作为重要的发起国倡导和参与了联合国的创立。自此，一种新的世界格局逐步形成，如果有谁想来改变这种格局，便不可能绕过中国。

第三，国家主权和领土得以恢复，奠定了今天中国的疆域版图。鸦片战争以后，西方列强通过武装侵略强加给中国一系列不平等条约，在中国强开租界、割占土地，损害中国主权。从五四运动开始，中国人民不断掀起废除不平等条约的运动。这一愿望终于在抗战期间实现了。它不是缘于有关国家的恩赐，而是基于中国在世界反法西斯战争中的地位和贡献。1942年10月，美、英两国政府分别发表声明，宣布"放弃在华治外法权及解决有关问题之条约"，并就此立即与中国政府进行谈判。1943年1月，中美、中英在平等原则上正式签订新约。其他在中国享有特权的西方国家也相继跟进。自此，中国基本上恢复了作为一个主权国家应该享有的平等和独立的法律地位。

1943年12月，中、美、英共同签署的《开罗宣言》规定，务使日本所窃取于中国之领土，例如东北四省、台湾、澎湖群岛等，归还中国。钓鱼岛历史上一直作为台湾的附属岛屿，自然包括在内。1945年7月，中、美、英发布的《波茨坦公告》重申这一条文，稍后的《日本投降书》表示完全接受。自此，中国完全收复了被日本占去的固有领土，从而奠定了现有的疆域版图。历经近代的领土沦丧和抗战以后的失而复得，中国人民心中形成了一种牢不可破的领土观念：不是自己的，绝不觊觎；是自己的，绝不放弃。

第四，抗战后期兴起的民主宪政运动，奠定了中国现代政党制度的架构。近代民族主义有两个面向：一是对外反抗，二是对内建设。抗战时期流行的"抗战建国"就是其典型写照。对于如何建国，国内各种政治力量的主张并不一致。抗战后期，中国出现各方竞言"民主"的潮流。中共以组织"民主联合政府"相号召，国民党提出召开"国民大会"，各民主党派则主张实行"民主宪政"。尽管三者背后的意蕴大相径庭，但最终在1946年2月的"政治协商会议"上实现了交集和融合。然而，其中的分歧和矛盾难以在具体操作层面协商，历史最终以战争的方式作出选择。1949年9月，中国人民政治协商会议召开，奠定了中国共产党领导的多党合作和政治协商制度的雏形。70多年来，历经曲折和增益，如今这一政党制度日益表现出蓬勃活力和独特优势。

第五，产生了抗战文化，改变了中国人的日常生活。在抗日战争中，中国的军事思想得以丰富，涌现出无数以抗战为内容的文艺作品，形成丰富的抗战文化，从而成为中华民族文化的一部分。自此，抗日战争一方面持续不断地形塑着中国的学术研究、国民教育、图书出版和影视文学等文化活动和文化产品，另一方面作为永久的历史记忆，以各种形式渗入中国人的日常生活之中。最为典型的是《义勇军进行曲》被定为国歌。"中华民族到了最危险的时候",时常荡漾回响在各种庄严肃穆的场合。每年的9月18日、7月7日、9月3日,中国社会各界都会举行各种各样的纪念活动。抗战作为一种话题不时出现在中国人的历史怀想和现实言说之中。全国不计其数的抗战遗迹则作为一种物质存在,显示出抗战的永久性和日常性影响。因为抗战,中国人的精神世界和日常生活便不同了。

灾难与牺牲,光荣与梦想,共同交织于中国伟大的抗日战争之中。抗日战争的胜利,成为中华民族走向复兴的起点。今天我们纪念抗战,要全面总结和继承抗战遗产,以慰藉英灵和先人,并启示今人为建设一个美好和平的中国与世界而不懈努力!

附录
全民族抗战时期八路军的弹药支撑

在相当长的时期，学界更多地研究抗日战争时期各方的战略问题，不能否认，抗日战争的胜利首先是战略的胜利。然而，任何战略都建立在既定的物质基础之上，对此学界的关注较少，这有碍于我们更深刻地理解抗日战争。

弹药供给是部队进行战斗的物资基础，也是部队战斗力重要的组成部分，甚至在某种程度上决定着战争的基本形态。总体而言，抗日战争时期中共各部队弹药来源的基本面貌是一致的，但是，也不能否认各部队所处地域、周边政治环境不同，导致在弹药供给方面有所差异。本部分主要考察八路军正规部队的弹药来源，民兵等人民武装的弹药来源不在考察对象之列；在统计中，将各种弹药合计，暂不考虑不同弹药的作战效能，以及由此带来的统计学上的不同结果。

一、八路军向国民政府领取弹药的情况

抗日战争期间，八路军向国民政府请领弹药与国民政府向八路军发放弹药，是两个有联系也有区别的概念。对于中共领取弹药的要求，国民政府可以同意，也可以拒绝。事实上，中共向国民政府领取弹药的要求在整个抗日战争期间从未停止，国民政府于1939年12月即拒绝向中共所属的八路军发放

弹药。

在红军改编为国民革命军的谈判中，中共要求国民政府"发给平等待遇之经费"[①]，"发给平等待遇之补充器物"[②]。就目前公布的史料而言，国共两党关于八路军经费供给有明确的规定，关于八路军武器、弹药的供给则没有明确规定。这或许是由于武器、弹药的供给需根据战争实际状况临时决定。

中共请领弹药主要有两种方式：一是直接要求国民政府或战区供给弹药；二是要求国民政府扩大八路军的编制。国民政府是否向八路军发放弹药，很大程度上受国共两党关系的影响。从七七事变到1938年7月，国共两党关系较好，国民政府和第二战区对于八路军弹药的发放不仅及时而且数量较多。1937年8月20日，红军尚未改编为八路军，南京国民政府即向红军发放七九步弹30万发，七九机弹20万发，驳壳弹20万发，迫击炮弹620枚，手榴弹1.5万颗。此后，面对八路军补充弹药的请求，国民政府发放亦较为迅速：1938年3月21日，发七九步弹20万发、六五步弹10万发；1938年3月28日，发一二〇师七九步弹10万发、七九机弹10万发；1938年4月5日，发一二〇师步、机弹20万发，手榴弹0.5万颗；1938年4月26日，发一一五师七九机弹15万发，步弹8万发，七五、八二山炮弹各0.05万枚，手榴弹0.3万颗。

1937年8月至1938年5月，八路军驻陕办事处接收弹药情况如下表：

表1 八路军驻陕办事处接收弹药统计表

	步枪弹（发）	迫炮弹（枚）	手榴弹（颗）	驳壳弹（发）
南京	50万	0.1万	1.5万	2万
华阴	100万	0.15万	3万	4万
西安	188万	0.65万	2.8万	2万
渭南	6万	—	—	—
汉口	—			

---

①② 中共中央文献研究室、中央档案馆编：《建党以来重要文献选编（1921—1949）》（第十四册），中央文献出版社2011年版，第471页。

续表

	步枪弹（发）	迫炮弹（枚）	手榴弹（颗）	驳壳弹（发）
合计	344万	0.9万	7.3万	8万
说明	1. 接收自南京的弹药是南京军政部送来、西安本部转送前方的。 2. 接收自渭南的弹药是其省第一游击队的，由本部代收，由前方发还。			

资料来源于中国人民解放军历史资料丛书编审委员会编：《八路军新四军驻各地办事机构》（2），解放军出版社1999年版，第62页。

表1显示，八路军驻陕办事处从南京接收步枪弹50万发、手榴弹1.5万颗，这与《八路军驻南京办事处领取经费、物资统计表》一致。驳壳弹一项，表格显示驻陕办事处从南京接收了2万发，而《八路军驻南京办事处领取经费、物资统计表》显示接收了20万发。《周恩来军事活动纪事》记载，1937年9月19日，周恩来致电毛泽东称："南京原发子弹五十万发，后加二十万发。"①这与《八路军驻南京办事处领取经费、物资统计表》内容一致。因此，南京国民政府加发给八路军的应是驳壳弹20万发。

在这一时期，八路军从第二战区领取了部分弹药。1937年9月16日，八路军驻晋办事处主任彭雪枫与阎锡山协商，阎锡山同意送给八路军七九子弹50万发，中正式子弹50万发。阎锡山给八路军的弹药可能不止这100万发。9月19日，周恩来致电毛泽东称："南京原发子弹五十万发，后加二十万发，阎锡山发五十万发、黄绍竑发三十万发。"②如前述，阎锡山与彭雪枫会谈并允诺给八路军100万发子弹是在9月16日，彭雪枫向毛泽东报告此事的时间是9月18日，周恩来9月19日致电毛泽东等所说的阎锡山发子弹50万发，应该与彭雪枫所说阎锡山允诺给八路军100万发子弹不是一回事，否则周恩来在9月19日的电报中，应该说阎锡山给八路军100万发子弹，而非50万发子弹。因此，阎锡山在此阶段应该是给了八路军150万发子弹。

1937年底，新疆盛世才赠送给八路军的4挺高射机枪、2万发子弹，由滕

①② 《周恩来军事活动纪事》编写组编著：《周恩来军事活动纪事（1918—1975）》（上卷），中央文献出版社2000年版，第422页。

代远于1938年1月运抵西安。

综上所述，抗日战争第一周年，国民政府和第二战区发给八路军各类子弹546万发、手榴弹7.3万颗、迫击炮弹0.9万枚。

1938年7月至1939年7月，国共两党间的矛盾初现。1939年1月，国民党召开五届五中全会，确定了"溶共、防共、限共、反共"的方针。在此阶段，国民政府发给八路军的弹药有所减少，但未断绝。1938年10月1日，八路军驻武汉办事处给晋察冀边区八路军送去子弹30万发；9日，应八路军的请求，第二战区副司令卫立煌将军发给八路军七九步机弹50万发，六五步机弹30万发，手榴弹2万颗，驳壳弹5万发。根据1939年8月15日朱德、彭德怀给程潜、阎锡山、卫立煌的电文可知，1939年1月至7月，八路军领到步机枪弹190万发，自来德手枪弹30万发，手榴弹4万颗，迫击炮弹1.4万枚，麦德森二公分炮弹500枚。由此可见，在抗日战争第二周年，八路军向国民政府领取各类子弹335万发、手榴弹6万颗、炮弹1.45万枚。

1939年下半年，国共两党在华北和陕甘宁地区军事摩擦加剧。为了巩固对陕甘宁边区的控制，应对可能的突发事变，1939年8月7日，毛泽东命令一二〇师三五九旅由恒山地区开赴绥德、米脂、吴堡、清涧地区。10月，三五九旅进驻绥德，成立绥德警备司令部。围绕着三五九旅回调绥德，国共双方产生了激烈争论。《叶剑英年谱》详细记载了双方争论的要点：何应钦称八路军三五九旅回援陕北，事前阎锡山、邓宝珊并未下令该旅西渡，中共应遵照蒋介石命令将三五九旅撤回；叶剑英称三五九旅开回，一为巩固河防，二要确保延安与晋冀之间的联络线，中央有将高桂滋调到陕北之意，如三五九旅过河，调高桂滋前去，则截断晋陕，这更无可谈。[1]由此可见，三五九旅调回黄河以东，于国民政府有统一军令之意，于中共有难以维系陕甘宁生存之可能，双方均不肯让步。这成为国民政府停止供给八路军弹药的直接原因。

---

[1] 参见中国人民解放军军事科学院编：《叶剑英年谱（一八九七——一九八六）》（上），中央文献出版社2007年版，第282—283页。

1939年12月，蒋介石在《天水行营主任程潜呈复核发朱德部弹药情形电》上批示：第八路军未退出绥德开往河东以前，切勿再发械弹，并严令其强占绥德部队限期开回河东为要。至此，国民政府停止了对八路军的弹药供给。

1939年7月至12月，国民政府向八路军发放三次弹药：

1939年8月14日，第一战区司令长官卫立煌向八路军拨发子弹55万发，迫击炮弹0.2万枚，炸药200公斤，手榴弹1万颗，驳壳弹2万发。[1]

1939年9月，天水行营批发八路军七九机弹50万发，六五步弹10万发，七六二步弹5万发，手榴弹0.5万颗，八二式迫击炮弹0.05万枚。重庆运来12辆卡车的弹药。

1939年11月19日，军政部向八路军发放七九步机弹50万发，六五步弹10万发，手榴弹0.5万颗。

这一时期，国民政府向八路军发放各类弹药182万发，手榴弹2万颗，炮弹2500枚，炸药200公斤（重庆12辆卡车弹药具体数量不详）。

在前面的考证过程中，有两个细节我们采用了推测的方法：在第一阶段八路军驻南京办事处运往八路军驻陕办事处的驳壳弹是2万发还是20万发，我们按20万发计算；在第一阶段阎锡山给八路军的子弹是100万发还是150万发，我们按150万发计算。因此，大概估算，抗日战争期间，国民政府供给八路军各类子弹的数量应该是995万—1063万发，手榴弹15.3万颗，各类炮弹1.6万枚。

1940年6月，左权向中央军委汇报，八路军抗战三年共消耗步（枪）机（枪）弹31582970发、手枪弹109801发，共计31692771发；各类炮弹25035枚；手榴弹302646颗。[2]

---

[1] 参见中共中央文献研究室编：《朱德年谱（新编本）》（中），中央文献出版社2006年版，第904页。
[2] 参见军事科学院《左权军事文选》编辑组：《左权军事文选》，军事科学出版社2005年版，第429页。

二、八路军缴获敌军弹药情况

此前的研究多认为战斗缴获是八路军弹药的重要来源。然而，只有将缴获和消耗进行比较，才能明了战斗缴获究竟是增加还是减少了八路军弹药的保有量。着手此项研究面临的困难是显而易见的。一方面是战时战斗统计数据不完善、不准确，一二九师在抗战一周年军事总结中称，供给制度有了轮廓，在过去是说不上什么供给制度。[1]事实上，直到1941年八路军各部队才开始建立武器弹药登记表册及月报工作制度。另一方面，中共军队战报在较长时期"用加倍数目发表"[2]。

庆幸的是，战略区在向中共中央汇报战况或发布战报时，偶尔会将实际战绩和发表战绩同时留存。本书所用数据主要来自资料中注明是"实数"的数据，如果同一时期的数据相差较大或实在难以判断真伪，将在注释中列出没有采用的数据，以供读者自己判断。据一二九师1941年统计，抗日战争四个周年弹药缴获和消耗情况如下表：

表2　八路军第一二九师抗战四年战斗损耗比较统计表（1937—1941年）

	第一周年	第二周年	第三周年	第四周年
缴获与消耗各种弹药比	1∶3（消）	4（缴）∶1	1∶8（消）	1∶4（消）
缴获弹药数量（发）	332783	49297070	267366	289172
消耗弹药数量（发）	1228826	1880727	2155579	1384894

资料来源于中央党史研究室第一研究部、中国人民解放军档案馆编：《抗日战争时期八路军人员伤亡和财产损失档案选编》（第三册），中共党史出版社2014年版，第1246页。作者注：表中注有"缴"和"消"字；根据表中数据可知，表中缴获与消耗各种弹药比是概数；第二周年数据，原文如此。

---

[1] 参见后勤学院学术部历史研究室、中国人民解放军档案馆编：《中国人民解放军后勤史资料选编（抗日战争时期）》（第五册），金盾出版社1992年版，第94页。
[2] 中共中央文献研究室、中央档案馆编：《建党以来重要文献选编（1921—1949）》（第二十一册），中央文献出版社2011年版，第106页。

由表2可知，一二九师抗战四个周年中，除第二周年外，其余三个周年弹药缴获远低于消耗。

一二九师抗战第六周年（1942年5月—1943年4月底）缴获各种子弹277034发、各种炮弹295枚、手榴弹11694颗、掷弹筒弹787枚、化学弹72枚、地雷16枚，各种弹药合计289898发（原表合计数据是979894发）；消耗各种子弹585465发、炮弹610枚、掷弹筒弹4324枚、手榴弹31471枚、化学弹198枚、地雷1566枚，各种弹药合计623634发（原表合计数据是622634发）。缴获量占消耗量的46.5%。[①]

结合表2可知，在不同周年内一二九师战斗缴获消耗比例极不均衡。一二九师抗日战争第二周年缴获弹药是其消耗弹药的4倍，出现这种现象的原因不得而知。第二周年缴获量的猛增，使得在已知的五个周年中，一二九师各类弹药的缴获比消耗多出1428467发。值得注意的是，一二九师在前三个周年中弹药的绝对消耗量呈现温和增长的趋势，分别为1228826发、1880727发、2155579发，显然这与其在人数和武器数量上的急剧增长不相适应。一二九师在第四个周年弹药消耗的绝对量开始急剧下降，消耗量为1384894发；至第六个周年消耗量为623634发，仅为第四个周年的45%，这或许与中共的精兵简政不无关系，但也说明八路军弹药供给比较匮乏。

从弹药缴获与消耗占比看，第三周年一二九师弹药缴获与消耗的占比最低，此后呈现出不断攀升的趋势。这种现象在晋冀鲁豫军区所属的冀南和冀鲁豫颇为明显。例如，1940年7月7日至1941年6月16日，冀南军区缴获各种弹药6159发（原数据合计6091发），消耗各种弹药80705发，缴获量占消耗量的7.6%。[②]1942年1月—6月，冀南军区缴获各种弹药14015发，消耗弹药

---

① 参见中央党史研究室第一研究部、中国人民解放军档案馆编：《抗日战争时期八路军人员伤亡和财产损失档案选编》（第四册），中共党史出版社2014年版，第1563—1564页。原表表尾注：此统计全系实数；极小或很少的军用品都未统计上。
② 参见中央党史研究室第一研究部、中国人民解放军档案馆编：《抗日战争时期八路军人员伤亡和财产损失档案选编》（第三册），中共党史出版社2014年版，第1120页。

合148127发（原数据合计147994发），缴获量占消耗量的9.5%。[①]冀南军区1943年战斗统计显示，缴获各种弹药167893发，消耗各种弹药411047发，缴获量占消耗量的40.8%。[②]1941年，冀鲁豫军区缴获各种弹药108945发，消耗各种弹药656079发，缴获量占消耗量的16.6%；1942年冀鲁豫军区缴获各种弹药130720发，消耗各种弹药311285发，缴获量占消耗量的42%。[③]1943年，冀鲁豫军区缴获各种弹药343369发，耗损各种弹药799377发，缴获量占耗损量的43%。[④]

在晋察冀军区，从军区成立至1938年3月，缴获弹药193645发、消耗弹药279025发，缴获量占消耗量的69.4%。1938年11月《晋察冀军区关于第二次反围攻战役的报告》称，此次战役缴获步、机枪弹25000发，消耗步、机枪弹152508发，手榴弹3355颗，两者合计155863发，缴获量占消耗量的16.04%。[⑤]

1939年6月，晋察冀军区第四军分区统计显示，抗战两年缴获弹药3084发，消耗各种弹药183075发，缴获量占消耗量的1.7%。[⑥]1941年8月13日至10月7日，晋察冀军区在反"扫荡"战役中，缴获各种弹药1142发，消耗各种弹药159199发，缴获量占消耗量的0.72%。[⑦]1942年晋察冀军区缴获各种弹药27071发，消耗各种弹药352242发，缴获量占消耗量的7.7%。[⑧]1943年晋察

---

① 参见中国人民解放军第二野战军战史编辑室编印：《一二九师暨晋冀鲁豫军区抗日战争史资料选编》（第2卷），1962年版，第400、402页。
② 参见中国人民解放军第二野战军战史编辑室编印：《一二九师暨晋冀鲁豫军区抗日战争史资料选编》（第3卷），1962年版，第428页。
③ 参见中国人民解放军第二野战军战史编辑室编印：《一二九师暨晋冀鲁豫军区抗日战争史资料选编》（第2卷），1962年版，第548—549页。
④ 参见常连霆主编：《山东党史资料文库》（第11卷），山东人民出版社2015年版，第416—417页。
⑤ 参见中国人民解放军历史资料丛书编审委员会编：《八路军·文献》，解放军出版社1994年版，第260页。
⑥ 参见中央党史研究室第一研究部、中国人民解放军档案馆编：《抗日战争时期八路军人员伤亡和财产损失档案选编》（第一册），中共党史出版社2014年版，第177—178页。
⑦ 参见《晋察冀军区反扫荡战役总结》（1941年8月13日—10月7日），中国人民解放军高等军事学院1955年5月翻印，第54、57页。
⑧ 参见中央党史研究室第一研究部、中国人民解放军档案馆编：《抗日战争时期八路军人员伤亡和财产损失档案选编》（第四册），中共党史出版社2014年版，第1449页。

冀军区战斗缴获各种弹药547735发，消耗各种弹药792844发，缴获量占消耗量的69.1%。①1944年1月至7月，晋察冀军区战斗缴获各种弹药558313发，消耗各种弹药748090发，缴获量占消耗量的74.6%。②

根据《周士第将军阵中日记》记载，第一二〇师自1938年7月至11月弹药缴获消耗情况如下表：

表3　一二〇师自1938年7月至1938年11月俘虏缴获消耗损失伤亡统计表

	分类	虚	实		分类	虚	实
俘虏缴获敌方弹药	步马枪弹	9218	29519	我方消耗损失弹药	步马枪弹	—	170317
	驳壳弹	—	415		驳壳弹		1778
	手枪弹	—	20		手枪弹		244
	冲锋枪弹	—	773		冲锋枪弹		3748
	重机枪弹	—	1459		重机枪弹		7071
	轻机枪弹	—	5173		轻机枪弹		33217
	山炮弹	—	35		手榴弹		4356
	迫击炮弹	—	20		迫击炮弹		—
	炸弹	—	576		炸弹		—

资料来源于杨弘、卢云山编：《周士第将军阵中日记》，石家庄机械化步兵学院印刷厂2005年印，第162页。

由上表可知，自1938年7月至1938年11月，一二〇师缴获各种弹药37990发，消耗各种弹药220731发，缴获量占消耗量的17.2%。1938年12月22日，一二〇师七一六团、七一五团一部、一支队赴冀中，至1939年2月15日开展战斗共约10次，缴获各种弹药17177发，消耗各种弹药88744发，缴获量占消耗量的19.4%。③1943年6月，晋西北军区第六周年战斗统计显示，缴

---

① 参见中央党史研究室第一研究部、中国人民解放军档案馆编：《抗日战争时期八路军人员伤亡和财产损失档案选编》（第四册），中共党史出版社2014年版，第1819页。
② 参见晋察冀军区司令部：《晋察冀军区半年来军事报告》（1944年9月15日），中共中央党校党史部藏。
③ 参见《一二〇师岚县到冀中军事报告》（1938年12月23日—1939年3月15日），中国人民解放军高等军事学院训练部1957年翻印。

获各种弹药13987发，消耗各种弹药162818发，缴获量占消耗量的8.6%。①抗日战争第七周年，晋绥军区部队战斗缴获各种弹药92118发，消耗各种弹药191936发，缴获量占消耗量的48%；第八周年晋绥军区部队战斗缴获各种弹药165371发，消耗各种弹药272656发，缴获量占消耗量的60.7%。②

尽管数据是残缺的，但依然可以从中发现某种趋势。大体而言，在各根据地初创之际，弹药缴获量占消耗量的比重相对较高，至1941年、1942年弹药缴获量占消耗量的比重跌入低谷，1943年以后弹药缴获量占消耗量的比重又开始攀升。

弹药缴获的产生至少需要两个基本条件：一是能够对敌方成建制的部队进行毁灭性打击；二是敌方成建制部队遭受毁灭性打击时，未来得及消耗其全部弹药。因此，在战斗中若想提高弹药缴获量占消耗量的比重，以缴获弥补己方的弹药消耗，则需以较少的弹药消耗迅速完成对敌方的毁灭性打击，在战术上必然是速决的。

八路军弹药缴获量与消耗量占比的变化，同战斗形式的演变密切相关。战争是力量及其制约下的战略战术的竞争。全民族抗日战争爆发至1938年，日军主力向正面战场进攻，仅留置一部分兵力守备其后方交通点线，八路军乘日军后方空虚，展开游击战争，建立了多块抗日根据地。日军为确保其漫长的交通点线，对根据地采取积极的攻势守备。此时，八路军尚能集结相当数量的基干兵团寻求运动中日军的弱点，以袭击、伏击的手段，歼灭日军一路或数路，较著名者如神头岭战斗、响堂铺战斗、长乐村战斗等。1939年至1940年，日军作战重心向敌后转移，在平原上占领了全部大城镇，每个据点

---

① 参见中央党史研究室第一研究部、中国人民解放军档案馆编：《抗日战争时期八路军人员伤亡和财产损失档案选编》（第四册），中共党史出版社2014年版，第1585—1586页。文末标注"括弧内数字系对外的"。

② 参见八路军第一二○师陕甘宁晋绥联防军抗日战争史编审委员会：《八路军第一二○师暨晋绥军区战史》，解放军出版社2017年版，第806、808页。《抗日战争时期第一二○师暨晋绥军区部队战斗统计表》内有八路军第一二○师暨晋绥军区抗日战争时期八个周年的战斗统计，但考虑到1944年前八路军战报加倍数目发表，此后按实际数目发表，故仅采用该表第七、第八周年的数据。

上都筑有一个至几个坚固碉堡，碉堡间全以汽车路贯通，八路军以旅、团为单位的活动方式就大为不便，一般以营为活动单位，所打战斗中小仗多、大仗少。但在山区，旅级和团级部队的活动还是方便的，遂有陈庄战斗、黄土岭战斗及大龙华战斗等。①

由于八路军能够对日军某些成建制部队进行毁灭性打击，因此战斗中尚有一定量的弹药缴获，缴获量占消耗量的比重亦可以维持在较高的程度。例如，在神头岭伏击战中，"击毙敌人800余人，俘虏10余名，缴枪约200余支，击毙骡马300余匹，俘获300余匹，军服药材弹药甚多"②；在香城固战斗中，"获四一式山炮1门，九二式步炮2门，迫击炮1门，枪弹甚多，汽车全被焚烧，敌二百数十人除生俘十余名外，全被击毙"③。1940年7月，聂荣臻在晋察冀军区高级干部会议上称，大龙华战斗，消耗与缴获相等，各约五万发，陈庄战斗消耗与缴获比为五比一。④1939年10月，雁宿崖、黄土岭战斗中，晋察冀部队缴获各种弹药53500发及两箱掷弹，消耗各种弹药116168发，缴获量占消耗量的46.1%。

1940年后，面对日军对根据地的"囚笼政策"，八路军不得不对日军交通路线进行破击作战。八路军弹药缴获与消耗的占比开始下降。这里以第一二九师三八五旅1940年主要战斗为例对此进行分析。1940年，三八五旅的主要战斗有白晋路北段破击战、正太路破击战、榆辽战役、太北反"扫荡"作战。下表是三八五旅1940年主要战斗的弹药缴获和消耗情况。

---

① 参见中国人民解放军历史资料丛书编审委员会编：《总参谋部·文献》(2)，军事科学出版社2014年版，第545—562页。
② 《陈赓日记》，人民出版社2013年版，第79页。
③ 《陈赓日记》，人民出版社2013年版，第194页。
④ 参见《聂荣臻军事文选》，解放军出版社1992年版，第123页。

表4　一二九师三八五旅1940年主要战斗弹药缴获与消耗情况

	白晋路北段破击战	正太路破击战	榆辽战役	太北反"扫荡"
时间	5月5日—7日	8月20日—9月6日	9月30日—10月4日	10月10日—11月10日
弹药缴获	1569	10594	46188	5756
弹药消耗	28508	66141	76390	60247
缴获占消耗的比重	5.5%	16%	60.5%	9.6%

资料来源于《三八五旅白晋路北段破击战役战斗详报（1940年5月5日—5月7日）》《三八五旅正太战役战斗详报（1940年8月20日—9月6日）》《三八五旅榆辽战役战斗详报（1940年9月30日—10月4日）》《三八五旅太北反扫荡战斗详报（1940年10月10日—11月10日）》。

由表4可知，一二九师三八五旅在白晋路、正太路的破击战中弹药缴获量占消耗量的比重较低，分别为5.5%、16%。在榆辽战斗中，三八五旅比较顺利地攻占了小岭底、管头村、铺上村、石匣村等日军据点，这或许是三八五旅弹药缴获量占消耗量的比重攀升至60.5%的原因。在接下来的反"扫荡"中，由于很难在短时间内对日军成建制部队进行毁灭性打击，三八五旅弹药缴获量占消耗量的比重下降至9.6%。

太岳纵队（三八六旅、二十五团、三十八团）在榆辽战役中的战况，则说明以较短时间毁灭性打击成建制日军对于八路军的弹药缴获是何等重要。三八六旅虽然较为顺利地攻克了沿毕（华）村和王景村两个据点，但通过9月23日23时至25日16时的连续四次攻击才占领榆社；30日拂晓，三八五旅七六九团、十四团和三八六旅七七二团及决一纵二十五团、三十八团在红崖头、关帝垴伏击救援管头的坂井大队六百余人。是日九时，东犯之敌进入我军伏击地区，我军即开始向敌猛击。激战终日，敌我反复冲锋，肉搏数次，双方伤亡均重。但因部队联络不够，且辽县增援之敌即时赶到，故未能将该敌全部消灭，仅给了敌人以严重打击与杀伤。《一二九师百团大战总结》称："在榆辽战斗中，太岳集团火力组织是我师空前的，能将火力精确计算，轻重火器具体分工，更严格规定了射击纪律，起了极大的压制作用。"然而，由于没有在短时间内成建制歼灭日军,太岳纵队仅缴获各种弹药1334发,消耗各种弹药45509发,缴获量占消耗量的3%。①

百团大战中一二九师主力在关家垴围攻日军坂井大队未果。此后,"扫荡与反扫荡""蚕食与反蚕食"成为八路军与日军战斗的主要形式。1941年11月,彭德怀在总结黄崖洞保卫战时承认:"目前敌我技术条件极不相称,以及在敌后作战的特殊条件下,重版国内战争时代的歼灭战,是不可能的。"②

由此可见,1940年以后,八路军在同日军作战中的弹药缴获量及其占弹药消耗量的比重不断下降。1943年,日军逐渐收缩其在华北的兵力,不少区域的守备由伪军或主要由伪军担任。八路军在这些区域与伪军的战斗中缴获量增多,缴获量占消耗量的比重有所回升。

单纯从八路军弹药来源的角度考察,不得不提及八路军与国民党军队在敌后战斗的缴获。1941年7月,刘伯承致电中央军委,汇报一二九师自抗战以来在反摩擦斗争及讨逆战斗中俘获消耗情况:缴获各种子弹726137发、手榴弹2578颗、炮弹34枚,合计728749发;消耗各种子弹752969发、手榴弹8986颗、迫击炮弹693枚,合计762648发;缴获量占消耗量的95.6%。③1942年4月15日至19日,太岳纵队在与国民党六十一军战斗中,缴获各种弹药45798发(原合计数为28698发),消耗109611发(原合计数为109709发),缴获量占消耗量的41.8%。1943年7月23日至8月25日,冀鲁豫军区在与李仙洲部的战斗中,缴获子弹100000发、炸弹1800枚,消耗子弹85000发、炸弹4000枚,缴获量占消耗量的114.4%。在国共两党华北的军事冲突中,八路军对国民党部队依然保持着优势,缴获的弹药甚至在某种程度上弥补了八路军同日军作战的消耗。比如,1940年10月吕正操报告称,若以1939年10月的数量为100%计,在一年的战斗中八路军三纵队消耗枪弹40.5%、炮弹4.6%、

---

① 参见中央党史研究室第一研究部、中国人民解放军档案馆编:《抗日战争时期八路军人员伤亡和财产损失档案选编》(第三册),中共党史出版社2014年版,第1033—1036页。
② 中国人民解放军历史资料丛书编审委员会编:《八路军·文献》,解放军出版社1994年版,第726页。
③ 参见《刘伯承年谱》(上卷),解放军出版社2012年版,第344—345页。

手榴弹89.1%;"消耗与收入之比为100∶20,这也是靠讨逆缴获给我们补充了一部分"。

三、八路军弹药生产情况

抗日战争时期,根据地的军工生产是八路军弹药来源之一。在弹药生产中,手榴弹的生产起步较早。这一方面是由于华北地区出产的白口生铁和黑色火药可以作为生产手榴弹的原料[①];另一方面是由于手榴弹的结构和制造工艺简单,很多乡间手工业者均可制造[②]。下表为太行、冀鲁豫、晋绥手榴弹生产的基本情况。

表5　抗日战争时期太行、冀鲁豫、晋绥手榴弹生产统计(枚)

年份	1938	1939	1940	1941	1942	1943	1944	1945	合计
太行	36000	300000	74161	45133	21631	40546	7344	55949	580764
冀鲁豫	—	13500	12300	12750	120000	84300	459253	256345	958448
晋绥	—	—	3500	26827	42459	70265	102000	37858	282909

资料来源于吴东才主编:《晋冀豫根据地》,兵器工业出版社1990年版,第342页;杨俊杰主编:《冀鲁豫根据地军工史料》,1994年版,第239页。

由表5可知,1939年太行、冀鲁豫、晋绥即开始大批量生产手榴弹。1940年11月,山东军区向中央军委报告:鲁西有炸弹厂2个,月出炸弹20000个;清河有小炸弹厂1所,月出炸弹2000个;胶东兵工厂月出炸弹5000个,炮弹50发。[③]1941年11月,聂荣臻向中央军委报告:1939年晋察冀军区每月出产手榴弹30000—40000发。1940年出产18万发,现因需要等每月出产手榴弹40000发。

---

① 参见吴东才主编:《晋冀豫根据地》,兵器工业出版社1990年版,第129—134页。
② 参见吴东才主编:《晋冀豫根据地》,兵器工业出版社1990年版,第144—146页。
③ 参见常连霆主编:《山东党史资料文库》(第7卷),山东人民出版社2015年版,第771页。

战争环境的动荡影响着各根据地手榴弹的生产。1942年太行区手榴弹产量锐减的原因即在于此。1944年太行区手榴弹产量的降低，主要由军工部所属企业长达半年时间的停产整风所致。大体而言，各根据地手榴弹的生产基本上能够满足战争的需要。冀鲁豫军区1941年至1943年生产手榴弹12750枚、120000枚和84300枚，消耗27866枚、17075枚和57529枚，生产量远大于消耗量。①1943年1月，冀南军区在汇报中称：1942年炸弹的生产量完全能做到自供自给而有余，唯技术不高。晋绥军区抗日战争第六、第七、第八周年消耗的手榴弹数量分别是4428枚、3186枚、14094枚；1943年至1945年晋绥军区手榴弹生产量分别为70265枚、102000枚、37858枚；②其生产量同样远大于消耗量。由此可见，各根据地在手榴弹生产方面受技术和原料方面的制约较少，能够根据战争的需要安排手榴弹的生产。

炮弹是根据地军事工业的重要产品。时任军工部工程处副处长陆达回忆，生产炮弹要将生铁铸成弹壳，生铁弹壳还需经车床加工，传统冶炼技术生产的白生铁硬且脆，用白生铁铸造成的弹壳不能切削加工，根据地生产炮弹的难点就在于如何把白生铁铸成的炮弹壳转变成具有韧性、可切削加工的铸铁弹壳。1941年3月，太行根据地用焖火工艺对白生铁铸成的弹壳进行韧化处理取得成功，解决了批量生产炮弹的关键技术。③此后，各根据地开始陆续生产各种炮弹。下表为部分根据地炮弹生产情况的统计。

---

① 参见常连霆主编：《山东党史资料文库》（第11卷），山东人民出版社2015年版，第416—417页。
② 参见中央党史研究室第一研究部、中国人民解放军档案馆编：《抗日战争时期八路军人员伤亡和财产损失档案选编》（第四册），中共党史出版社2014年版，第1585—1586页。表尾标注"括弧内数字系对外的"。
③ 参见吴东才主编：《晋冀豫根据地》，兵器工业出版社1990年版，第129—134页。

表6 抗日战争时期太行、冀鲁豫、晋绥炮弹生产统计（颗）

		1940	1941	1942	1943	1944	1945	合计
太行	50mm弹	—	31159	28964	48883	12523	76491	198020
	82mm弹	—	—	1677	4253	1142	30895	37967
冀鲁豫	92mm步兵炮弹	—	—	25	1200	3000	2400	6625
	82mm弹	70	1370	1800	4800	5480	3104	16624
晋绥	50mm弹	—	—	2010	21093	62074	44474	129651
	82mm弹	—	—	—	—	—	—	—

资料来源于吴东才主编：《晋冀豫根据地》，兵器工业出版社1990年版，第342页；杨俊杰主编：《冀鲁豫根据地军工史料》，1994年版，第239页。

由表6可知，弹壳韧化技术突破以后，1941年八路军总部兵工厂首先批量生产50mm炮弹，其他根据地纷纷仿制。在晋察冀，1941年1月开始仿制八路军总部兵工厂生产的50mm炮弹，"仿制时把圆锥形的弹体改为流线形，把黑色炸药改为硝铵炸药"。在冀鲁豫，为了使用一门缴获的九二式步兵炮，1942年试制出相应炮弹，以后利用阳谷县伪军的关系，从聊城、济南购置了大量炸药；通过爱国商人在敌占区采购急需的原料，提高炮弹的质量。1943年即进行了大批量生产，年产1200颗。显然，关键技术的突破，为各根据地因地制宜改进炮弹生产技术提供了基础。

相对于手榴弹、炮弹的制造，复装子弹的工艺更为复杂。总体而言，八路军生产复装子弹时以手工方法为主，通过机械辅助极大地提高生产效率和产品质量。1940年1月，八路军总部军工部收到国民政府发给的2台弹壳车底机、2台曲轴冲床、2台紧口机、2台收口机以及一批无烟药。[1]3月，八路军军工部开始筹建子弹厂，据当时参与此项工作的沈丁祥回忆，生产间"安装着周恩来副主席通过统战关系从敌占区搞来的两台弹壳车底机、两台曲轴冲床、两台紧口机、两台收口机、一部元车，还有从一所运来的车床和小冲床

---

[1] 参见《中国近代兵器工业档案史料》编委会：《中国近代兵器工业档案史料》（第四册），兵器工业出版社1993年版，第48页。

各一部"①，这些机器均是为辅助手工生产而设的。5月，军工部复装出第一批子弹，八路军批量复装子弹得以实现。在晋察冀边区，1939年9月边区工业部接收第一军分区五支队部分机器、模具、材料和16名复装子弹工人，成立子弹排，起初月产量仅千余发，至1941年下半年始能大批量复装子弹，月产三万五千余粒。②在陕甘宁边区，1943年春第一兵工厂开始复装子弹。③在晋绥根据地，1945年才复装出第一批子弹2500发。

虽然各根据地先后突破了复装子弹技术上的障碍，但原料方面的制约长期存在着。复装子弹主要由弹壳、弹头、底火三部分组成，所需弹壳主要依靠收集和购买。1942年12月，三八五旅报告，由于夜间战斗和战斗紧急时不能收集弹壳，平均每次战斗只能收起所消耗子弹的十分之四。④不仅如此，收集到的弹壳还存在以下问题：

> 其规格型号，破损程度各异。因此，要把旧弹壳复原，需经过20多道工序。首先是筛选，用人工把七九、六五、三八、水连珠等等不同规格的旧弹壳，分类拣出来，还要把破肚的、胀肚的、裂口的、压扁的再分出来；二是挖取旧底火帽；三是煮洗、烘干；四是弹壳收身；五是切口……⑤

根据陕甘宁边区军工局的经验，收集到的弹壳只有60%能用。⑥由此估算，八路军在战斗中消耗的子弹，只有24%的弹壳可用于复装。因此，弹壳的紧缺就成为制约根据地复装子弹的重要因素。1940年9月9日，在军工部会

---

① 吴东才主编：《晋冀豫根据地》，兵器工业出版社1990年版，第135页。
② 参见北京军区后勤部党史资料征集办公室编：《晋察冀军区抗战时期后勤工作史料选编》，军事学院出版社1985年版，第67页。
③ 参见薛幸福主编：《陕甘宁边区》，兵器工业出版社1990年版，第5页。
④ 参见后勤学院学术部历史研究室、中国人民解放军档案馆编：《中国人民解放军后勤史资料选编（抗日战争时期）》（第五册），金盾出版社1992年版，第373页。
⑤ 吴东才主编：《晋冀豫根据地》，兵器工业出版社1990年版，第136页。
⑥ 参见薛幸福主编：《陕甘宁边区》，兵器工业出版社1990年版，第50页。

议上,军工部部长刘鼎反映最急需解决的问题是"子弹壳接不上、铅不接济"。1944年9月7日,邓小平等向中共中央汇报:"复装子弹过去每月可完成五六万发,但缺弹壳。"1945年5月25日,八路军总部军工部报告称,已经没有子弹壳,难以完成规定任务,请求设法收集子弹壳。1945年10月3日,时任八路军后勤部部长杨立三致信邓小平解释未完成军火生产的原因:"复装的子弹壳成了严重问题,现已告罄。"由此可见,仅靠收集弹壳难以满足复装子弹的需要。

此外,弹头由弹头壳和弹头内芯组成,铜元经过冲压、拔伸、退火、冲头等工序制成弹头壳;铅、锌、锡合金制造的香炉、酒壶、蜡台等经过再加工或熔化后做成弹头内芯。[①]这些原料来源亦不稳定,1941年7月八路军总部军工部汇报,铅锡每月需两千斤,现存零;9月军工部木厂(子弹厂)汇报,半成品子弹已有六万,无铅装。

1942年,晋察冀精炼黄铜的技术取得成功,无烟药的生产也趋于稳定,为自制子弹创造了条件。1943年6月,在晋察冀边区,包括制造弹壳在内的自制子弹技术基本成熟。随着技术上的突破,晋察冀军区复装子弹摆脱了原料方面的制约,子弹复装日趋稳定。1944年11月,晋察冀军区报告,每月自造七九子弹19000发、六五子弹11000发,复装七九弹10000发、六五弹30000发、捷克弹10000发。1945年2月,在晋察冀技术人员的援助下,太行区也自制出全新的子弹。[②]需要着重指出的是,各根据地炼制黄铜所用的原料是铜元和制钱。换言之,各根据地尚不具备从矿产资源中炼制黄铜的能力,其自制弹壳的数量受到铜元和制钱收集量的制约。以下是部分根据地复装(自造)子弹的情况:

[①] 参见吴东才主编:《晋冀豫根据地》,兵器工业出版社1990年版,第137页。
[②] 参见吴东才主编:《晋冀豫根据地》,兵器工业出版社1990年版,第141页。

表7 抗日战争时期太行、冀鲁豫、晋绥复装（自造）子弹统计（发）

年份	1938	1939	1940	1941	1942	1943	1944	1945	合计
太行区	8000	10000	153000	403500	212600	680780	196662	710682	2375224
冀鲁豫	—	30000	140000	90000	110000	170000	152000	240000	932000
晋绥	—	—	—	—	—	—	—	2500	2500

资料来源于吴东才主编：《晋冀豫根据地》，兵器工业出版社1990年版，第342页；杨俊杰主编：《冀鲁豫根据地军工史料》，1994年版，第239页。

随着手榴弹、炮弹的制造和子弹的复装，各根据地纷纷寻求火药制造技术的突破。1941年初，晋察冀和太行区不约而同地尝试制造硫酸，1942年两个根据地制出浓硫酸，随即制造出无烟火药，在此基础上制造出不同种类的火药。[①]1944年以后，各根据地的火药生产猛烈地膨胀起来。太行区1944年生产雷汞26公斤，1945年即猛增至118公斤；1944年生产发射药760公斤，1945年增至10203公斤；1945年生产烈性炸药15503公斤。[②]

总体而言，八路军各根据地弹药生产呈现出阶段性、不平衡的特征。就时段而言，在抗日战争中后期，各根据地的弹药生产相对而言进入正轨；就产品而言，对于精度要求和技术水平要求较低的手榴弹和炮弹能较早、较大批量生产，对于精度和技术水平要求较高的子弹复装和生产，则较难完成生产。从根本上讲，八路军在各抗日根据地的军事工业，受自然经济的严重制约，不得不依靠行政力量获取原料、推动技术进步和交流、维护生产秩序；其生产技术和能力，难以从根本上实现突破。抗日根据地兵工企业，破解的是八路军某些弹药有限的困境，无法根本上支撑八路军在敌后的作战。

---

① 参见吴东才主编：《晋冀豫根据地》，兵器工业出版社1990年版，第141—152页。
② 参见吴东才主编：《晋冀豫根据地》，兵器工业出版社1990年版，第342页。

四、八路军弹药收集与购买情况

收集与购买弹药是八路军获取后勤物资的重要方式,两者既有联系又有区别。收集弹药一般是无偿的,必要时给以一定的补偿。当然,收缴土匪武装和散兵游勇的武器弹药也应当被视作收集。购买弹药首先是经济行为,但大批量购买必须有政治行为作为辅助。从时间上讲,在抗日根据地开创时期,八路军对于民间弹药以收集为主,随着根据地趋向巩固,民间弹药逐渐枯竭,购买成为八路军获取弹药的重要方式。

收集工作,本质上是对既有资源的竞争和占有。近代以来,中国乡村社会军事化趋势明显,民间武器弹药流布甚广,买卖频繁。河北、河南各县的大地主,每家都有几十支枪的武装,各家都雇有看家民团。中农大都有支大枪,贫农差不多都有支茅枪。[①]据记载,1933年河北警察局、保卫团拥有枪支62537支(堪用者54670支、不堪用者7867支)、子弹4003204发。[②]1936年编成的安徽《临泉县志略》称,全县人民自卫枪支6910支、子弹88810发。[③]全民族抗日战争爆发后,国民党军队迅速溃败,散兵游勇携带枪支弹药散布乡村,民间的武器弹药愈发充盈。

在此种情况下,中共中央迅速将收集武器弹药作为重要的工作加以布置。1937年9月25日,毛泽东指示:"发动全华北党(包括山东在内)动员群众,收编散兵散枪,普遍地但是有计划地组成游击队。"[④]1937年10月4日,朱德指示八路军各部:

在经过战斗地带,民间遗散很多枪支弹药,各部及地方工作团应努

[①] 参见郑起东:《转型期的华北农村社会》,上海书店出版社2004年版,第133页。
[②] 参见邱捷:《近代中国民间武器》,社会科学文献出版社2012年版,第56页。
[③] 参见邱捷:《近代中国民间武器》,社会科学文献出版社2012年版,第57页。
[④] 中共中央文献研究室、中央档案馆编:《建党以来重要文献选编(1921—1949)》(第十四册),中央文献出版社2011年版,第538页。

力收集并可出款收买,步枪十元,子弹二百元,轻重机枪及炮酌量决定,此项用费可以报销……各地流落之溃兵散兵很多,我们应努力收容,在不妨碍统战工作原则下争取其加入我军,其中老弱及残病应加以洗刷,他们如带有枪弹,可照收买价格发给之。①

太原失陷前夕,在八路军驻晋办事处的周恩来急电毛泽东、朱德:"我们各部应迅速派队收集溃兵、散枪及一切资材……不应放松收编散兵、收集散枪资材的机会。"②1937年11月8日,太原失陷。中共中央判断华北的正规战将告一段落,游击战争将开始,要求各部队在统一战线原则下,"收编溃军,购买枪支,筹集军饷,实行自给,扩大部队"③。11月9日,周恩来对各部收集溃兵散枪的地域范围提出了具体建议。④1937年12月16日,毛泽东致电朱德,提出趁敌人空虚,派两个支队到平汉路以东地区实施游击,其任务是:侦察情况,扩大抗日统一战线,发动民众与组织游击队,破坏伪组织,收集遗散武器,扩大自己。⑤由此可见,流散于民间的散兵、武器、弹药被中共中央视为重要的资源,中共中央热切地希望抓住历史机遇扩充力量,但也不愿因此破坏来之不易的统战关系。据《周士第将军阵中日记》记载,太原失陷后的一个月,一二〇师收容散兵956人,各类武器699件、弹药12951发。

收集的武器弹药多为国民党遗失的大批弹药。1937年10月20日,毛泽东判断日军将很快占领太原,致电周恩来等将上社、洪洞弹药运回陕甘宁。⑥1937年11月8日,太原失陷,晋西危急。11月13日,周恩来等急电毛泽东称:"现有约三十万余军用品急需后运,最迟月底运完,否则有损失之虞。提议用尽一切力量,动员牲口到大宁转运,并派干部到大宁主持该工

---

① 袁伟、吴殿尧编著:《朱德军事活动纪事》(1886—1976),解放军出版社1996年版,第386页。
② 《周恩来军事文选》(第二卷),人民出版社1997年版,第55页。
③ 《毛泽东军事文集》(第二卷),军事科学出版社、中央文献出版社1993年版,第114页。
④ 参见《周恩来军事文选》(第二卷),人民出版社1997年版,第57—58页。
⑤ 参见《毛泽东军事文集》(第二卷),军事科学出版社、中央文献出版社1993年版,第128页。
⑥ 参见《毛泽东军事文集》(第二卷),军事科学出版社、中央文献出版社1993年版,第88页。

作。"①16日，周恩来再次致电毛泽东："大宁已送平渡关子弹三十余万发。"②毛泽东回复，"本月20号可动员五百牲口到大宁"，"杨立三同志应即来大宁指挥"。③但杨立三有其他工作，没有立即赶赴大宁。④然而，由于指挥不当，大宁武器弹药运输中产生的问题颇多。

在毛泽东强烈督促下，杨立三于12月16日到达大宁，向毛泽东等汇报兵站运输混乱情况和解决问题的措施。此次弹药向后方运输的过程，至少持续到1937年12月下旬，八路军因此获得的弹药应为数不少。

1938年4月23日，八路军总部判断日军打通津浦线后，可能移师华北，紧急命令一二九师"乘敌空虚，放手在路东消灭与瓦解伪军及其伪组织，大量收缴、购买武器弹药"。据时任陕甘宁留守兵团警备4团团长陈先瑞回忆，1938年5月该团在大宁、吉县活动之时，发现大宁至隰县间的山洞里藏有晋绥军的大批武器弹药，兵团以两个连的兵力向陕甘宁运输武器弹药一星期也未运完，剩余的弹药送给了在吕梁山区活动的一一五师。⑤

曾任晋察冀军区军械科科长的郑云彪于平型关战役期间受命在台怀地区设立兵站，后与一一五师师部失去联系。不久，在五台县耿镇附近收集国民党军队遗弃的军需物资时，发现阎锡山在省防御工事里囤积的大量物资，把炸弹、炮弹、子弹运到平山县桑园口一带，其数量比一一五师供给部仓库存留物资还多。⑥一一五师独立团则在上寨、下关一带打开晋绥军的军火库，获取了大量弹药。1937年11月7日，晋察冀军区成立。1938年8月，聂荣臻向

---

① 《周恩来军事活动纪事》编写组编著：《周恩来军事活动纪事（1918—1975）》（上卷），中央文献出版社2000年版，第436页。
② 《周恩来军事活动纪事》编写组编著：《周恩来军事活动纪事（1918—1975）》（上卷），中央文献出版社2000年版，第437页。
③ 杨立三年谱编辑组：《杨立三年谱》（1900—1954年），金盾出版社2004年版，第60页。
④ 参见《周恩来军事活动纪事》编写组编著：《周恩来军事活动纪事（1918—1975）》（上卷），中央文献出版社2000年版，第437页。
⑤ 参见陈先瑞：《陈先瑞回忆录》，解放军出版社1999年，第162页。
⑥ 参见北京军区后勤部党史资料征集办公室编：《晋察冀军区抗战时期后勤工作史料选编》，军事学院出版社1985年版，第343—346页。

朱德汇报，自军区成立以来，收获弹药数为子弹583532发、炮弹1126枚、炸弹14002颗，合计598660发。据聂荣臻向军委汇报，从全民族抗日战争爆发至1942年5月，晋察冀军区生产手榴弹38.8万枚、子弹59.4万发、炮弹2900多枚。① 由此可见，1937年11月至1938年8月晋察冀军区收集的子弹数，与全民族抗战爆发至1942年5月晋察冀军区子弹生产量几乎持平，弹药收集在全民族抗日战争初期对于八路军弹药供给的重要性可见一斑。

综上所述，收集民间弹药尤其是国民党军队遗留的弹药，是各抗日根据地初创之时重要的弹药获取方式。然而，随着抗日根据地逐渐巩固，根据地及周边区域的民间弹药终将收集殆尽。与此同时，国共关系逐渐恶化，八路军从国民政府获得弹药补给的可能性越来越小。八路军弹药来源不得不转向购买和自造。

1939年9月4日，朱德、彭德怀致电徐向前、朱瑞等：自今年一月到现在仅领到子弹190万发，各部子弹已感严重缺乏；据说徐州四周地区友军遗弃弹药、军械不少，须十分注意收买。② 1940年1月，八路军总部急切要求各部注意收购和节省弹药问题，指出子弹缺乏成为我军目前特别是将来的抗战中最严重困难的问题。

在弹药来源面临危机之时，八路军总部意识到"以各种方法收买与节省子弹，成为目前最中心、最迫切的问题"，在继续强调收集民间弹药的同时，着重指出收买弹药的迫切性，收购弹药的对象则是日军、伪军、友军、顽固派等。

既然在市场上日军、伪军、友军和顽固派是中共武装的潜在弹药供给者，因此，需要将八路军购买弹药置于抗日根据地对外贸易体系内进行研究。抗日战争初期，各抗日根据地对外贸易体系尚属初创阶段，"对外采办不统一，表现零乱，乱抓一把，没有取得各方的配合，结果，自己吃亏，甚至发生竞

---

① 参见周均伦主编：《聂荣臻年谱》（上），人民出版社1999年版，第361页。
② 参见中共中央文献研究室编：《朱德年谱（新编本）》（中），中央文献出版社2006年版，第910页。

买现象"。为此，1940年12月，八路军总部和一二九师后勤工作会议规定：

> 1.一切服装、卫生、军工、通讯及有关军队器材之采购者，均由集总后供协同贸易局协商办法处理之，必要时集总后供得商同贸易局指定地区，设立采办所。2.在同一地区，只许设立一个采办所，取消过去林立现象，杜绝投机提高及互相争买现象……6.关于部队中应用之服装、军工、卫生、通讯等材料，由各部门派员负责共同组织购买委员会，并与军政首长协商配合适当的武装及政治工作人员帮助运输。

由此可见，八路军总部力图整合对外贸易体系。然而，此时对外采办的主体依然是多元的，总后、贸易局、部队各部门等都可以从事对外采办工作，八路军总部仅要求各采办主体间尽量协调。1941年上半年，后勤部部长杨立三频频向各部拨款购买子弹：

> 4月19日，李达电话可买到枪弹：机枪五万一挺，六五步枪三万元一支，子弹约二元一排，均冀票。请示彭总：机枪准买，子弹多买，步枪太贵不买。
>
> 4月30日，函联办通知冀南主署，拨款十万元交给陈（再道）、宋（任穷）、王（宏坤）买子弹用。
>
> 5月26日，批发各军分区购买子弹费洋一万元。
>
> 6月21日，发三纵队买子弹款一万元。
>
> 7月5日，某地有子弹卖，告朱儒带款一万元，回去收买。

这表明各地弹药购买活动频繁活跃，但也显示出购买活动的随机性和凌乱，尚未形成整合各种力量的弹药购买体系。

采购主体的多元，导致彼此间的竞争和混乱。1941年8月4日，时任晋冀鲁豫边区工商管理总局局长王兴让指出，边区在经济战线上没有统一指挥机关，采购秩序混乱，生产与贸易不能联系，因此在贸易上要求统一采购、通盘计划、开展敌占区采购工作。在彭德怀主持下，会议决定统一贸易，军队不搞贸易，只搞生产事业。8月16日，生产贸易总局召开会议决定：军政各机关采购一律统一于生产贸易管理局，取消军队的直接贸易工作，各机关部队应拟具半年采购计划，经一定机关核准，由管理局统一采购。9月12日，八路军总部后勤部部长杨立三起草不准军队办理出入口事宜、对外采购完全归工商管理局负责的训令。由此，生产贸易管理局成为唯一的对外采购机关。

在购买弹药的具体工作中，有关购买价格和区域规定的演变值得重视。各抗日根据地的弹药购买价格经历了从统一规定到随行就市的变化。1940年4月10日，八路军后勤部购买军工材料的通知中规定：步枪弹每粒1角至1角5分；各种大小炮弹5角。然而，在实际操作过程中，很难完全按照规定的价格购买弹药。1941年4月，三八五旅陈锡联旅长在致刘伯承、邓小平的信中，指出了规定价格对购买子弹的影响：

> 野供规定买铜、锡、子弹等价格太低，在冀西无法筹买，如子弹每粒在邢（台）、沙（河）出二毛钱可以买下，临城、赞皇就必须四毛左右。自然也由于民兵购买子弹，影响价格变动，而野供规定一毛至一毛五，事实上，各县均无法买。又如，此次拨子弹费一万元，野供规定一万元暂不发，由各县按价实销，经分区单据清楚到野供报，经审核合格者方予报销发钱！这在事实上是没有拨款……如买子弹事，价格规定更宽大下，使下属能放手去买，钱也需要支领，下属实在垫不来那么多，这样，子弹一定可以收买到许多……我们仍在清理以前下级遵令买到的，我们均准予报销，到野供如实在报不了，我们只有靠生产合作社的赚钱来垫补。

陈锡联表达了对弹药购买和报销制度的不满：在规定的子弹价格与市场价格不符的情况下，严格按照规定价格报销购买子弹费用的做法严重影响弹药的购买。因此，陈锡联建议购买子弹的价格规定应更宽大、灵活，并根据市场价格采取实报实销。"到野供如实在报不了，我们只有靠生产合作社的赚钱来垫补"的说法，一方面说明存在着购买弹药的机会，另一方面表明其为抓住购买机会摆脱现有弹药购买、报销制度的冲动。1942年，太行第六军分区报告称："按后勤部决定步枪子弹三角一发，现实价一元，甚至有一元五角者。驳壳枪子弹每发价值又涨到六元到七元。"因此，呼吁"对购买子弹之价值另行决定"[①]。

事实上，各地在购买弹药时，对相关规定多有突破。1941年4月19日，李达电告杨立三，可买到枪弹，机枪5万元1挺，六五步枪3万元1支，子弹约2元（冀钞）一排。彭德怀指示，机枪准买，子弹多买，步枪不买。一排子弹5发，每发子弹0.4元左右，远远高出了规定的购买价格。1942年，太行第六军分区报告称："在购买方面，因规定之价额太小，不能买到。每种实价要超过一半。"[②]

1943年底，各抗日根据地逐渐对购买弹药费用采取实报实销制度。1943年11月29日，胶东军区规定子弹费根据部队需要经批准购买补充，按市价实报实销。[③]1943年12月9日，八路军总部后勤部规定对于购买子弹费采取实报实销制。[④]1944年4月18日，冀南第五军分区通令，如有大批子弹，所发之子弹费不够时，再补发款子。1944年8月15日，冀鲁豫军区规定："每支步枪每月以一发子弹补充，机枪以三十发为经常子弹，各分区根据当地市价造预算。每分区下半年需按一百元预算系代军区购买（原文如此），如有大批子弹不限

---

① 后勤学院学术部历史研究室、中国人民解放军档案馆编：《中国人民解放军后勤史资料选编（抗日战争时期）》（第五册），金盾出版社1992年版，第363页。
② 后勤学院学术部历史研究室、中国人民解放军档案馆编：《中国人民解放军后勤史资料选编（抗日战争时期）》（第五册），金盾出版社1992年版，第362页。
③ 参见后勤学院学术部历史研究室、中国人民解放军档案馆编：《中国人民解放军后勤史资料选编（抗日战争时期）》（第三册），金盾出版社1992年版，第71页。
④ 参见后勤学院学术部历史研究室、中国人民解放军档案馆编：《中国人民解放军后勤史资料选编（抗日战争时期）》（第一册），金盾出版社1992年版，第646页。

制收价，如已存之款用完，可随时造追加预算。"①按照市场价格收购弹药和实报实销，有利于各抗日根据地及时适应市场变化，大批量收购弹药。

限定购买区域是八路军维护弹药市场秩序的重要方法。1943年5月2日，八路军总部规定各分区在各分区本地采买，按当地价格购买子弹。1945年1月15日，杨立三与晋冀鲁豫临参会议长申伯纯商定全年购买子弹30万发的计划，申伯纯要求七、八、四、五分区内不准他军收，民兵除外。这是为了避免各分区为购买子弹产生恶性竞争。

按照市场价格实报实销和限定弹药购买区域，是八路军维护弹药市场秩序的重要手段。然而，随着弹药市场网络逐渐形成，这两项措施难以维护弹药市场的秩序。1945年4月14日，一二九师参谋长李达致信后勤部："数月来禁止各分区在七分区插手，但冀鲁豫却在中间突然高价收买之，以致影响别处无法按原定价收购。"②1945年6月，冀鲁豫第七专员公署军分区称："我区弹药武器购买关系极形混乱，随便私自成交，滥于提高价格，或形成弹药外流，或落于不法分子手中，影响统一对敌斗争。"为此，军分区决定，外区或本区买卖弹药武器者，必须由本区内县以上政府或武委会之证明，并携带证明文件始得有效；任何弹药武器，包括长短各种枪、各种子弹及手榴弹等，任何机关及群众、民兵购买时，一定要经过一定手续及场合（群众民兵买枪买子弹坚决停止），以要求价格的统一，部队要有分区供给处的证明文件及手续，群众民兵要有县级以上政府或武委会的批准及手续始准购买；购买场合今后由各县武委会结合工商局、交易所或合作社，联合成立军械代办所，所有一切买卖弹药武器均在所内经过一定手续成交，价格统一管理。③由此可见，弹药市场空前活跃，不同区域收购价格的高低影响了弹药的流动。不仅如此，各分区间越区购买的现象日益增多。为了应对这种现象，冀鲁豫第七

---

① 后勤学院学术部历史研究室、中国人民解放军档案馆编：《中国人民解放军后勤史资料选编（抗日战争时期）》（第五册），金盾出版社1992年版，第259页。
② 后勤学院学术部历史研究室、中国人民解放军档案馆编：《中国人民解放军后勤史资料选编（抗日战争时期）》（第五册），金盾出版社1992年版，第690页。
③ 参见冀南革命根据地史编审委员会编：《冀南党史资料》（第三辑），1988年印行，第347页。

专员公署在允许其他分区至本区购买弹药的基础上，严格规定了购买弹药的资格、交易场所和价格。

抗日战争时期，在市场上向八路军供给弹药的人中固然不乏爱国者，但该群体中的大多数本质上是受利益驱使的。1941年3月，一二九师新编第八旅报告称："卖子弹的人，地痞流氓占相当的数量，从中牟利是难免的。"①抗日战争中后期，在冀鲁豫弹药市场上出卖弹药者或弹药来历有以下情况：长期军阀混战，加上国民党军队溃逃，散落在民间的弹药；伪军出来"扫荡"时，每个伪军士兵都要趁机偷卖几盘子弹，有的卖给别人，有的让家属来卖；敌占区同伪军有关系的商人；王自全、孙殿英等的部下。②抗日战争胜利之际，邳睢铜地区经过私人关系，与伪江苏省保安司令部取得联系，议定以银元和其他物资换取对方枪支弹药，一块银元换25发子弹。③由此可见，除去散落在民间为普通居民收集的弹药，能在市场上向八路军较大批量供给弹药者都直接或间接和伪军有关，牟利是其基本动机。

1944年1月23日，邓小平致电彭德怀："打通延安商业交通，将太原贸易关系转至军渡与绥德，以及向黄河南岸蒋军购买子弹等事已派人去办理。"④这说明八路军总部和太原方面、国民党军队均存在贸易联系，甚至可以从国民党军队手中购买子弹。由此可见，八路军购买子弹的渠道是非常多元的。

虽然购买弹药主要是经济行为，但必须辅之以军事、政治行为才有所收获。1941年6月，八路军总部设立的豫北办事处开展对豫北地方武装的统战工作，在4年时间内采购弹药百万余发。

1942年5月，冀鲁豫军区在内黄县井店镇成立沙区办事处，设办公室、

---

① 后勤学院学术部历史研究室、中国人民解放军档案馆编：《中国人民解放军后勤史资料选编（抗日战争时期）》（第五册），金盾出版社1992年版，第445页。
② 参见中共内黄县委党史资料征编委员会办公室编：《在特殊战场上：冀鲁豫军区沙区办事处的斗争》，1985年印行，第261—266页。
③ 参见朱超南、杨辉远、陆文培：《淮北抗日根据地财经史稿》，安徽人民出版社1985年版，第143页。
④ 中共中央文献研究室编：《邓小平年谱（一九〇四—一九七四）》（上），中央文献出版社2009年版，第504页。

敌工科、情报科、交通科、军火采购处。① 军火采购处负责收购枪支弹药，受军区后勤部与沙区办事处双重领导，起初只有三人，1943年底发展到二十多人。沙区办事处统战工作的有效开展，为军火采购处的收购活动创造了良好的外部条件；冀鲁豫工商局第十九分局下属的德兴隆商店的密切配合，则为军火采购处收购弹药提供了经济上的保障。据军火采购处处长王言炳回忆：

> 这些商人，卖了军火以后，大都要根据地的物资，像粮食、花生、油料、土布、红枣、烟土等。当时，这些物资是不让出口到敌占区的，可是，我们为了使其多为我们收购军火，就把这些物资给他们，尽量满足他们的要求。我们收购处，一般是在商人卖子弹时，根据商人要求所要的东西，开个收多少子弹，该给多少、什么东西的条子，让他们到德兴隆去取。各地的伪军官、伪局子头目，也有卖给我们子弹的。他们主要是利用手中权力，克扣来的军火……我们利用大烟、土特产等，通过和皇协军、新五军、杂牌军等打交道，换购了很多弹药。

1943年底，军火采购处的收购量大增。1943年11月29日，冀鲁豫工商局第十九分局估算旧历年前购买子弹需外汇30万元，要求德兴隆商店负责子弹外汇的供给：

> 保证平均每日换回子弹四千发至五千发（至旧历年底以六十天计算）。将子弹交给军区分区时，最低必须要以二分之一以上的粮食，能完全以粮食偿付更好。②

---

① 参见温民法、乔秀玲主编：《中共内黄县历史（1919—1949）》（上），河南人民出版社1997年版，第165页。
② 中国人民银行金融研究所、中国人民银行山东省分行金融研究所编：《冀鲁豫边区金融史料选编》，中国金融出版社1989年，第228页。

由此可见，军队和政府紧密合作才能顺利完成收购子弹的任务。1942年至1943年，军火采购处共采购子弹200多万发。①

从八路军总部指出购买弹药的迫切性到各抗日根据地逐渐形成实报实销、限定区域、军政经诸部门相互配合的弹药购买体系，大概经历两年的时间。概而言之，1943年各抗日根据地形成了比较完备的弹药购买体系。如晋冀鲁豫边区工商管理总局直接领导的德兴货栈，"充分利用根据地内外的各种关系，购回了大批枪支弹药等特种物品。为保存好购来的武器等特种物品，德兴货栈专门在山上建立了秘密仓库"②。1943年，德兴货栈进口军用品11872件，花费1103339元。

收购子弹的多寡，与军事形势的演变关系密切。1941年3月，在冀南活动的一二九师新编第八旅报告："对子弹、生产原料、器材、医药等能注意各种关系，设法购置，尚不感过分缺乏"，"子弹的购买，多在游击区内及敌占区购买，每月可能买到六千到一万粒"。③1942年1月中旬，一二九师派遣太岳军区南进支队和豫晋区党委开辟中条山根据地。据太岳纵队报告，1942年豫晋区收购迫击炮弹23443枚、钢炮弹657枚、子弹762305发。由此可见，即使到了1942年，在某些新开辟区域内较大批量收集和购买弹药也并非全无可能。但是，1942年冀南军区的形势却异常严峻，仅购买子弹46859发。1943年，冀南军区情况仍不乐观，子弹主要的来源是依靠在战斗中缴获敌人之弹药，但歼灭战较少，故缴获不多，只有大量收买。民间之子弹为数不多，只有从敌伪军方面收买，可相关渠道还没有很好地打开。

从1943年开始，各抗日根据地的部队先后展开局部反攻，八路军则利用日伪之间的矛盾筹措物资。

1943年上半年，太行二、三分区收购子弹9921发，耗费3951.2元。据统

---

① 参见温民法、乔秀玲主编：《中共内黄县历史（1919—1949）》（上），河南人民出版社1997年版，第174页。
② 林县政协文史资料委员会编：《林县文史资料》（第5辑），1992年编印，第156页。
③ 后勤学院学术部历史研究室、中国人民解放军档案馆编：《中国人民解放军后勤史资料选编（抗日战争时期）》（第五册），金盾出版社1992年版，第452、445页。

计，1942年太行区六个军分区共支出子弹收购费94227.32元。若以此计算，1942年太行各军区购买子弹数在25万发左右。1944年，八路军野战供给部支出子弹收购费1100000元。1945年1月15日，杨立三与申伯纯等订立收买子弹合同，约定每排子弹（5发）82元，收购目标为30万发。1945年6月，太行军区发动安阳战役，为解决急需子弹的问题，决定由各军分区自行收购一部分。

由此可见，随着敌后地区形势的好转，晋冀鲁豫军区收购子弹逐渐由困难转为顺利，其他根据地亦复如此。1945年8月24日，中共中央山东分局要求各区委利用日军投降的契机，向敌伪购买大批弹药。① 仅山东滨海区1945年就收购步枪弹360929发，九二式机枪弹1819发，苏联机、步枪弹655发，翻造子弹334发，驳壳弹3840发，五五炮弹48发，八二炮弹5发。在此时期，其他区域购买弹药的数量应该比较可观。

从根本上讲，不管以货币还是实物形式购买弹药，其前提是中共对抗日根据地经济资源的有效掌控和利用。

不同于对抗日根据地弹药生产概况和数量的了解，我们无法准确了解八路军在敌后收集和购买弹药的情况。换言之，现有资料显示的八路军收集和购买弹药的数量仅是其收集和购买弹药的一部分。两相比较，收集和购买的弹药数远超过八路军兵工生产的弹药。整个抗日战争时期，收集和购买始终是八路军弹药的重要获取方式，收集弹药在抗日战争爆发初期对八路军弹药供给的贡献极大，购买弹药在抗日战争中后期的作用更不可小觑。

对八路军而言，弹药来源决定其消耗，而非弹药消耗决定其来源。因此，需探讨的问题是在其装备水平和战斗模式之下，八路军是如何维系其弹药来源的。抗日战争期间，国民政府发放、收集购买、战斗缴获和自己生产是八路军弹药来源的四种途径。政治和军事形势的变化、农业经济的发展状况，对此四种途径有不同程度的影响，因此，不同弹药来源在不同时期对八路军

---

① 参见常连霆主编：《山东党史资料文库》（第13卷），山东人民出版社2015年版，第586页。

弹药供给的贡献不同。

全民族抗日战争爆发到1939年底，八路军弹药来源的主要途径是国民政府发给、收集和缴获，三个途径的供给稳定而丰盈，八路军在前方缴获和收集的弹药足够弥补其消耗；国民政府发放之弹药则"转运延安暂存"。此时期，八路军弹药的获取量大于消耗量，甚至有大批积存。

1940年到1942年，国民政府停止向八路军发放弹药，八路军弹药来源仅剩缴获、自造和购买。由于战争形势的变化，八路军难以在短时间内对成建制的日军进行毁灭性打击，缴获对于弥补消耗的贡献越来越小；此时，自制和购买弹药均未走上正轨；八路军弹药供给十分困难，弹药积存锐减。手榴弹因其构造简单、制作方便，能够按需生产，对八路军坚持作战的作用极大。

1943年至1945年，八路军弹药的来源依然是缴获、购买和自造，这三个途径的供给情况都有所改观。就缴获而言，日军主力南调并向正面战场进攻，八路军以伪军为主要作战对象，战斗中缴获弹药占消耗的比重上升。就购买而言，八路军经过一段时间的摸索，逐渐形成了实报实销、划定区域，以统战为核心，军政经诸部门配合的弹药购买体系，可以较大批量地购买弹药。就自造而言，八路军各抗日根据地自造弹壳、弹头技术取得突破，尽管这并非根本性突破，制造依然受原料的制约，但毕竟为八路军较为稳定的自造子弹提供了技术支持；炸药技术的突破及大量生产，为八路军攻坚作战提供了物质保证。八路军弹药获取逐渐多于消耗。

综而言之，从弹药来源的角度看，中共敌后游击战争不仅是军事问题，更是政治问题。国民政府正面战场的抵抗、国共关系的亲疏、对敌工作的效果，以及抗日战争的基本走向，对中共从不同途径获取弹药产生了正面或负面的影响。对于社会经济的控制，则是中共收集、购买和生产弹药的基础条件。在统一战线背景下，中共获取弹药的复杂状况，反映了中共超强的社会经济动员和控制能力，以及灵活机动的政治运作策略，甚至在某种程度上塑造着中共的政治性格。

后记

本书的撰写工作由张太原主持。参与者全部是中共中央党校（国家行政学院）的中共党史研究专家。张太原负责撰写《抗日战争与中共的"中华民族"观》《蒋介石日记中的中国共产党》《抗战胜利前后中共对召开国民大会的应对》和结语部分；李庆刚负责撰写《抗日根据地的开明士绅》和导论部分；张珊珍负责撰写《全民族抗战爆发前中国共产党领导下的东北抗战》；任伟负责撰写《抗战时期中共游击队的战斗与生活》；史泽源负责撰写《情感动员与华北抗日根据地的减租斗争》；张卫波负责撰写《抗日根据地的社会治理》；高中华负责撰写《抗日战争时期中共的社会救助工作》；石瑶负责撰写《抗战时期中共的华侨工作》；齐小林负责撰写《全民族抗战时期八路军的弹药支撑》。全书由张太原统稿，任伟作了辅助工作。十分感谢参与本书撰写、审校、统筹等相关工作的人员，感谢浙江人民出版社在出版过程中给予的大力支持。

2025 年 8 月